How to be
a world's best airline
cabin crew!

아랍항공사
승무원되기

지병림 지음

푸른영토

prologue

카타르, 에미레이트, 에티하드 항공은 전 세계에서 한국인 승무원을 가장 많이 흡수한 세계적인 규모의 항공사다. 일명 '아랍3사'인 이들 항공사는 풍부한 오일머니와 중동인 고유의 정신력으로 태양이 작열하는 사막 위에 세계경제를 주름잡는 항공 산업을 단기간에 쌓아 올렸다.

캐세이퍼시픽, 루프트한자, KLM, 싱가포르항공 등 많은 외항사들이 한국인을 선발해 왔지만, 아랍항공사만큼 한국인을 향한 신뢰와 지지를 보내는 항공사는 없다. 사생활이 보장된 안락한 숙소, 전기세, 수도세 등 각종 세금 면제로 한국인 승무원들은 오로지 일에만 열중할 수 있다. 일을 통해서 국위선양은 물론 외화획득까지 가능하니 항공사 취업은 애국하는 첩경이라 해도 과언이 아니다.

남녀가 내외하는 아랍의 전통을 현재까지 그대로 이어

가는 중동은 항공업을 비롯한 산업전반에 필요한 인력을 대부분 수입에 의존한다. 전 세계에서 선발된 다국적 승무원들이 만국공용어인 '영어'를 사용하면서 한 가족으로 뭉쳐 새로운 기업문화를 형성한다. 다국적 승무원들은 세계적인 수준의 안전과 서비스를 책임지는 승무원으로서 알아듣기 쉬우면서도 품위 있는 영어를 구사한다.

다행히 한국인들은 싹싹한 일솜씨와 빼어난 미모, 타고난 저력으로 오랜 세월 아랍항공사들의 구애를 받아왔다. 승객의 노여움을 가라앉히고, 오해로 틀어진 동료와의 관계를 회복하면서 다시금 안전과 최상의 서비스를 자부하며 미소를 짓는다. 이는 순전히 1970년대 중동붐 당시 각인된 긍정적인 국가이미지를 세계적인 항공업의 성장과 함께 한층 높이 끌어올린 우리 청년들의 눈물겨운 노력의 결과이다.

그동안 만나온 독자들은 '외항사 승무원'이란 분명한 목적을 가진 사람들과 아무 경험도 정보도 없이 막연하게 간이나 보려는 사람들로 분류된다. 800점 이상의 토익 고득점을 보유한 20-30대 독자들은 다양한 실무경력과 분명한 목표의식으로 합격을 향해 한우물만 판다. 아직 목표가 분명하지 않은 사람들은 무턱대고 토익책부터 싸들고 도서관 혹은 학원으로 직행한다.

지원자들이 가장 많이 저지르는 실수가 바로 토익으로 준비하는 것이다. 외항사 승무원 면접은 100% 영어로 이루어지므로 절대로 토익실력이 당락을 좌우하진 않는다. 토익점수가 아무리 높아도 귀와 입을 열 줄 모르면 아무 소용이 없다. 정답맞추기식의 문제풀이에만 단련된 토익 머리로는 대화의 기술을 발휘해야 하는 면접에서 결코 성공할 수 없다.

장님 코끼리 다리 만지듯 공부하면서, 피부 관리, 혹은 성형수술 같은 외적인 부분에만 치중하고 자신의 허물을 찾아 고민하는 데 급급한 모습을 숱하게 봐왔다. 실제 승무원시험에서 그게 전부가 아니라는 사실은 경험해본 사람은 다 안다. 시중에 무수히 많은 인터뷰 관련 서적들이 나와 있고, 항공승무원의 인기가 나날이 치솟아 승무원지망생들을 상대로 허위경력을 내세운 사기극도 버젓이 자행되고 있다. 어영부영 채운 비행경력을 '부사무장급'으로 부풀린 것도 모자라 내친 김에 '사무장'으로 둔갑시킨 사람들이 우후죽순 spring up everywhere 책을

내고 강연을 한다. 그러나 오랜 세월 간절히 꿈을 소원하고 노력하는 과정을 당당하게 즐긴 사람들은 절대로 과장하지 않는다. 어느 시대를 막론하고 경쟁으로부터 자유로운 시대가 없었고, 가슴에 귀기울여온 자의 진심은 스펙과 상관없이 통한다는 걸 알기 때문이다.

아랍항공사 면접은 서류전형으로 시작해 질의응답 및 1차 스크리닝 및 필기시험으로 이어진다. 여기서 추려진 지원자들을 상대로 그룹 디스커션이 진행되고 다시 추려진 소수의 지원자들과 파이널 1:1 면접을 진행한다. 항공사별로 약간의 차이는 있지만 대부분의 성패는 그룹 디스커션에서 좌우된다. 그룹 디스커션은 무수한 경쟁자 가운데 군계일학 stand head and shoulders above the others 을 가려내는 것이 핵심이다. 파이널 면접은 자질이 의심되는 사람을 가려내고 적합한 지원자를 남겨 예정된 선발 인

원을 맞추는 과정이다. 두 과정 모두 혼자서 간단히 넘어서기 어렵다. 고도화된 대화술, 사교력 social skill이 요구된다. 결정적인 고비마다 쌍방향으로 반응하고 답변해야 할 파트너들을 동반하기 때문에 호감 가는 표정과 몸짓, 눈빛, 자세를 유지하는데 자연스럽고 숙련된 모습을 보여야 한다.

해외취업은 부모로부터 독립하여 개인의 생활을 영위하면서 자아실현을 달성할 수 있는 좋은 기회다. '우물 안 개구리'를 벗어나 개인 역량을 글로벌급으로 끌어올릴 수 있다. 세상은 넓고, 할 일은 무궁무진하다. 꿈은 꿀수록 성장하며 인생은 살수록 아름답다. 해외취업은 조국 발전에 기여하는 투자의 세월이기도 하다. 해외취업을 단기모험이 아닌 백년대계 farsighted plan로 인식하면 꿈을 좇는 삶 자체를 엄숙한 의식으로 인지하게 된다. 개인의 고유한 역량과 개성을 매력으로 승화시키고, 실력을 키워 정정당당하게 넓은 세상의 주인공이 될 수 있다.

처음부터 면접을 잘 보는 사람은 없다. 낙방과 탈락을 거듭하며 자신을 발견한 사람들이 합격 후에도 쉽게 흔들리지 않고 장수한다. 실패했다는 것은 성공을 향해 성장한다는 뜻이지 절대 부끄럽거나 초라한 경험이 아니다. 꿈의 혹독한 단련을 받은 사람들만이 스스로를 통제하고 끌어올릴 깊은 생명력을 얻는다. 비록 성공이 더디더라도 끝까지 자신을 믿는 힘을 놓지 말기 바란다.

이번 개정판에서는 면접 현장에서 결코 간과할 수 없는 헤어, 메이크업, 피부관리 등 그루밍 분야의 내용을 보강했다. 해당분야의 전문가 도움말과 관련 자료를 바탕으로 예비승무원들이 미처 말로 다 하지 못 하고 전전긍긍하던 현실적인 문제들을 스스로 극복할 수 있도록 다시 한 번 마음을 썼다.

지금까지 대표작 〈서른 살 승무원〉, 〈매혹의 카타르〉 등을 비롯해 5권의 단행본을 출간하고, 문예지를 통해 소설과 수필을 연재해왔다. 홀로 뚫어야 하는 터널과도 같은 고독한 세월 속에서 비행은 언제나 한 줄기 햇살이고 채찍이며 힐링이었다. 이제는 항공승무원으로 살기 위해 내 삶이 주어졌다는 생각까지 든다. 책방을 벗어나 하늘에 이르렀다 다시금 책방으로 돌아와 단잠을 자고 글을 쓰는 소박한 삶. 이마저 누군가에게는 희망이 된다는 사실이 큰 힘을 준다. 대한민국 청년의 자부심과 정체성을 갖고, 해외취업을 통해 보다 넓은 세상을 이끌어 가고자 하시는 분들께 이 책을 바친다.

2016년 02월
개정판에 즈음하여
지병림

C O N T E N T S

Being yourself, Self-Introduction

Knowing yourself, Work experience

PART

7

Showing yourself, Teamwork & Career mind

PART

8

Doing yourself! Group Discussion

아랍항공사
취업에
임하는 자세

2014년 1월 엄청난 경쟁률을 뚫고 3명의 한국청년들이 '산업인력공단 해외탐방단'에 선발되어 중동을 찾았다. 선발된 청년들은 영어와 아랍어에 능통했고, 국제물류 산업에 진출하리란 야심찬 꿈이 있었다. "정말로 중동에서 일하길 원하느냐?"라고 면접관이 묻자, 염모 군은 "오만이든 사우디든 중동에서 일할 수만 있다면 상관없다. 오만에서 경험하고 터득한 정보들을 바탕으로 최대한 회사발전에 공헌하고 싶다"라고 답했다. 최종 합격의 영예는 물론 염모 군에게 돌아갔다. 염모 군에게는 뚜렷한 목표의식이 있었다. 먹이를 눈앞에 눈 하이에나의 적극적이고도 촌철살인적인 눈빛이었다. 아랍문화에 대한 식견과 경험에서 비롯된 자신감이 면접관에게 믿음을 준 케이스다.

면접관들은 종교, 기후, 사고방식은 물론 출퇴근시간조차 다른 환경에서 한국인들이 얼마나 책임감 있게 버텨낼 것인가를 가장 염두에 둔다. 아랍문화의 화려함에 현혹되어 중동만 입성하면 무슨 왕자처럼 살게 될 것이라고 착각하는 분들이 더러 있는데, 엄밀히 말해 중동은 소수의 자국민이 다수의 외국인들을 지배하는 구조다. 자국민은 소유만 하고 현장의 실무는 외국인들이 도맡는다. 현지의 사치스러울 정도로 화려한 부는 소유주 혹은 관광객들의 몫이지 현장의 노동력으로 투입된 사람들의 몫이 절대 아니다.

날씨가 너무 덥다거나 즐길 만한 유흥문화가 없다는 이유로 쉽게 변심할 사람을 한 식구로 맞이할 기업은 없다. 중동기업 문화에 대한 막연한 기대로 석연찮은 표정을 짓는 지원자들을 물리치려면 얼마나 빨리 현지문화에 적응할 수 있는 가를 피력해야 한다. 엇비슷한 스펙을 갖춘 다수의 응시생들 가운데 빠른 현지적응력으로 식구가 될 준비가 되어 있는 사람을 마다할 이유는 없다.

중동은 영토의 대부분이 풀 한 포기 나지 않는 사막이다. 아무것도 없는 모래바닥에서 뜨거운 태양을 받으며 21세기 세계 최고의 항공 산업을 이루어낸다는 것은 기적이다. 2000년대 초반에 두바이에서 인공스키장과 칠성급 호텔을 짓겠다는 계획이 발표되었을 때, 세상은 세이크 무함마드를 두고 미친 것 아니냐며 조롱했다.

그러나 세이크 무함마드는 세상의 비아냥 따위에도 아랑곳 없이 보란 듯이 기적을 이뤄냈다. 그는 테러와 산유국의 이미지에 국한되었던 중동의 위상을 한층 새롭

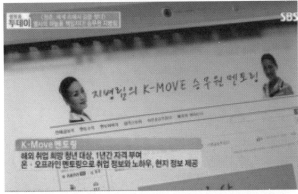

게 성장시켰다. 이는 자본력만으로 해결할 수 있는 문제가 아니다. 적재적소에 인재를 배치하고 가동할 수 있는 지도자의 리더십이 있기에 가능했다. 40도가 넘는 고온다습한 사막 에서 민족적 자부심을 잃지 않고 세계 최고를 꿈꾸던 그들은 하나의 승리에 탄력 받을 때마다 더욱 큰 승리를 꿈꾸며 속도를 냈다.

중동진출을 제2의 인생의 도약으로 삼고 있는 청년들은 기적의 역사에 함께 한다는 각오로 임해야 한다. 견고하고 보수적인 무슬림의 세계에 외국인의 신분으로 입성해 성공하려면 그들의 삶을 이해하고 자신의 일부로 받아들이려는 노력이 필요하다. 로마에 가면 로마법을 따라야 *When in Rome, do as the Romans do* 한다.

어렵게 합격해놓고 사흘 만에 한국으로 쫓겨난다든지, 꾸역꾸역 1~2년을 버티고서도 자신이 무얼 하고 있는지조차 모르는 일은 실제로 심심찮게 일어난다. 새로운 문화를 이해하고자 하는 의지가 없으면 돼지고기, 술, 연애를 금기시하는 보수적인 문화와 밀려드는 지독한 향수를 홀로 감당하는 일이 고문처럼 느껴진다. 면접관들이 우려하는 바도 바로 그 부분이다. 그래서 인내력, 현지적응력, 책임감, 배려심이 겉으로 드러나는 외모의 아름다움이나 화려한 스펙보다 더욱 중요하게 평가된다.

면접관들은 문화, 종교, 음식, 사고방식이 전혀 다른 낯선 땅에서 얼마나 잘 적응할 수 있는 사람인가를 판단하기 위해 성격, 해외 경험, 서비스 경력 등에 관련된 개별 질문을 던진다. 그리고 그룹토의에서는 자신의 본분을 다하면서도 남을 배려하여 팀워크를 십분 발휘할 수 있는가를 평가한다.

외항사 면접은 시작부터 끝까지 모든 과정을 영어로 진행해야 한다는 점에서 국내항공사 면접과 크나큰 차이가 있다. 스펙이 완벽하고 미모가 출중해도 영어로 자신의 의사를 이해시키지 못하면 탈락이고, 인물이 조금 빠지고 스펙이 모자라도 영어로 자신의 존재를 드러낼 수 있으면 통과할 수 있다는 말이다. 말하자면 스펙과 상관없이 자신의 역량만으로 얼마든지 도전해볼 수 있는 한판 승부의 장이다.

합격 후에도 국적, 나이, 최종학력에 따른 급여의 차등이 없어 오로지 자신의 재량을 개발하여 업무에 이바지할 수 있다. 그러나 요즘은 갈수록 높아지는 경쟁률에 비례하여 탁월한 미모에 뛰어난 영어실력까지 고루 갖춘 재원들이 늘어나 어지간한 각오와 실력으로는 합격을 꿈꿀 수 없다는 것을 간과해서는 안된다.

중동은 전 세계에서 한국 인력을 가장 많이 흡수해온 지역이다. 1970, 80년대 오일쇼크로 원유가격이 크게 상승하여 경제가 원활한 흐름을 타지 못한 시절이 있었다. 중동 건설업현장에 한국 인력이 대거 진출하면서 주춤했던 한국경제가 부흥을 맞이했다. 1990년대 '중동붐'이 건설현장에 투입된 우리 아버지 세대의 피땀 어린 노력이었다면, 2000년대 '제2의 중동붐'은 두바이, 아부다비, 도하 등 3개 거점도시의 항공 산업과 가스, 건설, 금융, IT현장에 진출한 청년들의 열정과 노력의 결실이라 할 수 있다.

아랍 3사인 '카타르', '에미레이트', '에티하드'에는 수천명을 웃도는 한국 인력이 진출하였고, 승무원 숫자가 현

지교민의 50% 이상을 차지한다. 1990년대부터 진출한 한국인 승무원들은 낯선 환경에 적응하고 도전하면서 독립심과 애국심을 바탕으로 현지 산업발전에 크게 이바지했다. 만약 그들이 6개월 혹은 1년씩 '울며 겨자 먹기 biting the bullet'식으로 근근이 버티다 중도하차 dropping out in the middle 했다면, 오늘날 수천 명에 달하는 한국인의 안착은 불가능했다.

해외취업은 단발성 이벤트가 아닌 중장기플랜이다. 얼마나 성공적으로 착지해 개인과 국가의 도약의 발판으로 삼는가는 현지적응력에서 시작된다. 현지 문화를 이해하고 자신의 생활로 받아들이려는 적극적인 노력이 없다면 외항사에 합격해봐야 남은 인생에 아무런 발전이 없다.

면접의 달인이 되는 법

'공부의 신'이라 불리는 학생들의 공부법을 유심히 살펴보면, 전체적인 학습량의 개념을 이해하고, 어마어마한 양의 유형별 문제풀이를 통해서 시험에 출제된 문제를 다 읽지 않고도 출제자의 의도를 재빨리 파악해 정답을 집어낸다. 그렇다면 '면접의 신'의 경우는 어떨까? 어떤 경로를 통해서 면접관이 던지는 질문의 저의를 파악하여 합격할 수 있는지, 어떤 질문이 면접에 주로 나오는지, 질문이 의도하는 답을 연구해야 한다.

면접관이 확인하고자 하는 바는 간단하다. 얼마나 이 직업을 원하는가, 자신이 무슨 일을 할지 분명히 알고 있는가, 당장이라도 함께 할 준비가 되어 있는가, 확고한 취업의지가 일관되게 드러나는가를 면접관은 끝까지 지켜본다.

attention 주의, 집중	speed 순발력, 탄력
flexibility 융통성	memory 기억력, 정보저장력
problem solving 문제해결능력	proactivity 능동성

꿈, 목표, 취업의지가 분명한 사람들의 뇌구조는 분명 다르다. 주의력, 순발력, 융통성, 정보저장력, 문제해결 능력, 능동성 등의 요소들이 팀워크를 이루어 톱니바퀴처럼 맞물려 굴러간다. 달인들은 목표가 분명하고, 자신이 원하는 바와 가야할 길을 명확히 알고 있기 때문에 매사에 흐트러짐이 없다. 눈빛과 표정이 살아 있으며 언행에 바다와 같은 긍정에너지가 넘실댄다. 성공할 것이라는 기대감이 매력으로 다가오며, 함께 하고 싶은 사람이란 열망을 심어준다.

달인들은 문제를 받아들이고 해결하려는 의지가 강해서 상대가 왜 이런 질문을 하는가 재빨리 판단한다. 늘 다음 단계를 생각하면서 미래를 계획한다. 이들 대부분은 자신이야말로 기업이 찾아온 인재임을 증명하는 어휘와 태도를 시의적절하게forehandedly 분배하고 취사선택할 줄 안다.

항공승무원은 신체적, 정신적으로 최상의 상태를 유지하기 위해서 부단히 노력해야 하는 직업이다. 투철한 서비스 마인드와 자유자재로 대화를 이어나갈 수 있는 외국어실력, 건강한 체력까지 두루 갖추어야 한다. 기내에서 펼쳐질 갖가지 상황 앞에 침착하게 대응하며 자신감을 잃지 않아야 한다. 수분과 영양분을 충분히 섭

취하고, 비행 전후로 충분히 숙면을 취해야 안전하게 운항할 수 있다. 하루라도 긴장을 늦추면 바로 티가 나는 직업이기 때문이다.

업무현장에서 지적을 받거나 팀 분위기를 해치게 되면 결국 자신을 포함한 전체 팀의 책임으로 이어지고 그 파장이 고스란히 승객에게 돌아간다. 공연히 생트집을 잡으며 떼를 쓰고, 막무가내로 술주정을 하고, 끊임없이 먹을 것을 달라는 승객도 있다. 허리가 아파 몸을 구부릴 수 없으니 양말을 대신 신겨달라거나, 전화번호를 알려달라는 등 각양각색all sorts의 사람들을 만날 수 있는 곳이 여객기이다.

그러나 어떤 상황에서도 승무원은 '백조의 호수swan lake'처럼 우아하게 기내를 거닐어야 한다. 머릿속으로는 쉼 없이 발을 구르더라도 모든 상황 앞에서 미소를 잃지 않고 침착하게 대응해야 한다. 감정의 노예가 되지 않고 자존심을 지켜내려면 직업에 대한 상당한 자부심을 심어야 한다. 그래야 무리한 요구 앞에서 스스로를 변호할 수 있다. 오늘 누군가에게 고개 숙여 사과했다고 해서, 승무원의 인격적 자존심까지 추락하는 것은 아니다. 지혜가 없으면 훌륭한 승무원이 될 수 없다. 일보 후퇴one step back함으로써 다시 찾아줄 고객을 얻으면 그것이 이보전진taking a step back to go two steps ahead 이라고 생각할 줄 알아야 한다.

동종업계 최고 연봉을 자랑하는 항공승무원은 항공사뿐 아니라 한 나라를 대표하는 얼굴이기도 하다. 외국인들은 국적기 승무원의 이미지, 혹은 공항의 규모나 화장실의 수준을 보고 발전도를 가늠하기도 한다. 바야흐

로 호텔관광업계는 물론, 법률, 의료, IT, 교육 등 다양한 분야에서 고객서비스를 무시하고서는 결코 살아남을 수 없는 세상이다. 눈에 보이지 않는 서비스를 통해 기내안전과 고객만족을 사수하는 승무원의 자질은 분야를 막론하고 벤치마킹되고 있다. 승무원 스타일의 상담원이 배치된 병원과 금융기관이 즐비하다. 전직 승무원들은 퇴사 이후에도 새로운 분야에서 승무원 기량을 십분 발휘하여 승승장구keep rolling with wins 한다.

승무원처럼 말하고 행동하는 연습을 미리미리 해두면 어떨까? 남아도는 에너지를 주체하지 못한 채 산만하게 흩어졌던 뇌세포에 탄력이 생길 것이다. 정신이 들면서 생활이 방향감각을 찾는다. 순발력, 정보저장능력, 주의력, 문제해결능력, 융통성 등 면접과 사회생활에 강한 요소들이 뇌에 내장되어 당신을 움직일 것이다. 성공의 여정journey of success에서 감성적인 부분, 마음이 지능을 좌우할 수 있는 능력이 무려 60%나 된다고 한다. 반면 100%의 성공에 지능지수가 뒷받침되는 정도는 18%에 지나지 않는다.

아무리 좋은 머리도 제대로 활용하고자 하는 마음이 없으면 무용지물white elephant, useless thing이고, 나쁜 머리로도 하고자 하는 의지와 노력만 있으면 얼마든지 멋지게 성공할 수 있다는 말이다. 나머지 22%는 하늘의 뜻, 운에 달려 있다. 그렇다고 크게 걱정할 필요는 없다. 인간이 마음을 굳게 먹고 정해진 목표에 몰입하면 하늘도 스스로 돕는 자를 돕는다Heaven helps those who help themselves.

성공은 마음먹기에 달렸다는 뻔한 사실을 수없이 들어왔음에도 환경이나 머리를 탓하며 쉽게 포기하거나 시도조차 하지 않는 사람들이 의외로 많다. 외항사 승무원이 되겠다는 초심을 새롭게 하고, 유니폼을 입고 환하게 웃으며 기내에 서 있는 자신의 모습을 상상해보자. 화사한 미소와 자신감 있는 자세를 그릴 때마다 허리는 꼿꼿이 펴지고 걸음걸이에 힘이 실릴 것이다.

지하철에서 노인을 만나면 먼저 자리를 양보하게 되고, 화장실 세면대를 깨끗하게 정리하는 자신을 발견할 것이다. 기출문제 답변을 연습하면서 조금만 더 노력하면 될 것 같다는 희망도 생길 것이다. 무언가를 향해 간절히 노력하는 한 시절을 보내고 있다는 것만으로도 가슴이 충만할 것이다. 마음이 행복한 삶을 지배하는 정도가 60%가 된다는 사실에 확신을 갖지 못했을 뿐 결코 놀라운 일이 아니다. 실패한 면접의 원인을 결과에서 찾아서는 재기할 수 없다. 목표를 향해 뇌구조와 질서를 바로잡고, 필요한 노력을 실천하는 것은 하고자 하는 의지will, 마음에서 시작된다.

토익으로 준비하면 떨어진다

외항사를 목표로 하고 있다면 자신이 세계적인 외국계 회사를 목표로 한다는 사실을 인지해야 한다. 국내항공사의 기준을 똑같이 들이대면 안 된다. 해외취업의 당락을 좌우하는 기준은 상대적이다. 서울소재대학이냐 지방대냐, 전문대냐 검정고시 출신이냐, 토익점수가 높냐, 낮냐는 그다지 중요하지 않다. 자질이나 친화력, 적응력을 평가할 수 있는 질문을 늘어놓고, 어떻게 반응하는가를 우선적으로 본다. 모자란 스펙 때문에 주눅이 들었는데 자신의 진면목이 발견될 때마다 많은 응시생들은 자신감을 얻는다. 스펙보다 중요한 것은 자아 존재감이란 사실을 깨닫는 순간부터 진정한 스펙 쌓기가 시작된다.

외항사에 지원하려면 어느 정도의 토익점수가 필요하냐고 묻는 사람들이 있다. 결론부터 말하자면, 지금까지 토익성적표를 제출하라는 외항사는 단 한군데도 없었다. 필기시험이나 에세이 작성 혹은 기사 요약과 같은 간단한 시험이 있을 뿐이다. 그러므로 토익성적표가 없다고 해서 무턱대고 도서관으로 직행해 토익책과 씨름하는 일은 없기 바란다. 영어를 일상어로 쓰는 기업에서 실질적으로 중시하는 것은 성적표가 아니라 실전에서 활용할 수 있는 의사소통능력이다. 십 분만 대화를 나눠보면 어느 정도 실력인지 금세 판가름 난다. 미스코리아 뺨치는 미인이라 할지라도 동문서답reply irrelevantly을 하면 곤란하다. 승무원은 고사하고 예약, 발권, 면세점, 호텔, 관광 등 관련업종 모두 그림의 떡pie in the sky이다.

가령, 옆 페이지와 같은 그림을 설명해보라는 질문을 받았을 때, 토익시험에 단련된 응시생들은 있는 그대로의 모습을 사실적으로 답하려고 애쓴다.

The cat is sleeping alone고양이 한 마리가 잠을 자고 있다. 그러나 외항사 면접에서는 다르게 접근할 수 있다. One cat seems to be so sleepy that she is nodding alone. Such a cute and lovely angel. I would like to cover her with a warm blanket instead of waking her up고양이 한 마리가 너무 졸린 나머지 졸고 있네요. 귀여워서 행여 깨울까봐 슬그머니 따뜻한 담요로 감싸주고 싶습니다.

사실적인 상황을 파악하고, 어떤 대안이나 상황을 연출할 수 있는 자질을 보여주려면 사진묘사연습을 통해서 상상력을 키워야 한다.

5명의 팀원에게 사진 하나를 던져놓고 다함께 토론하라

는 주문을 하기도 한다. 누구 하나가 토익 사진묘사처럼 사실적 묘사를 했다면, 다음 사람은 그에 이어지는 상황을 건설적으로 끌고 나가야 한다. 결론은 언제나 해피엔딩. 팀원들의 소속감과 유대감을 강조할 수 있는 멘트로 이야기를 마무리 짓는 것도 요령이다. 말하자면, 같은 상황이라도 최대한 상상력을 발휘하여 자신이 얼마나 따뜻한 심성의 소유자인지를 보여주는 것이 면접의 기술이다.

면접은 '면접관'이란 관객의 박수갈채를 끌어내기 위해 준비한 5~7분짜리 공연과도 같다. 면접관이 확인하고 싶어 하는 것은 비단 영어실력만이 아니다. 태도를 통해 드러나는 배려심, 책임감, 인내심, 열정, 책임 같은 내면적인 요소들을 확인한다. 원어민처럼 유창하게 말하려다 자칫 해서는 안 될 말까지 내뱉는다면 서비스에 부적합한 사람이라는 인상만 주게 된다. 면접관은 서비스인의 자질을 알아보기 위해 개인의 성향, 취미에 대한 질문, 서비스 현장의 경력과 그를 통해 형성된 서비스 마인드를 보기 위한 질문을 많이 던진다. 벼락치기로 준비할 수 있는 시험이 아니므로 평소에 서비스 마인드를 체화시키려는 노력을 부단히 해야 한다.

개인성향, 사고, 기질을 파악하는 기출 문제

Could you please explain about yourself?

Why should I hire you?

What kind of person are you?

Are you positive?

Are you aggressive?

Are you negative?

Are you a team player?

How do you get along with people?

What motivates you?

What makes you disappointed?

Who is your role model?

Do you mind serving alcohol?

고객 응대 및 서비스 경험을 파악하는 기출 문제

Have you ever been working in service industry?

Why do you want to be a cabin crew?

What do you think the utmost important thing in service
　　business?

Have you ever been abroad?

Have you ever get a negative feedback from your boss?

Have you ever met an angry customer?

How did you deal with demanding customers?

What did you do to solve the problem?

What are some of the things that bother you?

Do you think you are suitable for this job?

중동문화, 회사정보 이해도 파악하는 기출 문제

What do you know about Arabic people?

What do you know about Doha/ Dubai/ Abu Dhabi?

What do you know about our company?

Why do you apply for our company?

How well do you know about Arabic culture?

Why do you think you failed last time?

Is this your first apply?

What do you think about teamwork?

What is your overall image about cabin crews?

What is your best achievement in your life?

Have you ever applied for other airlines?

개인성향, 자질, 고객응대경험, 중동문화와 관련된 질문들은 여러 루트를 통해 족보 형태로 공개되어 있다. 이 질문을 뼈대삼아 자신이 살아온 궤적을 반추하며 자신만의 개성이 담긴 답변을 준비하자. 언제 어디서 태어나 어떤 학교에서 무엇을 공부했고, 졸업 이후 어떤 일을 해왔고, 어떤 계기로 외항사 승무원이 되기로 마음먹었는지, 목표를 달성하기 위해 회사와 현지문화에 대해서 얼마나 공부했는지 간략하게 자신만의 답변 노트를 만든다. 이 과정을 통해서 영어실력을 가늠해보는 것은 물론, 스스로에 대해서 객관적으로 이해할 수 있는 계기가 된다.

모범답안을 달달 외우거나 남의 답을 따라하면 갑자기 터지는 면접관의 꼬리 질문에 자연스럽게 응대할 수 없다. 외항사 면접은 시작부터 끝까지 영어로 진행되므로 평소에 여러 사람들과 더불어 대화연습을 하면서 시선주기eye contact, 표정연습facial expressions까지 해야 한다. 그룹 스터디를 만들어 정기적으로 모이면서 팀원들의 성향과 장단점을 분석해 타산지석by other's faults wise men correct their own으로 삼아야 한다.

함께 할 사람이 없으면, 거울 앞에서 자기 자신과 대화를 나누며 연습하는 것도 좋은 방법이다. 웃을 때 입꼬리가 양쪽으로 균형 있게 올라가는지, 자세는 구부정하지 않고 바른지 자가 점검해본다. 스마트폰 녹음기로 목소리를 녹음해서 들으며 무엇이 문제인지 분석하며 고쳐나가는 것도 하나의 방법이다. 미처 몰랐던 불안정한 발음을 교정할 수도 있고, 한 번 더 생각하고 말을 하는 습관이 자연스럽게 따라 붙는다.

아랍 3대 메이저: QR, EK, EY

UAE를 비롯한 걸프만 지역에 많은 항공사들이 있지만 세계적인 수준으로 초고속 성장한 항공사로는 단연, 카타르, 에미레이트, 에티하드를 손꼽는다. 대한항공은 KE, 아시아나항공을 OZ로 축약해 부르는 것과 마찬가지로 외항사에도 항공사 코드가 있다. 카타르는 QR, 에미레이트는 EK, 에티하드는 EY로 통용된다. 자신이 목표로 하는 항공사의 기본적인 코드조차 모른다는 것은 그만큼 관심이 없다는 뜻이다.

항공사의 공식명칭과 베이스, 소속 국가, 항공사 코드, 유니폼 등은 미리 숙지해두어야 한다. 물론 걸프에어, 오만에어, 사우디아라비아, 샤르자, 두바이항공과 같은 저가항공사도 많지만 이 책에서는 세계적인 규모로 급성장하여 늘 최고를 추구하는 항공사를 목표로 한다. 우리 청년 멘티들이 인생의 전환점이 될 해외취업을 이왕이면 큰물에서 시작하여 여러 방면으로 발전해나가

길 바라는 마음에서다.

카타르항공은 '아랍 3대 메이저' 가운데서 지난 5년간 한국인을 가장 많이 채용한 항공사다. 2013년 보잉787, 에어버스 380도입과 하마드 신공항 오픈과 노선확장에 앞서 두 달 간격으로 한국인을 대거 채용하였다. 항공승무원뿐 아니라 지상직 승무원까지 전격 채용해 2013년을 기준으로 카타르항공의 한국인 직원 숫자는 천 명을 웃돌기 시작했다. 카타르항공은 수도, 도하를 베이스로 하는 국영항공사로 설립 5년 만에 오성항공사로 거듭났다. 불과 1993년에 설립되었지만 알바커 사장 취임 이후 매년 성장률 35%로 초고속 성장하고 있다. 아시아나항공과 매일 직항으로 도하-인천 구간을 공동 운항한다. 스카이트랙스_{skytrax}는 카타르항공을 2011, 2012, 2015년에 세 차례나 세계최고항공사로 선정했다.

또한 카타르항공 승무원은 세계최고승무원상을 수상할 정도로 능력과 책임감 면에서 우수성을 인정받았다. 카타르항공은 2013년 11월부터 '원 월드_{one world}'에 가입함으로써 프리미엄항공사로서의 명성과 위치는 더욱 굳건해졌다. 새로운 유전 발견에 힘입어 산유국과 경제금융 중심의 새로운 허브로 급부상 중인 카타르는 1인당 GDP가 세계에서 가장 높은 국가이기도 하다. 요람에서 무덤까지_{from cradle to grave, all through one's life} 모든 국민이 풍요롭게 생활할 수 있도록 왕실에서 복지를 책임지고 있다. 독식과 비리로 내란이 끊이지 않는 이집트, 시리아 같은 인근 국가들과 달리 왕권이 매우 안정되어 있다.

에미레이트항공은 우리나라가 '88서울올림픽'을 개최하

기도 전인 1985년에 설립되어 지금까지 꾸준한 성장해 온 아랍에미레이트연방의 대표적인 항공사다. 설립 초기엔 두바이 정부 소속이었다가 아흐메드 빈사이드 알쿰 사장이 취임한 뒤 독립했다. 1,500여 명에 달하는 한국인 승무원의 숫자로 역사와 규모에 걸맞은 몸집을 자랑한다. UAE는 '두바이의 기적'과 함께 경제, 종교, 문화 다방면에서 규제를 완화해 외국인 투자를 적극 유치하고 있다. UAE 지역에서는 사우디아라비아, 카타르와 달리 돼지고기 같은 무슬림 금기 식품이 대형마트에서 자유롭게 유통된다. 130여 개국의 도시로 취항하고 있으며 현재 대한항공과 공동운항하고 있다.

에티하드항공은 UAE 수도, 아부다비에 2003년 아부다비 왕세자의 칙령으로 설립되었다. 카타르, 에미레이트보다 다소 늦게 항공업에 뛰어들었지만 설립 8년 만에 메이저급 항공사로 몸집을 키웠다. 2010년 월드트래블어워즈WTA에서 '세계에서 가장 앞서나가는 항공사'로 선정된 바 있다. '일등석 기내 서비스' 부문에서는 스카이트랙스에서 세계 1위, 2009, 2010, 2011년 월드트래블어워즈의 '세계선두항공사상'을 수상하며 명실 공히 세계적인 항공사로 인정받고 있다.

한국인이 취업할 수 있는 이들 세 아랍권 항공사는 기본적으로 보수적인 이슬람 문화권 안에 있다. 오일머니에 탄력 받아 왕실의 전폭적인 투자와 지지로 도산 위기 없이 매년 빠른 성장률을 보이고 있다는 점에서 매우 전망이 밝다. 메이저급 항공사가 원하는 인재상을 파악하고 접근해야 성공적인 면접을 볼 수 있다. 우선은 이슬람 문화를 이해하고 자신의 일부로 받아들여야 한다. 이슬람 문화에 대한 학습과 이해가 선행되지 않으면 합격 이후 현지 적응력 역시 기대하기 어렵다.

항공사명	카타르항공	에미레이트항공	에티하드항공
근무지	도하	두바이	아부다비
채용 절차	서류전형 1차 영어면접(그룹) 2차 필기시험/그룹토의 3차 파이널 1:1 면접	서류전형 1차 영어면접(그룹) 2차 필기시험/그룹토의 3차 파이널 1:1 면접	서류전형 1차 영어면접(그룹) 2차 필기시험/그룹토의 3차 파이널 1:1 면접
급여	기본급 비행수당 체류수당 각종수당 퇴직금 본인 가족 할인항공권	기본급 비행수당 체류수당 각종수당 퇴직금 본인 가족 할인항공권	기본급 비행수당 체류수당 각종수당 퇴직금 본인 가족 할인항공권

아랍항공사의 승무원 숙소와 세금면제

'싱가포르항공', '루프트한자'처럼 항공사에 따라서는 스스로 주거와 세금문제를 해결해야 하는 곳도 있다. 회사에서 지원을 받기는 하지만 임대계약과 세금문제를 일일이 신경 써야 하니 사회초년생 입장에서 여간 번거로운 일이 아니다.

반면, 아랍항공사는 이슬람법에 근거해 직원의 주거를 제공하고 세금을 면제한다. 카타르, 에미레이트, 에티하드뿐만 아니라 오만에어, 걸프에어, 에어두바이 등 저가항공사들 역시 이러한 고용윤리를 지킨다. 개인침실과 욕실, 주방, 거실이 딸린 아파트를 숙소로 배정받는데, 숙소는 24시간 보안이 이루어져 좀도둑이나 괴한의 침입으로부터 안전하다. 낡은 전구를 교체해주는 것은 기본이고, 배수관, 하수구, 냉난방 설비를 점검하는 관리직원들이 상주하기 때문에 수리신청서만 작성하면 원하는 시간에 무료로 수선을 받을 수 있다.

집세, 전기세, 수도세 등은 회사가 대신 부담하고, 이슬람 율법에 따라 소득세, 의료보험 등 잡다한 세금을 면제받으므로 월급이 고스란히 본인 몫이다. 유니폼 세탁은 무료로 승무원 전용 세탁소를 이용하고, 비행 전후로 픽업차량이 제공되어 편안하게 출퇴근할 수 있다. 이렇게 아랍항공사들은 머나먼 타국으로 미혼 자녀를 보내는 부모님이 안심해도 될 정도로 최상의 조건을 갖추었다.

제휴 호텔, 음식점, 면세점에서 승무원 할인까지 받을 수 있으니 본인만 알뜰하면 결혼자금이나 사업자금을 옹골지게 마련할 수 있다. 물론 승무원이 막대한 부와 명예를 움켜쥘 수 있는 직업은 아니다. 그러나 월급을 쪼개 제 힘으로 명품을 장만하고, 쇼핑몰에서 원하는 물건을 구매할 자유를 누릴 수 있는 어엿한 전문직임에는 틀림없다. 더구나 매일 전 세계 도시에서 다양한 형태의 삶과 마주치며 인생의 소중한 가치를 되새기게 해주는 복된 직업으로 많은 사람들이 선망한다.

승무원을 가족으로 둔 사람들이 가장 덕을 많이 보는 것이 90% 할인항공권이 아닐까 싶다. 부모님과 형제자매들 앞에 세계지도를 펼쳐놓고 가고 싶은 곳을 맘껏 고르게 한 다음, 멋들어지게 티켓을 끊을 때의 기분은 마치 마법사가 된 기분이다. 항공사별로 차이는 있지만 카타르항공의 경우 본인 100% 할인티켓이 연 1회, 90%, 50% 할인티켓은 무제한으로 제공된다. 직계가족은 물론 혼인으로 맺어진 형제의 배우자와 가까운 지인이나 친구들에게도 항공권 할인혜택이 폭넓게 적용된다.

해외 취업™ 두드리면 열린다… 3시[

학벌·나이는 따지지 않더라

지병림(왼쪽 두 번째)씨의 강점은 적극적인 성격이었다. 지씨가 카타르 항공 동료들과 비행 도중 포즈를 취했다.

스물아홉에 카타르 항공사 승무원 꿈 이룬 지병림씨

전문대

열사의 하늘을 책임지다!
승무원 지병림

30살에 해외취업에 성공한 승무원

얼마 전 어느 유명강사의 꿈 목록에서 '히말라야 산 정복하기', '뉴질랜드에서 번지점프하기' 항목을 본 적이 있다. 한국판 '패리스 힐튼'이라 불리는 한 여성은 TV 프로그램에 나와 버젓한 집을 놔두고 서울 시내 특급호텔에서 최상의 서비스를 즐기느라 한 달에 2000만원 가량의 용돈을 쓴다며 자랑했다.

승무원들에겐 당연한 일상이 어떤 이들에게는 죽기 전 꼭 이루어야 할 꿈이거나 TV에 나와 유난스럽게 과시할 일이라는 것이 무척 놀라웠다. 외항사 승무원들은 히말라야산맥을 발 밑에 두고 고공행진하고, 번지점프를 생활의 이벤트로 여기며, 전세계 오성급호텔을 내 집 삼아 지낸다.

얼마나 복된 삶을 누리는지 깨달은 것은 우리에게는 일상인 일을 꿈으로 여기는 사람들을 만날 때만이 아니다. 호텔방에서 눈뜨고 맞는 룸서비스보다 그리운 엄마의 집밥이, 고급브랜드의 머플러보다 여동생의 정성어린 손뜨개가 귀하다는 것을 오랜 승무원 생활이 깨닫게 해주었다. 화려한 호텔서비스를 받으며 세계 명소에 드나드는 일을 자랑처럼 떠벌리는 일이 부질없다는 것도 알게 되었다.

아프리카의 '코이'라는 물고기는 작은 유리병에 가둬두면 5cm밖에 자라지 못하지만 넓은 강이나 호수에 풀어주면 최고 2m까지 성장한다. 내가 나고 자란 곳이 설령 '미국'일지라도 그 안에만 갇혀 있으면 '우물 안 개구리'밖에 안 된다. 넓은 세계로 나가 되도록 많은 땅덩어리를 밟고, 새로운 깨달음에 도달하지 않고는 제자리걸음을 면할 수 없다.

많은 세계를 경험해야 세상이 상하고하의 절대적 원리에 따라 이루어지는 것이 아니라는 진리도 터득한다. 세상을 이루는 개체들은 각자 개성과 특성을 갖고 있고, 그 안에서 고유의 세계를 이루며 다른 세계와 부대끼며 진화한다. 승무원으로 넓은 세상을 겪으면서 내가 깨달은 것은 세상의 모든 가치는 상대적이라는 진리다.

세상 어디에도 절대적인 기준은 없었다. 시야가 넓어지면서 스스로를 받아들이고, 내 안의 가치를 찾았으며, 있는 그대로의 삶을 사랑하게 되었다. 그토록 답답하던 서울의 하늘도 이방인 생활을 하며 사무치게 그리운 고향으로 다가왔다. 이는 비단 나만의 경험이 아닐 것이다. 이 직업의 매력에 빠져본 사람들은 무릎을 치며 공감할 것이다.

바야흐로 21세기는 글로벌시대이다. 지구촌이 한 가족인 세상이다. 당당하게 세계를 누비며 깊이 있게 성장할 수 있는 이 직업의 매력을 어찌 할인혜택과 숙소제공에만 제한할 수 있겠는가. 세계를 무대로 자신의 삶을 펼칠 권리와 책임을 동시에 누리게 해주는 매력적인 커리어를 목표로 삼았다면 망설이며 허비할 시간이 없다. 우리의 인생은 긴 듯 짧다. 부디 순간을 즐기며 사랑하고 행복하자.

아랍항공사 면접유형과 절차

중동항공사 전형방법에는 학원대행, 오픈데이, 어세스먼트 등 크게 세 가지가 있다. 학원대행은 첫 번째 방법으로 국내에서 가장 많은 응시생들이 거쳐 온 일반적인 방법이다. 내가 국내에서 외항사 면접을 준비하던 시절에는 사설학원을 등록하는 것 말고는 달리 방도가 없었다. 학원에서 선발된 학생들만이 '산업인력공단'에서 진행된 스크리닝과 그룹 디스커션에 참가할 수 있는 자격을 얻을 수 있었다. 학원면접을 보면서 공단에 입성하는 것만이 꿈을 이루는 유일한 길이었기 때문에 학원에서 시키는 대로 해야만 했다. 그러나 한국과 중국, 일본을 제외한 서방국가에는 '승무원 학원'이란 것 자체가 드물다. 외국인 승무원들의 경우 항공사가 직접 주관하는 '오픈데이'나 응시생이 원하는 항공사에 이력서와 자기소개서를 직접 접수해 초청레터를 받아 진행되는 '어세스먼트'를 통해 합격한다.

1. 학원대행 or 산업인력공단
2. 오픈데이 open day
3. 어세스먼트 assessment

오픈데이는 항공사 홈페이지에 공지된 오픈데이 일정을 확인하면 쉽게 파악할 수 있다. 전 세계 80여 개 주요 도시의 유명호텔 회의실을 항공사가 빌려 면접일시를 지정한다. 면접 당일 응시생들이 직접 이력서와 커버레터를 들고 찾아가 접수를 마치면, 다음 면접에 응할 사람들을 선발해 전화로 연락한다. 두 달여의 학원수강과 학원 면접을 거치는 부담을 덜 수 있는 간단한 방법이다. 학원면접에서 탈락한 응시생들이 정면돌파하여 재기할 수 있는 관문이기도 하다. 자체적으로 신입승무원을 선발하는 국내항공사와 달리 외항사는 '한국인' 승무원을 채용하기 위해서 서울이나 부산 같은 대도시에서 오픈데이를 개최하거나 채용대행사를 통해 공채를 진행한다. 서울에서 오픈데이가 열리지 않으면 응시생들이 가까운 외국의 도시를 찾아가 응시할 수 있다.

면접 당일 이력서를 들고 가서 자신의 번호가 호명되면 이력서를 제출하는데, 이 때 면접관이 간단한 안부 인사를 건넨다. 아예 아무 말도 건네받지 못하는 경우도 있으니 자연스럽게 면접관의 주의를 끌 따뜻한 멘트를 먼저 날리는 것도 방법이다.

"Oh, you finished your water already. Do you want me to refill it? 물 잔이 비었는데, 물 새로 따다드릴까요?"

"The scarf is really fit for your lipstick. 오늘 스카프가 립스틱 색상과 너무 잘 어울려요."

"Do you want me to remove your garbage if you don't mind? 괜찮으시면 쓰레기 대신 버려드릴까요?"

이런 방식으로 최대한 붙임성 있게 먼저 다가가도록 한다. 이때 면접관이 환하게 웃으면서 "Thank you. By the way, How old are you? 그래요, 고마워요, 근데 올해 몇 살이죠?", "How are you today?", "Did you have your lunch?" 하고 말을 붙이면 좋은 징조다. 그러면 기다렸다는 듯이 환하게 웃으면서 생기발랄하게 대답한다.

이렇게 간단한 질문에도 말귀를 못 알아듣고, "Pardon me? Sorry? Can you say that again? 저… 죄송한데, 뭐라고 말씀하셨죠?" 우물쭈물 되물으면 수천 명을 상대하느라 지쳐 있을 면접관의 심기만 불편해질 것이다. 이 순간도 엄연히 면접의 일부분이다. 면접관은 이력서를 건네는 응시생의 이미지와 순발력을 몇 초 만에 파악하여 그룹 디스커션에 응시할 기회를 줄지 말지 결정한다. 긴장을 늦추지 말고 진지하고 적극적인 자세로 매 순간 최선을 다해야 한다.

이력서 제출 후 숙소로 돌아와 면접관의 전화를 기다린다. 전화를 받게 되면 디스커션에 참여할 수 있고, 전화를 받지 못하면 아쉽지만 다음 기회를 도모해야 한다. 전화를 받은 응시생은 익일 면접 장소와 일시를 안내받

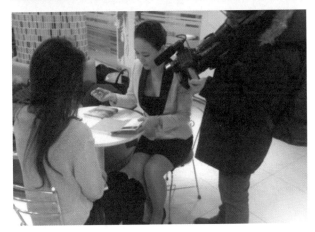

아 다시 집합한다. 그룹 디스커션을 통과하면 그 자리에서 최종면접까지 치르게 된다. 최종 합격하는 경우 사나흘 안에 당락을 알 수 있다.

본인이 알차게 준비만 잘 하면 단기간에 불을 당길 수 있으나, 탈락할 경우 공연히 오픈데이 일정에 맞춰 무리해서 움직이느라 경비만 쓰게 된다. 오픈데이는 서울, 상하이, 북경, 마닐라, 카사블랑카 등 해당 항공사가 취항하는 전 세계 대도시에서 이루어진다. 수시로 항공사 홈페이지를 방문해 오픈데이 일정을 파악하고 본인이 쉽게 접근할 수 있는 지역을 택해 준비한다. 현지에서도 워낙 많은 경쟁자가 몰리므로 운 없이 탈락될 가능성도 적지 않다.

면접관들은 현지에서 비행을 겸하고 있는, 미래의 상사가 될 회사의 중역인 경우가 많다. 다음 면접을 진행하는 경우가 많으니 탈락했다고 해서 면접관을 찾아가 자신이 떨어진 이유를 따져 물으며 감정적으로 대응하는 것은 절대 금물이다. 탈락했더라도 순순히 결과에 승복하고, 감사레터라도 써서 자신의 존재를 다시 한 번 각인시켜야 다음을 기약할 수 있다.

어세스먼트는 응시생이 해당항공사 홈페이지 인사과에 이력서를 먼저 등록한 다음 합격메일을 받아 면접에 참여하는 방법이다. 카타르, 에미레이트, 에티하드 아랍 3대 메이저 가운데 에티하드가 주로 이 방법을 통해서 승무원을 채용하고 있다. 꽤 여러 해 동안 한국에서 에티하드 항공사의 승무원 공채가 나지 않았다. 경력직 승무원을 우대하고, 접수된 이력서 내용에 전적으로 근거해서 당락이 결정되는데다 한 번 떨어지면 반년의 패널티를 받으므로 신중하게 선택해야 한다. 패널티를 받으면 해당 기간 동안 면접에 재응시할 수 없다. 어렵사리 합격 근처까지 갔다가 되돌아와 승무원 재수생, 삼수생이 되는 일이 심심치 않게 벌어지는 이유다.

아랍항공사
면접
기본다지기

면접사진 잘 찍는 법

서류전형 첫 날 몇 천 명이 넘는 지원자들의 이력서를 일일이 읽는 면접관이 몇이나 될까? 면접관은 깔끔하고 일목요연한 이력서와 밝은 이미지가 연출된 사진을 중심으로 합격과 불합격을 나눈다. 면접관들은 스펠링도 무시한 채 엉망으로 작성한 이력서를 **빼내는** 작업부터 시작한다. 사진이 면접기준에 맞지 않는다면 이미 얘기는 끝난 것이다.

호감 가는 첫인상이 오랜 인연의 시작이듯 이력서의 첫인상은 사진이 결정한다. 보통 여권사진 사이즈의 상반신과 전신이 이력서 맨 앞 장에 부착된다. 서비스산업의 꽃인 객실승무원을 지원하면서 안경, 늘어진 귀걸이, 등허리까지 내려오는 산만한 머리, 생기 없는 민낯을 들이밀면 무성의하다는 인상을 주기 십상이다. 친구 따라 강남 간다 willing mind makes a light foot 고 요행을 바라고 온 사람들이 이런 실수를 많이 저지른다.

면접 사진을 비싼 곳에서 무리하게 찍을 필요는 없다. 외항사 이력서 사진 규정에 어긋나지 않는 한도에서 최대한 밝고 온화한 미소로 면접관에게 인사를 건네는 수준만 지키면 된다. 사진 속의 얼굴은 미남, 미녀만을 보여주지 않는다. 해당 응모분야를 향한 열정과 의지가 십분 드러나는 준비된 얼굴이어야 한다. 이목구비와 얼굴의 윤곽이 뚜렷하게 드러나도록 상의 색깔과 배경색을 반대로 설정한다.

이마까지 훤하게 얼굴을 드러내고 최대한 입이 귀까지 걸리도록 자연스럽고 환한 미소를 짓는다. 승무원 응모원서에 옆머리를 어깨까지 끌어내린 채 무료한 표정의 증명사진을 대충 붙이는 경우도 봤다. 무성의하고 취업의지도 없어 보인다. 자신이 무슨 일을 하고자 하는지조차 파악하지 못한 것 같아 보는 사람마저 식상하게 하는 사진이다. 몇 번 떨어지고서야 정신이 든 응시생들은 부랴부랴 유명스튜디오를 수소문해서 최고의 면접사진을 준비한다. 우리나라처럼 포토샵 기술이 발달한 나라에서 제대로 된 면접사진 준비는 어려운 일도 아니다. 피부나 혈색은 물론이고 오다리까지 일자로 교정해 넣을 수 있다.

'당신에게 잘 보이고 싶습니다!'란 마음이 전혀 느껴지지 않는 멍한 눈빛은 서비스직은 물론 어떤 기업에서도 환영받지 못한다. 단정하게 정돈된 스마트한 헤어스타일, 자연스럽고 화사한 미소, 호감 가는 매력이 묻어나는 인상의 소유자에게 한 번이라도 눈길이 더 갈 것이다.

영문이력서와 커버레터에 특별한 표식을 첨가하는 사

람들도 더러 있는데, 이는 사기업이나 경품응모엽서를 준비할 때 권장하고 싶은 방법이다. 그 이유를 듣자하니 시중에 유통되는 인터뷰 책자에 그렇게 하라고 적혀 있다고 한다. 요즘은 해당회사에서 직접 준비한 규격화된 지원서식이 일괄적으로 제공되기 때문에 용지의 변경이나 장식을 하는 것이 불가능하다.

그럼에도 불구하고 유일하게 자신을 강조할 수 있는 방법이 있다면 바로 단아한 모습을 담은 사진이다. 사진은 밝고 부드러운 인상으로 면접관에게 어필할 수 있는 자료이며 본인을 대신하는 첫 번째 면접이나 다름없다. 촬영 전날은 얼굴이 붓지 않도록 과음이나 폭식을 삼가고 충분한 수분섭취와 수면을 취한다. 카메라 앞에 앉으면 밝고 긍정적인 상상으로 최대한 화사한 미소를 연출한다.

상반신 사진 (여권 사이즈 3.5×4.5cm)

- 눈은 초승달
- 코끝에 힘주고
- 입은 귀까지 걸리게
- 얼굴은 보름달

전신사진

- 최대한 키가 커 보이도록 손바닥을 펴서 허벅지에 바짝 붙이거나 가지런히 아랫배 위로 모은다.
- 주먹을 쥐면 키가 작아 보인다는 사실 명심!
- 무릎이 서로 붙도록 가지런히 모은 다리에 최대한 힘을 줘서 오다리가 되지 않도록 한다.
- 무릎 위까지 올라오는 미니스커트나 레이스가 달린 플레어스커트는 입지 않는다.
- 보수적인 중동문화를 감안해 무릎을 살짝 가리는 길이의 스커트를 선택한다.

영문이력서는 일목요연하게 정리된 본인의 역사로 국문이력서와 쓰는 순서가 정반대다. 경력은 최근에서 과거 순으로 적고 응모직종과 관련된 서비스 경력을 빠짐없이 쓴다. '심폐소생술 자격증CPR'과 같이 기내응급처치에 도움이 될 만한 자격증을 추가하면 유리하다. 공란을 채우려는 마음으로 해당응모직과 상관없는 사설자격증이나 경력을 채워 넣으면 면접관에게 도리어 혼선만 주게 된다.

성과 이름을 구분해서 정확하게 읽을 수 있도록 기록해야 하며, 날짜와 스펠링에 실수가 없도록 세심하게 신경을 쓴다. 해당경력이 한눈에 들어오도록 포인트를 딱딱 집어서 간단명료하게 기입한다. 빈칸은 공란으로 남겨두지 말고, NIL 혹은 NA 라고 기입한다. 약자나 슬랭은 자칫 건방지고 무성의해 보이므로 자신의 진지한 자세를 표현하기 위해서라도 쓰지 않는다.

이름 이름은 아무리 길어도 항상 full name으로 쓰는 습관을 들인다. given name이름을 앞으로 빼고, last name성을 뒤로 쓴다. 굳이 last name을 앞으로 빼고 싶을 경우는 성과 이름 사이에 쉼표를 넣어서 구분해준다. Kim, ho soon 혹은 Ho soon Kim으로 적어서 면접관이 당신을 Ms. Kim 혹은 Ho soon으로 단번에 불러줄 수 있도록 한다.

주소 국문이력서와 정반대로 동, 번지, 구, 시, 도 순서로 기입한다. 가령, 서울시 강남구 역삼동 132번지를 기입할 경우, #132 Yeoksam-dong, Kangnam-gu, Seoul, Korea 라고 거꾸로 기입하는 것이다.

날짜 날짜는 연도를 제일 뒤로 빼고, 월일을 먼저 적는다. 예를 들어, 2014년 5월 10일을 기입할 경우 10-May-2014라고 적는다. May 10. 2014 혹은 10th May 2014라고 써도 무방하지만 필자가 현장에서 일관되게 써온 방식은 10-May-2014이다. 자신이 편한 한 가지 방법을 고수해서 혼선이 없도록 한다.

전화번호 영문이력서에 기입하는 전화번호는 한국국가번호 82를 먼저 넣고 핸드폰 번호는 0을 빼서 해외에서 한국에 있는 당사자와 통화가 필요할 때 애를 먹지 않도록 한다. Landline은 집에서 쓰는 전화라고 생각하면 된다. 핸드폰 통화가 성사되지 않을 경우 가족이 대신 메시지를 받아줄 수도 있고, 전화면접 형식으로 장시간 통화가 예상될 경우 편리하게 이용할 수 있다.

성별 Gender는 남자냐 여자냐 성별을 뜻하는 말이다. 많은 응시생들이 이력서를 쓸 때 실수하는 부분인데, gender라고 써야할 란에 sex라고 쓴다거나 male과 female을 적어야 할 란에 woman 혹은 man이라고 기입하는 사람이 있다. 면접관이 혼동하지는 않겠지만 어이없는 웃음을 지을 것이다. 공식적으로 남녀의 성별은 gender를 쓰며, 남성은 male, 여성은 female을 사용한다는 것을 잊지 말자.

응모직 Job objective는 응모직종을 정확하게 기입하는 란이다. 객실승무원을 지칭하는 말로 아랍권은 물론 세계적으로 가장 많이 쓰이는 단어는 cabin crew이다. flight attendant, air-hostess 같은 표현은 보수적일 뿐더러 세계최고 항공사에서는 잘 쓰지 않는다. 그러므로 자신이 지망하는 직종을 고급스럽고 품위 있게 부르는 연습을 미리 미리 해두자.

학력 Education backgrounds는 최근 졸업을 먼저 적는다. 졸업을 언제 했는지 아직 졸업반인지를 명시해서 합격할 경우 언제쯤 출국이 가능한지를 가늠할 수 있게 한다. 간혹 유치원, 초등학교, 중고등학교까지 구체적으로 쓰는 응시생이 있는데, 해외조기유학 혹은 월반, 편입 같은 특이사항이 아니면 일일이 신고할 필요 없다. 최종학력과 고등학교 졸업유무, 어학연수 경험 등 어떤 교육을 받으며 성장한 사람인지 간략하게만 소개하면 된다.

경력 Work experiences는 승무원이력서에서 합격에 가장 많은 참고자료가 되는 부분이다. 바람불면 날아 갈 듯한 지원자는 낯선 환경의 다문화권 업무환경에서 정서적으로 오래 살아남기가 어렵다. 졸업 후 중단기 플랜으로 일했던 서비스 분야 경력, 승무원이 되기 위해 해왔던 다양한 경험에 대해 판단할 수 있도록 근거를 제시해야 한다. 항공업과 관련이 없는 전공자의 경우 자신이 얼마나 유능한 일꾼인지를 어필할 수 있는 부분이기도 하다. 경력을 모두 살려 공란 없이 채워 넣고, 특히 해외봉사나 해외파견근무 경력은 빠짐없이 기입하도록 한다.

어학능력 Language skills에서 영어실력은 면접을 통해 단번에 확인할 수 있으니까 솔직하게 적는다. 외항사 면접에서는 토익성적표가 영어실력을 대체하지 못한다. 시작부터 끝까지 자유자재로 듣기, 말하기, 쓰기가 가능한 실력임을 입증해야 한다. 토익성적은 참고는 하되 당락에 결정적인 영향력은 없다. 토익성적이 꽤 높은데 동문서답reply irrelevantly을 연발할 경우 공연히 의구심만 사게 된다.

LETTER OF APPLICATION

- NAME: NOORI ON
- Address: #101, Il-shin Bldg. Nonhyun-dong, Kangnam-gu, Seoul, Korea
- Contact: +82-10-23**-45**
- Landline: +82-2-34**-30**

- Email: byunglimi@naver.com
- Date of birth: 2-July-1987
- Gender: Female
- Nationality: South Korea
- Health: Height 172cm, Weight 55kg,

  Sight 1.2 (left) 1.4(right)
- Job objective: Cabin Crew
- Education

  Hotel hospitality, Seoul Junior College, Seoul, Korea

  1 year language course in Arizona university
- Work experience

  Internship in Inter-continental Hotel, Seoul

  Concierge in Westin Chosun Hotel.

  Waitress in Russian Restaurant, Itaewon, Seoul
- Language skills

  Fluent in English, TOEIC 890 (10-March-2013)

  Fluent in Chinese,
- Other skills

  Proficient in MS word, Excel and Powerpoint

  Swimming, Driving
- Speciality : Driving Licence, CPR

커
버
레
터
작
성
법

커버레터는 영문이력서를 부연설명해 줄 수 있는 문장을 단락으로 제시하는 공간이다. 현장경험을 유추하는 데 도움이 되지 않는 구구절절한 가족사나 판에 박힌 자기소개는 피한다. 지원자의 관점에서 이력서에 기재된 사항을 위해 기울인 노력, 일과 관련된 자신의 중장기 플랜을 서술해야 한다. 최대한 요점만 간략하게 전하고, 장점을 눈에 띄게 부각시킨다. 단도직입적으로 straight forward 미래계획에 대한 플랜의 핵심을 100% 노출시키면서 지원하는 회사의 성장과 함께하고 싶다는 것을 명확하게 표현해야 한다.

1차 서류전형은 특별한 하자가 없는 한 99% 합격한다. 한 번 제출된 이력서와 자기소개서는 파이널까지 줄곧 자신을 보증하는 문서로, 면접관에게 온갖 개인정보를 제공하기 때문에 격식에 맞춰 준비한다. 또한 서류 접수할 때 제출한 이력서와 사진은 합격 후 퇴사할 때까지 자신의 개인 파일에 영구 보관된다. 서류심사를 통해 면접에 응시할 수 있는 기회를 주는 '어세스먼트'와 '오 픈데이'의 경우 수많은 응시생들과 차별화할 수 있도록 서류를 작성한다.

'이력서'와 '커버레터' 라는 대본에 맞춰 '나'라는 배우가 상품설명회를 하는 것이 면접이다. 승무원의 자질과 이 미지에 맞는 복장과 연출로 면접장이라는 무대에서 대 화의 기술을 십분 발휘해 관객과 호흡한다. 영어면접을 어려운 시험으로 받아들이면 스트레스가 쌓여 100% 실 력발휘가 안 되고 긴장해서 동문서답만 하게 된다.

자신감은 준비된 사람에게 따라붙는다. 이력서와 커버 레터를 작성하는 동안 자신과 깊은 대화를 나누고, 지금 까지 살아오면서 이룬 것과 앞으로의 계획을 정리하면 서 마음가짐을 새로이 한다.

외항사 면접은 스펙을 비교해서 떨어뜨리는 곳이 아니 다. 다양한 민족과 인종, 문화 종교가 공존하는 국제무 대에 절대적인 기준은 없다. 단점도 고유의 개성으로 비춰질 수 있다. 모든 게 상대적이다.

지난 십여 년 동안 에이전시를 통한 승무원 공채에서는 지원동기, 개인성향, 경력사항, 포부의 4가지 파트로 구 분된 커버레터가 요구되었다. 네 가지 사항을 A4 용지 한 페이지에 압축해서 써야 한다. 본인이 자율적으로 여러 장의 커버레터를 만들어도 상관없으나 하루에도 수백 명의 응시자를 상대해야 하는 면접관은 일목요연 하고 간략한 커버레터를 선호한다는 점은 잊지 말자.

Application motive 지원동기

∷ Your company is one of the fast-growing company in the world. I would like to use my knowledge and experience at forward looking company.

∷ 귀사는 세계에서 가장 빠르게 성장하는 항공사 중 하나입 니다. 저는 전도유망한 회사에서 제가 배운 지식과 쌓아온 경험 을 활용하고 싶습니다.

∷ My uncle who is working in commercial department suggested me to apply for it. It was my dream since I was a kid. I will graduate from college this winter and it is time for me to put myself in work position.

∷ 홍보부에서 일하시는 저희 삼촌의 권유로 지원하게 되었 습니다. 어려서부터 귀사에서 승무원으로 일하길 꿈꿔왔고, 올 겨울 졸업을 앞두고 있으므로 취업해서 함께 일하기에 적기라 고 생각합니다.

∷ I came across your company commercial in Seoul metro and I just stopped walking and felt that I found out what to do. Now I am having a great opportunity to write to you and can't wait to see you as soon as possible.

∷ 서울지하철에서 마주친 귀사의 광고를 우연히 보고 그 자 리에 멈춰서 제가 무엇을 해야 하는지 깨달았습니다. 지금 이력 서를 쓰고 있는 이 순간, 하루 빨리 직접 만나뵐 날이 애타게 기 다려집니다.

：： I enjoy jobs that are challenging and provide for career opportunities. That is why I'm interested in working in Airline Company. I consider myself an organized and intelligent person, who can analyze each challenge or situation and provide the best solutions to the problem. This company is a world-class leader in the industry. The company's focus is on safety and providing the best service to customers. These key milestones were paramount to the company's success. Should I be afforded an opportunity to work for this company, I will represent it well. When I work for world-class company, I always want to put your best foot forward to represent myself.

：： 저는 도전적이고 많은 기회를 제공하는 일을 좋아합니다. 그게 바로 제가 귀사에 지원한 이유입니다. 저는 상황을 분석해서 문제에 대한 대안을 제시할 수 있는 영민한 사람입니다. 귀사는 업계의 리더입니다. 안전과 최고의 고객서비스를 지향하는 모토가 성공의 초석입니다. 이렇게 훌륭한 회사와 함께 일할 수 있는 기회가 주어진다면 저는 진심으로 열성을 다할 것입니다. 세계적인 항공사와 함께할 때 저는 숨겨져 있던 저력을 있는 힘껏 끌어올릴 수 있습니다.

Personality 성격

：： I am kind of "old fashion" type person. My parents brought me up to be polite and treat people the same as I want to be treated. In my everyday life, I try to show respect to my elders and listen to their advice to gain knowledge from their worldly experiences. I am not a natural born leader, but a hard worker with great interpersonal skills and adapt well to new people or environment. I am very cooperative and flexible to changing work environment or situations. I am confident in my skills and abilities.

：： 저는 약간 보수적인 성향의 사람입니다. 저희 부모님은 저를 다른 사람들로부터 대우받고 싶은 대로 남을 대하라고 가르치셨습니다. 저는 웃어른을 공경하고 그들의 경험에서 지혜를 얻기 위해 늘 귀 기울입니다. 저는 태어날 때부터 리더는 아니지만, 풍부한 대인관계기술과 새로운 사람과 환경에 대한 적응력을 키우기 위해 부단히 노력하는 사람입니다. 저는 모든 일에 협조적이고 변화하는 환경에 유동성 있게 적응하며 제가 갖고 있는 능력과 기술에 자신이 있습니다.

Work experiences 경력

：： My work experiences have been varied, but mostly in the customer service area. I have worked as a sales assistant, waitress, and cashier. Each of these jobs has brought new challenges and learning experiences for me, which have helped me grow as a person and a professional. Each job has created different challenges and opportunities and I am responsible and positive never give up until the job completed. I feel one of my greatest assets is my confidence to turn a crisis into a good opportunity.

전 판매보조, 웨이트리스, 캐셔 등 대부분 고객서비스와 관련된 분야에서 경력을 쌓았습니다. 각각의 경험들은 저에게 새로운 도전과 경험을 주었고 그로 인해 저는 성장했습니다. 각각의 다른 분야의 일이었지만 나름의 도전과 기회를 제공함으로써 저는 책임감과, 긍정적인 마인드, 절대 포기하지 않는 법을 배웠습니다. 저는 위기를 기회로 승화시킬 수 있는 자신감이 제가 지닌 최고의 자산 중 하나라고 생각합니다.

Aspiration 포부

：：If I want to work as a cabin crew, I need to have good communication skills, able to work independently and with limited supervisor and understand the company I am working for and communicate it with my client. I feel I have all those qualities and will contribute immeasurably to the success of your company. Through my studies at the University and previous employment, I have learnt it takes a special person to work as a cabin crew and I believe that I have the qualities, desire and leadership to be successful with your company.

제가 귀사의 승무원으로 일한다면, 훌륭한 의사소통능력이 필요할 겁니다. 저는 혼자서든 혹은 상사와 얼마든지 무리 없이 일할 수 있으며, 제 고객들과 충분히 소통할 수 있는 사람입니다. 저는 승무원으로서의 자질을 갖고 있으며, 귀사의 성공에 기여할 수 있습니다. 대학교육과 전 직장에서의 경험에 근거하여 귀사의 성공에 부합하는 자질, 열정, 리더십을 갖추었다고 믿습니다.

APPLICATION FORM

PERSONAL DETAIL

NAME:: MINA PARK   DOB:: 19-SEP-1986

HEIGHT:: 168cm   WEIGHT:: 52kg

EYE SIGHT:: 1.5(L)/1.5(R)   STATUS:: SINGLE

MOBILE:: +82-10-**54-**99   LANDLINE:: +82-2-**8-**29

ADDRESS:: #101 ☆☆BUILDING SINSA DONG, KANGNAM GU, SEOUL, KOREA.

JOB OBJECTIVE:: CABIN CREW

EDUCATION:: Mar 2006- AUG 2011 B.A science of nursing in Hankuk university.

WORK EXPERIENCE:: Jan 2014- Jul 2014   CPR Instructor in ☆☆ aviation school, Seoul

May 2012- Dec 2013 First Aid provider in ☆☆ Kindergarten, Seoul

Apr 2011- Mar 2012   Assistance nurse in emergency room at Hankuk Hospital, Seoul

LANGUAGE:: Fluent in ENGLISH, FRENCH, ARABIC

TOEIC 920 valid until 13-Feb-2017

SPECIAL SKILL:: Certificate of CPR(Cardio Pulmonary resuscitation)

COVER LETTER OF "MINA PARK"

APPLICATION MOTIVE

I enjoy jobs that are challenging and provide for career opportunity. That is why i'm interested in working in Airline Company. I consider myself as organized and smart person, who can analyze each challenge or situation and provide the best solutions to the problem. Your company' focus is on safety and providing the best service to customers. These key milestones were paramount to the company's success. Should I be afforded an opportunity to work for your company, I will represent it very well.

PERSONALITY

I am kind of 'old fashion' type person. My parents brought me up to be polite and treat people the same as I want to be treated. In my everyday life, I try to show respect to the eldest and listen to their advice to gain knowledge from their worldly experience. I am not a natural born leader, but a hard worked with great interpersonal skills and adapt well to new people or environment. I am very cooperative and flexible to changing work environment or situations. I am confident in my skills and abilities.

WORK EXPERIENCE

I have been working as a nurse in the emergency room for around 2 years since I majored in nursing in college. I think helping sick people is valuable. and it will be much gorgeous to save lifes on board. I have lots of experience with patients who were customers in the hospital. so I can manage to deal with people in demand with patience & smile. I also have CPR license so that I can prove to save passenger's life in case medical doctor was not found no board. I am very cut out for this job specially for those passengers with medical assistance. If you give me a opportunity, I will truly devote myself for the company growth.

ASPIRATION

If I want to work as a cabin crew, I need to have good communication skills, able to work independently and with limited supervisor and understand the company. I am working for and communicate it with my client. I feel I have all those qualities and will contribute immeasurably to the success of your company. Through my studies at the university and previous employment. I have learnt it takes a special person to work as a cabin crew and I believe that I have the qualities, desire and leadership to be successful with your company.

If you give me opportunity to grow with your company, I will devote myself work twice as hard as others. I would love to have a further interview with you as soon as possible so that we can discuss more in detail at your convenience.

I look forward to hearing from you soon.

Best regards,

면접을 잘 본다는 것은 면접관에게 강한 임팩트를 준다는 말이다. Impact의 사전적 의미는 충격에 가까운 영향력, 말하자면 강한 인상이다. 어떻게 해야 그 짧은 시간에 영향력 있는 답변으로 면접관에게 눈도장을 찍을 수 있을까? 답변의 내용도 중요하지만 정작 중요한 것은 답변하는 태도이다.

목소리톤과 억양 또한 태도를 결정짓는 커다란 요소이다. 장문보다는 단문 몇 개에 자신의 생각을 담아서 간략하되 최대한 억양을 살려 답해야 한다. 면접에서 영문학박사 수준의 어려운 영어를 남발할 필요는 없다. 남이 써놓은 답변을 외우듯 무성의한 답변이 아닌, 자신만의 경험과 철학이 담긴 답변을 풀어내야 한다. 어렵고 잘 쓰지 않는 단어보다 쉬운 표현을 써서 억양을 살려 절과 구를 구분해서 말해야 상대방이 쉽게 알아듣는다.

둘째는 아이컨택이다. 질문의 의도를 파악해 면접관이 원하는 답을 전할 때도 대화의 맥을 짚어나가듯 아이컨택을 유지해야 한다. 면접관의 눈을 뚫어지게 들여다보는 것이 아니라 자연스럽게 미소를 지으며 맞장구를 치거나 익살과 애교섞인 표정으로 누구와도 쉽게 어울릴 수 있는 성격이라는 걸 보여줘야 한다. 면접관은 이력서와 자기소개서에 드러난 객관적인 사실보다 구직자의 내면에 감춰진 열정과 자질을 더 궁금해 한다. 외항사 승무원이라는 직종은 화려한 겉모습과 달리 다소 고독하고 독립적인 업종이다. 가족과 떨어져 문화와 환경이 다른 타국 땅에서 외국어를 쓰며 커리어를 바닥부터 쌓아올리려면 강한 정신력이 필요하다.

식은땀을 흘릴 정도로 긴장하거나 초조해하는 모습도, 감정에 취해 대화 도중 눈물을 보이는 것도 문제가 된다. 면접관은 당당하게 긍정 에너지를 발산하는 밝은 분위기의 응시생과 화기애애하게 면접을 진행해서 합격을 안겨주고 싶을 것이다. 면접은 모름지기 면접관에게 즐거운 경험이 되어야 한다. 그래야 하루에도 유사한 이력서를 수천 개씩 들여다봐야 하는 면접관의 고달픈 마음을 환기시킬 수 있다. 다시 만나고 싶은 사람이라는 호기심을 불러일으켜야 다음 면접에 초대받는다. 짧게는 3~4분, 길게는 5~7분의 영어면접을 절호의 기회로 삼아 제대로 즐길 줄만 알면 인생의 전환점을 맞이할 수 있다. 해외취업은 젊은 시절 이벤트성 모험을 넘어 인생의 커다란 밑그림이 될 수 있다.

독일, 루프트한자는 7년 이상 근무할 경우 영주권을 제공하고, KLM과 핀에어는 기혼여성의 경우 서울을 베이스로 한 달에 서너 번만 비행하면서 가사 일을 돌보거나 투잡을 병행할 것을 권장한다. 외항사를 목표로 새로운 커리어맵career map을 짠다는 것은 분명 신나고 즐거운 일이다. 그 첫 번째 단추가 영어면접이다. 스트레스와 함께 오는 시험이 아니라 '나'라는 인재를 파는 작은 세일즈공연이다. 이 공연에서 목소리와 화법은 면접의 감도와 분위기를 좌우하는 중요한 열쇠이다. 그렇다면 어떻게 호감 가는 목소리로 면접관의 마음을 살 수 있을까?

방송 아나운서나 유명 연예인들 가운데 사투리가 심하거나 혀 짧은 소리를 하는 사람은 없다. 표준어를 정확하게 구사하는 사람들이 대부분 방송이나 브라운관에서 성공한다. 승무원도 마찬가지다. 기내방송을 잘 하기 위해서 뿐만 아니라 고객과의 대화응대를 잘 하기 위해서 늘 알맞은 성량으로 발음하는 연습이 필요하다. 방송인들이 발음 교정을 위해서 가장 많이 쓰는 방법은 볼펜을 입에 물고 신문기사를 소리 내어 읽는 것이다. 선천적으로 혀가 짧거나 비염이 있어 코맹맹이 소리를 하는 사람들에게도 효과가 있다.

발성표

가	나	다	라	마	바	사	아	자	차	카	타	파	하
게	네	데	레	메	베	세	에	제	체	케	테	페	헤
기	니	디	리	미	비	시	이	지	치	키	티	피	히
고	노	도	로	모	보	소	오	조	초	코	토	포	호
구	누	두	루	무	부	수	우	주	추	쿠	투	푸	후

발음연습

1 간장공장 공장장은 강공장장이고, 된장공장 공장장은 장공장장이다.

2 저기 있는 저 분은 박 법학박사이고, 여기 있는 이 분은 백 법학박사이다.

3 저기 가는 저 상장사가 새 상장사이냐 헌 상장사이냐.

4 중앙청창살은 쌍창살이고, 시청창살을 외창살이다.

5 한양양장점 옆 한영양장점, 한영양장점 옆 한양양장점.

6 저기 있는 말말뚝이 말 맬 만한 말말뚝이냐 말 못 맬 만한 말말뚝이냐.

7 옆집팥죽은 붉은 팥 팥죽이고, 뒷집 콩죽은 검은콩 콩죽이다.

8 검찰청 쇠철창살은 새 쇠철창살이냐 헌 쇠철창살이냐.

승무원의 목소리 이미지가 활용되는 대표적인 사례가 바로 기내방송이다. 영문 기내방송은 우리글과 읽는 방법이 다르다. 강조할 부분을 중심으로 어절을 나눠 억양을 살려주면서 유창하고 정확하게 읽어주는 연습이 필요하다. 또한 기내방송은 회사를 대표하는 음성 이미지이므로 읽으려는 내용에 대한 충분한 이해와 공감이 선행되어야 한다.

기내방송은 항공사를 대표하는 목소리로 어디까지나 방송의 범주에 해당하므로 슬랭을 피하고 격식을 갖춰 어휘를 엄선해서 사용한다. 기내방송문을 연습해두는 것은 단순한 낭독 이상의 효과를 거둘 수 있다. 고급스런 표현이나 어휘를 미리 익혀둠으로써 현장에 투입되거나 면접에 임할 때 효과적으로 활용할 수 있다.

기내방송을 읽을 땐, 복식호흡을 통해서 차분하게 귀에 쏙쏙 들어오도록 한다. 사선 표시가 하나인 곳은 한 번 쉬고, 사선 표시가 두 개인 곳은 길게 쉬며 우아하게 문장을 끝낸다. 이런 식으로 읽기 연습을 하면 듣는 이가 훨씬 편안하게 내용을 전달받을 수 있다. 아래의 기내 방송문을 낭랑한 목소리로 읽어보자.

/ 한 번 쉼 // 두 번 길게 쉼.

Welcome announcement

Good morning (afternoon/evening), / ladies and gentlemen. // Captain ___ /and the entire crew/ would like to /welcome you aboard. **** Airline flight _____ /bound for ____// Our flight time / will be __ hour(s) __ minutes /following take-off. // Please make sure/ your seatbelt is securely fastened. // And please return your seat back / and tray table to their upright position. // The use of electronic devices/ including a mobile phone/ is not allowed /during take-off and landing. // Smoking in the cabin and lavatories/ is prohibited/ at all times/ during the flight. We're pleased to have you on board today/ and we'll do our very best to serve you. Thank you. //

Wake-up

Ladies and gentlemen. / We hope you've enjoyed your rest. // In a few minutes, /we'll be serving you a snack// We have 2 hours and 30 minutes remaining/ until our arrival in Los Angeles.// Thank you.//

Seatbelt sign on before 10,000 ft

Ladies and gentlemen.//

We're now making our descent into Incheon International Airport.// Please return to your seat /and fasten your seatbelt.// Return your seat back /and tray table to their upright position.// We'd also like to ask you to open the window shade/ nearest you.// Please make sure your baggages are stowed in the overhead bins/ or under the seat.//All electronic devices/ such as personal computers,/ CD players,/ and electronic games/ should be turned off.// Thank you!//

인천공항 입국 안내

Ladies and gentlemen. /

For entry into Korea, /please have your passport /and other entry documents ready.// All nationalities are required to fill out the arrival card, health questionnaire/ and animal quarantine questionnaire.// Anyone carrying more than 10,000 U.S. dollars/ or the equivalent in foreign currency /or traveler's checks or carrying items /valued over the duty free allowance/ must declare it on the customs form.// If you are carrying any kind of fruits, plants, or meat,/ it must be declared on the customs form/ and animal quarantine questionnaire.// Passengers who have baggage arriving on another aircraft/ or by ship/ must fill out two customs forms.// Also passengers who have experienced diarrhea, vomiting, abdominal pain, or fever /during the stay in foreign countries /must report that symptoms/ on the health questionnaire.// For more details,/ please contact a flight attendant.// Thank you.//

미국 입국 안내

Ladies and gentlemen. /For entering into the United states, /please have your passport and other entry documents ready.// All passengers except U.S. citizens, U.S green card holders, Canadian citizens, /and U. S immigrant visa holders/ must fill out the arrival card.// The U.S customs form must be completed by all passengers. /Family traveling together/ only need to fill out one customs form.//Anyone carrying more than 10.000 U.S. dollars/ or the equivalent in foreign currency /or traveler's checks or carrying / and any kind of fruits, plants or meat must be declared on the customs form.// When writing entry documents,/ please use block letters/ and fill out your exact address in the U.S.// For more details, please contact a nearest cabin crew.// Thank you.//

Farewell

Ladies and gentlemen/ It's our pleasure to welcome you to Los Angeles International Airport.// The local time here in Los angeles is /11:13 a. m. on Tuesday the 14th of January.// We sincerely apologize for our late arrival / due to flight connection.// We appreciate your understanding and patience. //For your safety,/ please keep your seatbelt fasten /until the captain turns off the seat belt sign.// Also, refrain from using your mobile phone /until you deplane.//When opening the overhead bins,/ please be careful of contents /that may have moved during the flight.//Before leaving the aircraft,/ please check that there are no items left /in your seat pocket/ or under your seat.//Please take all carry-on baggage with you /when you deplane.//On behalf of the entire crew,/ we've enjoyed serving you today and we hope to see you soon. //Thank you for flying with us.//

DEPLANE

Ladies and gentlemen./You may now deplane through the front door. //Please allow those passengers /seated in front of you/ to exit first. // Passengers seated /at the back of the cabin,/ please exit through the rear door. //Due to airport conditions, /we're not able to take you to the terminal directly.//We appreciate your understanding.// Please be careful/ as you walk down the steps.// Thank you. / Good bye.//

메라비언 법칙, 말의 내용보다 중요한 것

승무원 면접 때 전문가로부터 메이크업과 헤어를 손질 받느라 돈을 들이고, 면접의상과 액세서리 하나까지 신경 쓰는 것은 단순히 예쁘게 보이기 위해서만은 아니다. 면접관과 성공적인 커뮤니케이션을 이루기 위해 면접에 진지하게 임하고 있음을 표현하는 것이다. 입고 있는 옷이나, 자세와 말씨, 혹은 표정으로 살아온 궤적을 유추할 수 있다. 허름한 옷차림의 걸인일지라도 말씨가 점잖고 사람을 대하는 태도에 격이 있으면 무슨 사연이 있겠지 짐작하고 함부로 대하지 못한다. 반대로 그럴 듯하게 차려입긴 했지만, 눈빛이 탁하고 말씨와 손동작까지 어수선하면 경계하게 된다.

소통, 즉 커뮤니케이션에서 말이 차지하는 비율은 고작 7% 밖에 되지 않는다. 미국 UCLA, 알버트 메라비안 박사는 이 연구 결과를 발표하면서 말을 전달하는 도구인 목소리가 38%, 표정이나 몸짓 같은 신체적 표현physiology 이 55% 차지한다고 해서 모두를 깜짝 놀라게 했다. 알버트 메라비안 박사는 말을 전달하는 수단인 시·청각적 요소가 첫인상과 커뮤니케이션을 결정짓는다고 강조한다. 성공적인 커뮤니케이션은 말의 내용이 아니라 말을 전달하는 태도에 달려 있다. 전화통화만 해도 목소리로 태도를 짐작하는데, 상대방을 앞에 두고 나누는 대화에서 눈빛, 표정, 몸짓이 중요하다는 말은 새삼스러운 이야기도 아니다.

'메라비안 법칙'을 승무원 면접에 응용한다면 어떤 효과가 나타날까? 말의 내용보다 청각/시각적 요소를 적극 활용하여 면접관의 마음을 열 수 있다면, 약간 모자라는 의사소통기술을 다른 부분으로 커버할 수도 있지 않을까?

38%의 청각요소에 목소리 톤, 억양, 말의 속도, 말씨가 해당되니, 내용이 아닌 말의 색깔만으로도 얼마든지 결과를 뒤바꿀 수 있다. 목소리 이미지가 한 사람의 파워로 작용하기 시작하면 그때부터 목소리는 본인의 굉장한 매력이 될 수 있다. 면접관의 주의를 끌기 시작

7% 말의 내용
38% 청각: 목소리 톤, 억양, 말씨, 말투
55% 시각: 손짓, 태도, 복장, 표정, 화장, 액세서리, 헤어

하면 호감도가 증가하고 즐겁고 유쾌한 대화를 이어갈 수 있다.

55% 시각적 요소는 손짓, 태도, 복장, 표정, 화장, 액세서리, 헤어 등 다양하다. 보통 면접 당일 멘티들이 공들여 준비하는 모든 사항들이 여기에 해당한다. 스타킹이나 치마길이가 회사 분위기와 규정에 잘 맞는지, 머리 염색이 너무 유행을 앞서가지 않는지, 평소에 무심히 넘겨왔던 사항이라도 승무원 규정에 맞게 재점검한다.

효과적인 말하기가 생명인 정치가, 명강사, 쇼핑호스트, TV아나운서들의 화법을 유심히 관찰해보자. 아나운서처럼 연필을 입에 물고 기사 낭독하는 연습을 본 적이 있는가? 말 잘하기로 유명한 사람들이 어떤 표정, 손짓, 장신구를 사용하는지 연구하면 조금만 연습해도 커다란 차이를 불러올 수 있다.

전문 방송인들의 목소리 톤은 매우 안정되어 있다. 목소리가 갈라지지 않고 청아하게 터져 나온다. 아주 저음이거나 고음이지도 않고 편안하게 귓가를 파고들어 일반인의 말솜씨와 확연히 차이가 나타난다. 목소리는 연습을 통해서 얼마든지 조절과 변화가 가능하다.

방송인들은 평소에 호흡조절을 하고, 과음이나 흡연을 삼가면서 목의 건강을 지킨다. 말하는 속도에도 일정한 운율이 있고, 어떤 소식을 전하느냐에 따라 목소리에 색깔과 표정을 담는다. 궁극적으로 목소리와 개성이 담긴 화법은 개인의 성격과 이미지까지도 규정하여 대인관계에 막대한 영향을 끼친다.

면접 당일 아침을 거르고 빵과 우유로 아침을 때우거나 면접장에 들어서기 전 연신 우유를 들이키는 사람들이 있다. 우유는 일시적으로 목을 갈라지게 하므로 면접 직전에는 피해야 한다. 마찬가지로 옆사람과 소곤거리며 말하는 것도 목을 잠기게 한다. 생기 있고 안정감 있게 목소리를 연출하려면 맑은 긍정적인 상상과 연습으로 평소에 목을 단련시켜야 한다.

면접실에서 긴장한 나머지 손가락을 까딱거리며 두리번거린다든지, 면접관과 눈 마주치기를 피하는 수줍은 모습은 개방적이고 역동적인 외항사에서 좋아하는 태도가 아니다. 그렇다고 두서없이 나서기만 하는 것도 옳지 않다. 균형을 맞추어 자신을 갈무리할 수 있는 자신감있는 태도가 가장 믿음직스럽다.

당당하고 자신감 넘치는 모습으로 정중하게 면접실에 입장하여 면접이 끝나는 순간까지 예의를 지키는 모습은 보수적인 중동문화에서도 환영받는다. 질문이 다른 응시생에게 돌아가 면접관이 자신을 주시하지 않는 순간에도 관심을 갖고 경청하는 태도로 임해야 한다. 미소를 잃지 말고, 재미있는 이야기가 나올 때는 살포시 미소를 지어주는 것도 면접에 대한 예의이다.

항공사 승무원에게 아름다운 미소는 결정적인 무기이다. 모든 걸 용서하게 만드는 살인미소의 소유자라면 면접관에게 높은 점수를 얻는 데 유리하다. 실제로 현장에서 만나는 현직승무원들의 용모가 모두 수려한 것은 아니다. 키도 작고, 이렇다 할 미인형도 아닌데 당당히 합격해서 유니폼을 입고 열심히 일하는 사람들이 의외로 상당히 많다. 싹싹한 성격과 말씨, 지적을 받는 순간에도 해맑게 웃는 모습을 보면서 저 미소가 그녀를 승무원으로 만들었을 거라고 짐작한다.

승무원 면접은 미인대회가 아니다. 누구와도 온화하게 어울릴 수 있는 사람을 뽑는 것이란 사실을 상기시켜주는 참신한 미인들은 늘 복스러운 미소로 기내를 훤히 밝힌다. 밤사이 굳어 있던 얼굴 근육을 풀어주는 것도 좋은 미소 연습이다. 아름다운 미소와 표정은 건강한 몸과 마음에서 비롯된다는 것을 잊지 말고 아침마다 가벼운 체조로 경직된 몸을 풀어준다. 일어나자마자 공복에 찬물을 들이키면 규칙적으로 화장실에 갈 수 있고 몸이 가벼워진다. 몸 안에서 독소가 제거되면 얼굴색이 맑아진다. 요가나 가벼운 명상으로 정신을 맑게 다스리는 것도 좋은 방법이다.

최종면접에 합격하면 문신이나 흉터 유무를 면접관이 직접 묻는다. 나의 경우 살색 스타킹을 신어도 어슴푸레 비치던 정강이의 작은 멍이 문제가 됐었다. 멍이라기보다 정강이 때를 너무 세게 밀어서 생긴 상처였다. 멍이 없어지려면 얼마나 걸리겠느냐는 질문에 연고를 바르면 3~4일이면 말끔하게 없앨 수 있다고 답했다. 그러자 일주일 후에 그 증거를 카메라로 촬영해 이메일로 보내달라고 했다. 손가락, 팔다리, 얼굴 목선, 정강이 등 일상생활에서 쉽게 노출하는 부위들이 깨끗한지 살핀 후에 면접은 마무리된다.

중동여행 중 호기심 삼아 손등에 헤나를 입혀왔던 멘티들이 최종면접까지 가는 경우가 있다. 영구적인 문신이 아니라는 말을 물로 씻으면 금방 지워진다는 말로 잘못 알아들은 것이다. 보통 헤나 문신이 사라지려면 한두 달은 족히 소요된다. 이럴 땐, 석유로 지우는 것이 가장 효과적이다. 나 역시 손등 헤나를 지우기 위해 민간요

법을 수소문해서 석유로 가능하다는 정보를 얻었던 기억이 있다.

주유소 직원에게 헤나를 보여주며 지워달라고 부탁하자 냉큼 안으로 들어가 그 비싼 석유를 양동이로 한 가득 들고 나왔다. 그리고 석유를 통째로 손등에 들이부었다. 중동에서 석유가 물보다 싸다는 걸 알면서도 기름 한 방울 안 나는 나라의 국민으로서 그런 호의가 얼마나 고맙고 황송했는지 모른다. 석유를 들이붓고 있는 힘을 다해 벅벅 문지르자 헤나가 서서히 모습을 감추었다. 집으로 돌아와 물로 씻고 파운데이션으로 가린 다음, 별 탈 없이 그루밍 체크를 통과하고 비행을 했던 기억이 지금도 생생하다.

말을 하거나 활짝 웃을 때 보이는 치아는 자연치아색인 것이 좋다. TV화면에 등장하는 배우나 입을 크게 벌려 노래를 불러야 하는 성악가나 가수들이 금니 한 것을 본 적이 없을 것이다. 시각적인 요소가 중요하게 평가받는 승무원들 역시 준연예인이다. 뱃살이 붙거나 살이 찌기 시작하면 동료들이 걱정스럽게 조언을 해주기 시작한다. 이 정도면 운동과 식이요법으로 체중을 조절해줘야 한다. 물론 적정 체중은 신장에 따라 상대적이지만, 유니폼을 바꿔야 할 정도로 체중이 급격하게 늘거나 줄면 '경고'를 받는다. 건강을 위해서라도 평소 꾸준히 운동을 해야 한다.

'승무원'이란 커리어를 얻으면서 새롭게 관심을 갖게 된 것이 '향수'이다. 성인식을 마친 스무 살 때 남자친구가 선물해준 생애 첫 향수를 비롯해 몇몇 사연이 담긴 향수

모으는 것을 특별한 취미쯤으로 여겼다. 기내에서 동료들 혹은 승객들과 대화를 나누면서 좋은 향기를 전하면 그 사람의 이미지로 남는다는 것을 깨달았다.

대화에 앞서 느껴지는 좋은 향기로 그 사람에 대한 호감도가 올라가 저절로 미소를 지으며 대화를 시작하게 된다. 반면 암내나 담배냄새, 구취가 심한 사람과 마주보고 대화를 나눌 때는 나도 모르게 인상을 찌푸리거나 대화가 끝나고 나서도 당사자에 대한 좋지 않은 기억을 갖게 된다. 다국적 문화가 한데 어우러진 아랍항공사에서는 식사 후 꼬박꼬박 구강소제를 하고, 매일 샤워를 하며 일터에 나가기 전에 바디미스트나 가벼운 향수로 마무리를 해주는 것은 개인 뿐 아니라 국가이미지를 높이는 데도 영향을 끼친다.

비행하다 만나는 승무원들은 전 세계에서 선발된 만큼 생김새도 다르고, 한국에서는 쉽게 볼 수 없는 특이한 체형도 많다. 버젓이 덧니를 드러내고 다니는 사람도 있고, 자세히 들여다보면 양쪽 귀의 모양이 약간 다른 사람도 있다. 이런 사람들에게는 단점이 충분히 보완될 만큼의 다른 장점들이 있었다. 대부분 붙임성 있고, 성격이 밝거나 맑은 심성을 갖고 일한다.

오다리나 두꺼운 종아리 때문에 전전긍긍하는 사람들은 고민하느라 정작 영어면접 준비를 소홀히 한다. 아랍항공사는 치마와 바지를 자유롭게 선택해서 입을 수 있도록 허용한다. 면접관이 당신을 진심으로 마음에 들어 한다면 오다리를 가리기 위해서 입사 후 바지유니폼을 입도록 권유할 수도 있다.

승무원이든 미스코리아든 아름다움에 절대적인 기준은

없다. 면접관의 취향에 따라 아담하고 귀여운 응시생들이 많이 합격하는 날도 있고, 늘씬하고 계란형의 서구형 미인들이 많이 합격하는 날도 있다. 운이 많이 작용한다고 할 수 있다. 오로지 목표를 향해 좋은 결과가 나오도록 최선을 다하는 데만 집중하자.

카타르 상위 1%
모자 mozah 메이크업

2022년 월드컵 개최국으로 카타르가 발표되었을 때, 일제히 자리에서 일어나 기립박수를 치며 얼싸안던 카타르 왕족을 기억할 것이다. 자주빛 아바야를 갖춰 입은 여인이 당시 하마드 국왕의 두 번째 부인인 셰이카 모자 빈 나세르 알미스네드 sheik mozah bint nasser al-missned 이다. 그녀의 적극적이고 눈물어린 프레젠테이션이 얼마나 결정적인 역할을 했음을 모르는 이는 없다. 그녀는 현재 왕으로 등극한 타밈 국왕의 생모로, 남편인 하마드 국왕이 거느린 세 명의 부인 가운데 가장 명석하고 외향적인 성품을 지녔다. 아랍문화권에서 자랐음에도 불구하고, 21세기에 걸맞은 열린 사고의 소유자로 잘 알려져 있다. 그녀는 카타르재단 Qatar Foundation 이사장으로 취임한 이후 본격적으로 여성의 권리를 신장시키는 데 앞장섰다. 교육체계개선, 대중교통시설 개선, 여성보호소 건립, 어린이 기수의 낙타 경주 금지, 가톨릭 성당과 같은 비무슬림을 위한 예배시설 확충 전무후무한 개혁에 가까운 일들을 국왕의 전폭적인 지지 아래 과감하게 추진하고 있다.

일명 '중동판 힐러리'로 불리는 모자의 네 번째 아들이 2003년 돌연 첫 번째 부인의 아들을 내쫓고 왕세자로 책봉된 것도 모자를 향한 지극한 국왕의 총애 때문이다. 명석하고 현숙한 후궁이 국왕인 남편의 총애와 신임을 한 몸에 받으며 하늘이 맺어준 정치적 동반자로 인지되기 시작한 것이다. 모자의 타고난 성품이 제 삶의 복을 최상으로 끌어올린 바나 다름없다. 7남매를 둔 어머니라고 믿기 어려울 정도로 우아한 자태와 에너지 넘치는 눈빛이 매우 인상 깊다. 같은 말이라도 그녀가 발언만 하면 엄청난 위력을 발휘한다. 2006년 도하 아시안게임과 2022년 월드컵의 성공적인 프레젠테이션으로 전체 무슬림들의 자존심을 세계적으로 드높여 탁월한 외교력까지 인정받았다. 모자와 한국과의 인연은 2008년 삼성중공업이 시행한 LNG선 명명식 때 빛을 발했다. 세계 역사상 최대 규모인 26만 6000㎥급 LNG선은 삼성중공업이 카타르에서 수주받아 그녀의 이름을 LNG선에 그대로 사용해서 화제가 되었다. 이제 국왕의 모후가 된 그녀는 아라비아반도의 작은 나라, 카타르를 중심으로 중동 전체의 역사를 새로 쓰고 있다. 40℃를 웃도는 고온다습한 작은 사막에서 세계경제를 쥐락펴락하는 기적이 그녀가 한 걸음을 행차할 때 마다 일어난다.

그렇다면, 카타르 상위 1%의 핵을 차지하고 있는 그녀녀는 과연 어떤 메이크업을 고수할까? '국왕비'의 위엄에 걸맞은 기품과 도전적 카리스마가 넘실대는 메이크업으로 늘 좌중을 압도한다. 모자가 한 번 미소를 지으면 그 포용력에 온 국민이 가슴을 펼쳐 환호한다. 특히 어린이와 여성의 인권, 교육 그리고 문화예술에 막대한 공을 들이는 그녀의 공로는 아랍 전체의 귀감이 되고 있다.

그녀는 한 눈에 봐도 이목구비가 매우 선명하다. 호불호가 강하면서도 부드러움을 잃지 않아 신뢰감을 한 아름 안겨주는 이미지다. 관상에 선이 굵은 메이크업이 단단히 한 몫 하는 것이다. 그녀가 공감, 행복, 설득, 권유 등 다양한 마음을 실어 조금이라도 표정을 바꾸면 그 자리에서 대국민선언이 된다. 국왕 모후의 부드러운 카리스마는 백성들에게 친근감을 주고, 어떤 약속이든 지켜질거란 단단한 확신을 준다.

아랍여성들은 평소에는 민낯으로 생활한다. 하지만 결혼식, 집안행사, 해외여행 등 공식적인 자리엔 과하다 싶을 만큼 화려한 메이크업으로 예를 갖춰 자신의 신분을 드러낸다. 고온다습한 날씨에도 굴하지 않겠다는 듯 강렬한 눈화장은 '헤나'와 더불어 아랍 메이크업의 핵심이다. 아랍항공사 승무원 면접에서 현지 아랍여성을 능가할 정도의 아라빅 메이크업을 할 필요는 물론 없다. 하지만 눈치가 있는 지원자라면, 색상을 최대한 분명하게 표현해 아랍문화와 잘 어울린다는 인상을 풍겨야 한다는 감을 잡았을 것이다. 우리가 한복을 즐겨 입는 외국인에게 더 깊은 정감을 느끼는 것과 같은 이치다. 아랍어 이름이 새겨진 목걸이를 착용한다든지, 아랍어 인사말을 미리 익혀두었다가 먼저 인사를 건네는 것도 살아남는 요령이다.

한여름의 평균기온이 40도를 육박하는 고온다습한 사

막기후를 극복한 중동사람들은 뭐든지 분명하게 똑 부러지는 것을 좋아한다. 날이 더우니 일과나 행동지령이 느릴 거라고 착각하는 사람들이 있는데, 비즈니스에서 이런 경험을 했다면 상대방 마음이 딱 거기까지 인 것이다. 더운 날씨 덕분에 중동에선 다른 나라보다 출퇴근이 꽝장히 이르고, 뭐든 제대로 마음만 먹었다면 일사천리로 진행한다. 메이크업이나 옷차림도 분명한 색상과 선이 굵은 메이크업으로 당차게 임해야 한다. 적극적인 자세로 면접관의 질문에 기다렸다는 듯이 답하고, 꼬리질문과 관심을 유도해낼 줄 아는 지혜를 발휘해야 한다. 동양에선 침묵이 금 silence is the good answer일지 모르지만, 아랍항공사 취업시장에선 분명한 의사표현능력과 당당한 태도가 금이라는 사실을 명심하자.

아랍항공사 승무원 메이크업 수칙

기내는 우리가 익숙하게 지내온 지상의 실내보다 훨씬 건조하다. 비행기를 타 본 사람들은 잘 알겠지만, 가만히 앉아 있는데도 목이 타듯 갈증이 난다. 조명 또한 어둡기 때문에 연한 화장은 자칫 초췌하고 피곤해 보일 수 있다. 유니폼 색상보다 옅은 립스틱은 안색을 창백하게 만들 수 있으므로 멀리해야 한다. 승객과 마주치는 기내는 어디든 무대라고 생각하고, 조명과 관객의 주목을 끄는 메이크업으로 생기발랄함을 연출하는 배우로 분해야 한다.

필자가 십년 가까이 몸담고 있는 항공사의 유니폼은 카타르 국기의 색깔을 따온 자주색이다. 그래서 일반승무원 시절에는 짙은 자주색 립스틱과 매니큐어만 물리도록 사용했다. 신입시절을 추억하면 온통 자주색의 향연이다. 매니큐어와 립스틱은 같은 톤으로 색상의 조화를 맞추어야 한다. 이에 구애받고 싶지 않으면 투명매니큐어로 청결과 단아함을 강조한다. 매니저로 승진을 하고서야 유니폼 색깔이 회색으로 바뀌어 비로소 핑크, 자주뿐 아니라 블루, 골드, 심지어 그린톤의 눈화장이 허용되었다.

충분한 숙면을 취하고 브리핑 준비가 잘 된 날은 화장도 잘 먹는다. 준비된 메이크업으로 브리핑룸에서 크루들을 맞이하는 날은 일진이 좋다. 팀원들의 사기가 한층 고조됨은 물론이고, 협동과 의사소통이 원활하게 이루어지는 멋진 비행이 이어진다. 브리핑 시작하기 한 시간 전에 여유롭게 커피 한 잔 마시면서 꼼꼼하게 브리핑 자료를 챙긴다. 함께할 팀원이나 조종실 크루들의 관상도 점치면서 오늘 하루 어떻게 대인관계를 컨트롤 할 것인가를 궁리한다.

필자는 픽업차량이 대기하기 두 시간 전에 비행준비를 시작한다. 찬물로 샤워를 하고, 머리를 만든 연후에 메이크업, 유니폼 착용, 슈케이스suitcase 정리 순으로 채비를 서두른다. 슈케이스 안에는 비상약, 비스킷이나 초컬릿 등 비상식량, 세면도구, 메이크업 박스가 늘 갖추어져 있다. 메이크업 박스 안에 뭐 한 가지라도 빠지면 괜히 불안하다. 피곤해서 입술이 짓무를 때 간단하게 처방할 수 있는 연고나 세안 후 잠들기 전에 듬뿍 영양을 공급해주는 영양크림, 손톱깎이, 매니큐어 리무버 등 보통 집안에 두고 다니는 물품들을 챙겨다닌다. 매일 세안과 메이크업을 반복해야 하기 때문에, 기초화장품은 물론이고 색조화장품도 소요량도 상당하다. 신입 때는 공항 면세점에서 고가화장품 라인을 사다 썼는데, 스킨, 로션 특히 크림값을 감당하기가 어느 순간 부담으로

다가왔다. 승무원이라고 해서 면세점을 안방 드나들 듯 할 수 있는 건 아니다. 어쩌다 비행기가 연착되어 공항에 머무는 시간이 10분이라도 더 생기는 날만 속사포 쇼핑이 허락된다.

사실, 동양여성 피부에는 국내산 기초화장품이 훨씬 더 잘 맞는다. 세안 후 소독력이 있는 스킨으로 피부결을 정리해주고, 로션으로 진정을 시킨 다음 영양크림을 얼굴과 목 언저리에 듬뿍 바르는 것이 수칙이다. 화장품은 가격의 고하에 상관없이 아낌없이 듬뿍 발라야 한다. 숙면을 취하는 동안 피부가 재생될 수 있도록 충분한 영양을 공급해야 한다. 낮은 베개를 사용하면 목주름을 예방할 수 있다. 화장품이 많다고 해서 화장을 잘할 수 있는 것도 아니다. 단점을 커버하고 개성을 매력을 승화시킬 수 있는 도구들만 확보하면 얼마든지 멋진 메이크업이 가능하다. 아이라이너나 마스카라, 아이섀도우, 립스틱 등 색조화장품은 유분이 많고 흡수력이 좋은 제품으로 평소 본인의 스타일에 잘 맞는 제품으로 구비하도록 한다.

직장생활을 하는 여성이라면, 기본적으로 메이크업을 매일 해야 한다고 봐도 무리가 아니다. 화장독이 오르지 않도록 꼼꼼하게 클린싱을 해야 하는 이유가 여기 있다. 피곤하다고 화장을 지우지 않고 잠이 들면 그만큼 노화가 속력을 낸다. 클린싱 오일과 크림, 화장솜, 면봉, 여분의 마스크팩, 바이오 오일, 바디 & 핸드크림은 늘 상비한다. 카타르는 열기가 뜨거운 곳이라 얼굴의 온도도 쉽게 올라간다. 얼굴에 열이 더해지면 모공이 넓어져 그만큼 노화가 빨리 진행된다. 집에서 쉬는 날은 수

시로 찬물을 얼렸다가 자주 세안을 해서 탄력을 더해준다. 찬물을 일일이 준비했다가 세안하는 것이 버거우면 알로에를 냉장보관 했다가 수시로 팩을 해준다. 세안 후 알로에 팩을 십여분 해주면 얼굴빛이 훨씬 밝아지고 어려보인다. 이튿날 화장이 잘 받는 것은 물론이고, 피부가 당기는 기분도 훨씬 줄어들어 한국에 다녀올 때 마다 여러 통씩 한꺼번에 공수해온다. 기초화장품을 화장품 냉장고에 보관해서 사용하는 것도 하나의 방법이다. 계절에 상관없이 찬물 세안을 하며, 늘어난 모공을 수축시키고, 얼굴 온도를 내려줘 피부를 맑고 탱탱하게 유지해주는 것도 동안의 비법이다.

동안피부를 자랑하는 유명연예인 K씨는 어느 인터뷰에서 절대 얼굴에 손을 대지 않고, 차안이나 기내에서 나오는 에어컨 바람을 멀리한다며 의외로 단순한 피부관리비법을 공개했다. 세균의 온상지인 손은 자주 씻을수록 좋고, 그러므로 얼굴을 최대한 덜 만져야 세균으로부터 얼굴을 보호할 수 있다. 여드름이 잡혀도 저절로 곪아 터질 때 절대 손대지 않으며, 심지어 수건조차 쓰지 않는 연예인들도 많다고 한다. 우리 승무원들도 건조한 기내에서 몸의 수분함량을 유지하기 위해 물을 자주 마시고, 페이셜 스프레이를 자주 사용한다. 한방에서는 식사 중에 물은 물론이고 국이나 찌개를 멀리해야 불필요한 지방을 막을 수 있다고 말한다. 물을 자주 마시는 것도 좋지만 타이밍을 잘 맞춰서 공급하는 것도 중요하다는 뜻이다.

필자는 기내에서 위장이 활동하는 시간을 줄이기 위해 최대한 음식을 씹지 않는다. 대신 수프나 꿀물로 기력

을 보충한다. 상대적으로 기압이 낮은 공간에서는 온몸의 장기가 일시적으로 팽창했다가 고도가 점차로 낮아지면서 수축한다. 반쯤 물이 담긴 물병이 랜딩하는 동안 쪼그라드는 현상을 종종 목격하게 되는데, 우리 몸안에서도 이와 비슷한 현상이 일어난다고 보면 된다. 감기기운이 있을 때 이관이 종종 막혀와 귀가 아픈 것도 같은 이유에서이다. 그래서 종종 수영장에서 한 동안 잠수상태로 머물러 조금이라도 막혔던 이관을 바로 잡아주어야 한다.

예쁜 눈썹 그리기

헤어스타일이 전체 이미지의 70%를 차지한다면 얼굴의 이미지 중 70%를 좌우하는 것은 바로 얼굴의 지붕이라 할 수 있는 눈썹이다. 눈썹의 모양은 없는 성격까지 있어보이게 할 정도로 얼굴이미지에서 차지하는 비중이 상당하다. 눈썹이 잘 그려지는 날엔 일진이 좋고, 눈썹라인이 한 번에 안 빠지는 날은 아침부터 화장하느라 시간만 잡아먹느라 허둥대기 마련이다. 이런 애로사항을 평소 다니는 메이크업샵에 실장님께 토로했더니 요즘 대세는 일자눈썹이라며 스타일을 한 번 바꿔보라는 권유를 받은 적이 있다. 그런가하면 다른 메이크업샵에서는 눈썹산을 약간 강조하는 것이 얼굴의 전체적인 분위기를 세련되게 살려준다고 콕 집어 말한다. 아무리 일자눈썹이 대세라지만 자신의 개성까지 억눌러서야 본인의 관상이 타고난 복을 불러올 수 없다는 것이다. 관상 운운하니 조금 비논리적인 말처럼 들리지만, 개성이 매력으로 승화시키지 못 하는 메이크업이 무슨 의미가

Before

After

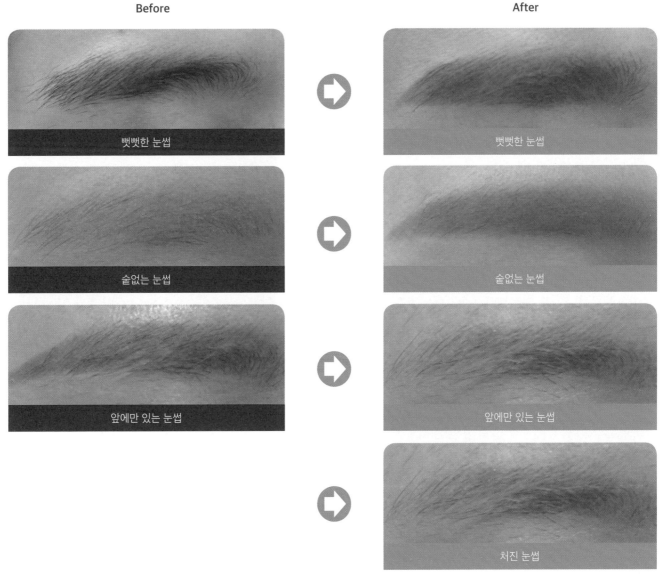

뻣뻣한 눈썹

뻣뻣한 눈썹

숱없는 눈썹

숱없는 눈썹

앞에만 있는 눈썹

앞에만 있는 눈썹

처진 눈썹

사진제공·도움말 메이크업 전문가 김은선, 플랜H

<눈썹 예쁘게 그리는 법>

1. 자연스럽게 자란 본인의 눈썹이 풍성하게 자란 느낌을 주면서 뒤로 갈수록 정확하고 날렵하게 눈썹 끝을 빼준다.

2. 가지고 있는 눈썹을 최대한 살려 눈썹 앞머리를 최대한 자연스럽게 살리되, 빈 곳은 섀도우로 눈썹 밑살을 꼼꼼하게 메꾸어준다.

3. 나머지 3/2 부분부터 눈썹 끝까지는 펜슬을 이용하여 정확하고 깔끔하게 마무리 한다.

4. 특히 눈꼬리보다 1.5ml 정도 뒤로 나오게 눈썹 끝을 빼야 얼굴이 입체적으로 바로 선다.

있을까 싶다.

필자와 친분이 있는 20년 경력의 연예인 메이크업 전문가는 개인이 갖고 있는 컬러, 눈썹결, 늘어지는 길이 이 삼박자가 잘 맞아떨어졌을 때 완벽한 눈썹이 탄생된다고 말한다. 그는 우리가 TV에서 많이 보는 연예인들의 예쁜 눈썹의 공통점은 바로 '눈썹 앞머리'라고 강조한다.

아이라인 예쁘게 그리기

아이라인도 마찬가지다. 매일 거울을 보면서 어느 부분에 어떤 터치를 가해야 단점을 커버할 수 있는 가를 먼저 떠올려야 한다. 전문가로부터 메이크업을 받은 날은 눈이 더욱 커보여서 신기한 나머지 노하우를 수소문했다. 메이크업 전문가들은 한 결 같이 눈꺼풀 피부가 아닌 점막에 라인을 그려야 한다고 입을 모았다. 눈매의 중간에서 점막을 살살 채워나가는 식으로 라인을 자연스럽게 빼 눈매를 살릴 수 있다는 것이다. 여기에 인조눈썹까지 살짝 걸쳐주면 입체적인 얼굴의 윤곽은 더욱 빛을 발한다.

혼자 아이라인을 그릴 때는 눈화장의 당연한 순서로만 여겼지 어떤 강약과 터치로 내 단점을 커버할 수 있는 가에 대해선 크게 고민해 본 적이 없었다. 메이크업을 잘 하는 방법은 의외로 매우 간단하다. 자신의 얼굴에서 장단점을 냉정하게 파악한 후, 어떻게 하면 단점을 커버해서 장점으로 승화시킬 수 있을 것인가만 생각하면 된다.

오랜 경력의 메이크업 전문가들에게는 지원자들의 단점을 먼저 보는 특별한 능력이 있다고 한다. 메이크업 전문가 K씨는 지원자와 눈으로 상담을 하는 동안 머리로 어떻게 단점을 커버할 것인가를 생각하는데 단 7초면 답이 나온다고 고백한다. 이는 냉정하게 제3자 입장에서 보기 때문에 가능한 일이라고 한다. '고슴도치도 제 새끼도 예쁘다'고 감싸고 도는 가족의 의견에 휩쓸려 자신의 단점을 냉정하게 잘 읽어내지 못 하곤 하는 게 지원자들의 함정이라고 덧붙였다. 전문가의 냉정한 조언을 맹신해주는 지원자도 있지만 마음이 상해서 다시는 찾지 않는 사람들도 많다고 한다. 이런 사람들은 몇 개월 후 현대의학에 힘입어 보란 듯이 재등장하기도 하는데, "병원 돈 벌어주셨으니, 아마 어디 가서 메이크업 받으셔도 만족하시겠네요."라고 돌직구를 날려버린다고 그녀는 고백했다.

승무원 면접을 준비하는 지원자들 대부분이 호기심이나 열정만 앞세우고, 영어실력이나 이미지 관리에는 전혀 투자를 안 하시는 분들이 사실 놀라울 정도로 많이 만난다. 산업인력공단 산하의 『K-move멘토링』에서 필자가 직접 관리하는 멘티들도 매달 공지하는 미션 수행은 잘 하지도 않으면서, 말로만 승무원이 되고 싶다고 전전긍긍한다. 영문이력서와 자기소개서 첨삭을 한 이후 냉정한 조언을 몇 마디 전해줬다. 그랬더니 정신차리겠다면서 몇 주일 후 로봇인형처럼 확 달라진 얼굴로 나타난 사람도 있었다.

현대의학의 힘에 의지해 외모를 가꾸려는 노력 역시 무시할 수 없다. 하지만 내면의 수양이나 실질적으로 필요한 업무능력을 배제하고 외모 가꾸기로 공허하고 불

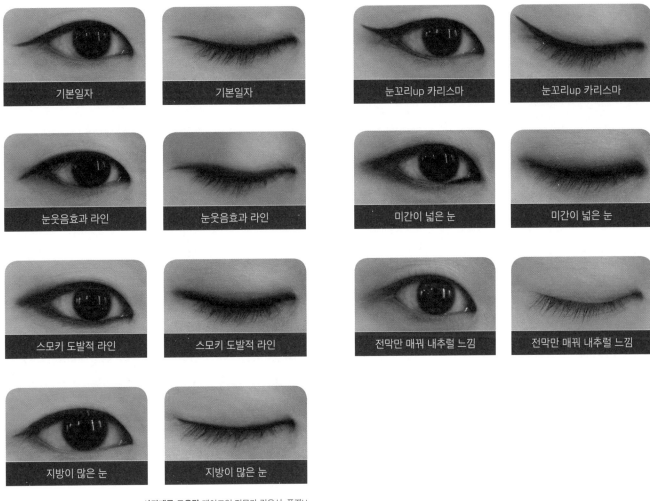

기본일자 | 기본일자 | 눈꼬리up 카리스마 | 눈꼬리up 카리스마

눈웃음효과 라인 | 눈웃음효과 라인 | 미간이 넓은 눈 | 미간이 넓은 눈

스모키 도발적 라인 | 스모키 도발적 라인 | 전막만 매꿔 내추럴 느낌 | 전막만 매꿔 내추럴 느낌

지방이 많은 눈 | 지방이 많은 눈

사진제공·도움말 메이크업 전문가 김은선, 플랜H

<아이라인 예쁘게 그리는 비법>

1. 아이라인을 그리기 전에 아이라인이 잘 지워지지 않도록 눈꺼풀 주위에 페이스 파우더를 가볍게 묻혀둔다.

2. 눈은 시선을 최대한 아래로 하고, 속눈썹 부위를 빈틈없이 펜슬로 메꿔준다.

3. 속눈썹이 꼼꼼하게 색이 들어가야 라이너의 눈썹 끝선을 따라 앞에서 그린 선을 끌고 가듯이 일정한 힘으로 빼준다.

4. 아이라인은 눈 앞머리가 아닌 중앙에서 끝으로, 다시 앞에서 중앙을 지나 끝으로 빼준다.

5. 면봉으로 끝 쪽을 날렵하고 뾰족하게 정리한다.

안한 마음을 위로하는 것은 분명히 잘못된 방법이다. 모두가 어렵다고 말할 때 나 자신을 믿는 힘으로 성공한 필자는 물론 누구에게도 "당신은 안 됩니다."라고 단언하지 않는다. 영어를 못 하는 멘티에게는 국어실력을 평가해서 외국어의 가능성을 연결해주고, 당장 필요한 미션을 부여한다. 성형을 고민하며 외모에 자신감 없어 하는 멘티에게는 타고난 본인 고유의 개성을 매력으로 부각시키기를 권장한다. 자신을 돋보이게 하는 메이크업은 순수한 노력의 거울이고, 이것이 체화될 때 성공의 습관으로 자리잡는다.

하나의 비행을 안전하게 운항하기 위해 함께 하는 팀원들 누구 하나 애정이 가지 않는 친구는 없다. 잦은 실수나 서툰 업무처리도 애정 어린 피드백으로 끌어안고, 우회적인 방법이 통하지 않을 때는 냉정한 독설로도 정신을 차려 진지한 자세로 현장에 임하도록 이끈다. 이것이 리더의 역할이다. 전 세계 80여 개국에서 선발된 승무원들은 민족과 문화, 교육 그리고 출신 국가의 수준에 따라 제각각 다른 개성을 지니고 있다. 업무에 적응하는 속도나 상황에 대처하는 자세 역시 개인 역량에 따라서 차이가 벌어지며 결과적으로 회사 생활의 보람을 맛볼 수 있다. 이 세상 어디에도 똑같은 사람은 없다. 심지어 쌍둥이 승무원들도 전혀 다른 각자의 개성과 매력을 갖고 있다. 면접에서도 예외는 아니다. 면접은 개인의 역량과 자질의 가능성 그리고 그 함량이 해당업무와 얼마나 연관성이 있느냐를 평가하는 과정이다. 인형처럼 똑같은 외모가 아니라 자신이 아니면 누구도 대신할 수 없는 나만의 독특한 매력으로 면접관의 마음을 움직여야 한다.

애교살 메이크업

눈화장의 마지막 포인트는 바로 펄로 음영을 강조해주는 것이다. 눈 앞머리 혹은 눈 밑에 펄을 덧발라주는 순간 살인미소를 잉태하게 된다. '승무원'이란 직업의 생명이라 할 수 있는 살인미소는 항공사 유니폼의 일부분이기도 하고, 언어나 눈빛으로 못 다 전한 다른 방식의 소통이기도 하다. '죄송합니다.', '감사합니다.'란 똑같은 말에 아름다운 미소를 더해주면 같은 상황이라도 고객이 받아들이는 부피나 속도는 하늘과 땅차이로 벌어지게 마련이다. 어떤 사람은 '미스 유니버스' 뺨치는 서구적인 외모를 갖고도 미소결핍으로 오만해 보인다. 면접관이 찾는 승무원의 자질은 누가 봐도 아름다운 외모가 아니라 아름다운 자세이다. 어떤 상황이든 긍정적이고 책임감 있게 해결하려고 나서는 자세, 진심을 다해 고객을 가족과 같이 섬기는 마음, 말하자면 서비스인으로의 자질을 한 자락의 미소로 대신할 줄 아는 능력을 갖추었는가를 보는 것이다.

'웃으면 복이 온다.'는 말처럼 잘 웃는 사람들은 기본적으로 동안인 경우가 많다. 늙고 축 처진 얼굴이 아니라 생기발랄하게 살아 움직이는 얼굴을 한 사람들이야말로 복을 끌어들인다. 함께 하는 것만으로도 즐거움을 배로 부풀리니 한 번 본 사람들은 꼭 다음을 기약하고 싶어 한다. 승무원이 남긴 밝고 상냥한 이미지가 항공사의 이미지로 이어져 고객이 다음 출장이나 여행 때 다시 이용하게 만드는 마력을 발휘하는 것이니 어찌 미소의 위력을 간과할 수 있겠는가.

애교살의 위력은 백만불짜리 미소를 끌어내는데다 동

Before After

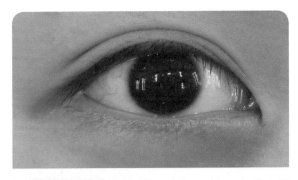

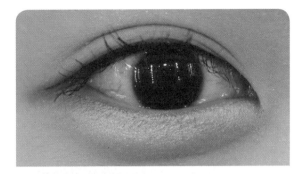

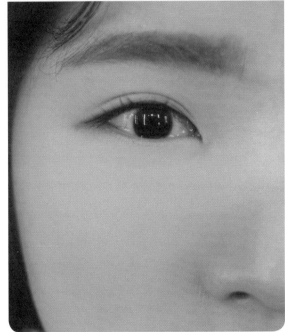

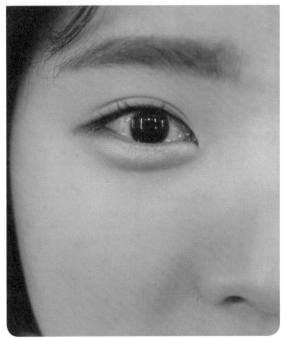

사진제공·도움말 메이크업 전문가 김은선, 플랜H

<애교살 만드는 법>

1. 눈 밑에 그림자를 만들어주는 메이크업이기 때문에 꼭 눈 밑을 깨끗하고 환하게 밝혀준다. 그렇지 않으면 자칫 다크서클로 둔갑할 수 있다는 점을 유념해야 한다.

2. 그 다음, 펄이 없는 음영 섀도우를 브러쉬 끝 부분에만 살짝 묻혀서 발라준다.

3. 애교살이 튀어나와 있다면 상대적으로 애교살 밑은 들어가 있다. 그 원리를 활용해서 음영섀도우로 착시현상을 주는 것이다.

4. 너무 진한 색상은 소량만 발라도 티가 확 나므로 연갈색의 음영섀도우가 적당하다.

5. 이 과정을 거쳐 애교살이 없지만 있는 것 같은 착시 현상을 불러 일으키는 볼륨감이 발생한다. 은은한 광을 내는 작은 펄입자의 섀도우로 볼륨감을 더해준다.

6. 그 다음 거미 발 같은 마스카라 연출을 해주고 아래 속눈썹은 한 올 한 올 마스카라 브러쉬 끝 부분을 이용해서 마무리 해준다.

안효과까지 있어 성형외과에서 가장 인기 있는 시술 항목이기도 하다. 이 작은 살 몇 그램이 십년은 훨씬 어려 보이게 하는 것도 모자라 인간관계의 당락을 결정짓고 사회생활의 성공과 실패까지 결정짓는 것이다. 그렇다고 무리하게 과한 성형을 하거나 요령 없이 눈가에 펄만 덕지덕지 바르면 자칫 멍해 보일 수 있다고 전문가들은 지적한다.

항공승무원의 네일nail은 화려한 장식이나 디자인으로 본인 혹은 고객에게 상해를 입힐 수도 있으므로 단정함을 최우선으로 한다. 보석이 박힌 반지나 시계 역시 피부에 상처를 줄 수 있으므로 자제한다. 하지만 면접에서는 아직 채용 전이므로, 네일아트가 애교로 받아들여지는 눈치다. 알록달록 예쁘게 단장한 네일을 가지런히 무릎에 올려놓은 후보들에게 면접관이 먼저 말을 걸어왔다는 사례가 적잖다. 덕분에 면접관과 한 마디라도 더 말을 섞을 기회를 얻을 수 있었다는 면접자들의 후일담도 매우 인상적이다.

서류전형에서는 무조건 사진으로 돋보여야 하고, 일차전형에서는 발랄함과 영미한 말투와 적극적인 이미지로 마음을 움직여야 한다. 중동사람들은 밝고 활달한 사람을 좋아한다. 아랍항공사 공채에 합격하는 사람들은 대부분 자기주관이 뚜렷하고 당차며 똑 부러지는 인상을 풍긴다. 혹 불면 날아갈 듯 가녀린 이미지 보다는 정숙하고도 당찬 사람들이 합격의 주인공이 된다. 메이크업에도 중동의 매력을 부여해 새로운 환경과 문화에 거뜬히 적응할 수 있는 사람이라는 이미지를 주도록 한다.

외항사 승무원 헤어 연출법

헤어스타일은 첫인상의 70%를 좌우할 만큼 이미지 형성에 막대한 영향을 끼친다. 국영항공사를 비롯한 다수의 항공사들은 나라의 이미지를 대표하는 산업이기 때문에 일시적으로 유행을 타는 헤어스타일을 선호하지 않는다. 자연머리색과 전혀 다른 색상의 염색 혹은 탈색은 세계 어느 항공사도 허용하지 않는다. 부득이하게 염색을 해야 할 경우는 색깔이 구분되지 않도록 주기적으로 관리해야 한다.

외항사 승무원머리는 쪽머리, 프렌치, 커트머리, 보브컷 등 다양하게 시도할 수 있다. 뒷목으로 지저분하게 늘어지는 잔머리를 고정시켜 단정하고 깔끔한 헤어를 연출한다.

쪽머리 앞머리를 내리지 않은 상태에서 이마의 잔머리를 뒤로 깔끔하게 넘긴 쪽머리 헤어스타일은 우리나라

대형항공사의 각종 TV광고에 등장하는 승무원을 통해서 잘 알려진 스타일이다. 고개를 움직일 때 머리가 흘러내려 시야를 가릴 염려가 없으므로 고객을 응대해야 하는 직업을 가진 사람에게 잘 맞는다. 촉망받는 호텔리어 등 서비스산업의 주요 분야에 진출한 사람들도 많이 애용하는 스타일이다.

얼굴형에 맞게 옆가르마나 앞가르마를 선택하고 잔머리가 흘러내리지 않도록 무스나 젤로 머리를 고정시켜준다. 얼굴이 길거나 동그랗거나 광대뼈나 턱이 약간 돌출된 사람들에게는 옆가르마가 어울린다. 계란형이나 작은 얼굴의 경우 앞가르마가 잘 어울리므로 자신의 얼굴이 어떤 형인지 정확하게 파악하도록 한다.

쪽머리 할 때 처음부터 스프레이를 쓰게 되면 초보자의 경우 미숙하기 때문에 모발이 굳어버리면 더 정리가 안 된다. 스틱형 왁스로 일단 잔머리를 정리시켜준 후 마무리로 스프레이를 해주는 것이 좋다. **빽콤**_{꼬리빗으로 머리결의 반대 방향으로 빗질해 볼륨을 넣는 법}을 넣은 후 업스타일 브러쉬로 빗어주면 깔끔하게 정리된다.

보브컷bob cut 보브컷은 깃에 닿지 않는 길이의 깔끔한 단발머리를 말한다. 신뢰성과 대중성을 동시에 갖춘 TV 아나운서들이 트레이드마크처럼 사용하고 있다. 아이돌그룹의 여가수와 스타연예인들이 이 스타일로 요정 같은 귀엽고 상냥한 이미지를 연출한다. 기내에서 보브컷의 승무원들이 사뿐사뿐 캐빈을 거니는 모습은 요정처럼 사랑스러워서 친근함을 선사한다. 다만, 고객을 응대할 때 머리카락이 산만하게 흐트러지고 시야를 가려 지저분한 느낌이 나지 않도록 비행 전에 볼륨을 살려주고 장식이 없는 검은 머리띠나 검은 핀으로 머리를 고정시켜준다. 비행 전에 시간과 정성이 들어간 손질이 필요하므로 항상 부지런해야 한다.

프렌치 헤어 일명 '소라 머리'로 통하는 이 헤어스타일은 유럽이나 미주 항공사 등 서구권 항공사 승무원들에게 사랑받는 스타일이다. 어깨 아래까지 내려오는 길이의 머리를 꽈배기처럼 위로 틀어 모았다가 U자 핀이나 바나나 헤어핀으로 고정시키는 연출법이다. 유명 여배우들이 레드카펫을 밟거나 파티에 참석할 때도 애용하는 스타일로 기내에서 상냥하면서도 우아한 분위기를 연출할 수 있다.

여러 헤어스타일이 다양하게 허용되는 시대지만 개인적으로 바쁠 때 가장 익숙하게 매만질 수 있는 쪽머리를 애용한다. 깔끔하게 가르마를 내서 한 번에 묶으면 공연히 책잡혀서 잔소리를 들을 필요가 없다. 항공기 승무원에게 성의 없어 보이는 그루밍은 비행에 결격사유가 된다.

비행기에 이동하기에 앞서 매번 그루밍 체크를 실시해 복장이나 메이크업, 헤어가 단정하지 않으면 주의를 받거나, 심한 경우 비행을 못 하는 수도 있다. 손가락이나 손목, 팔뚝, 목 언저리, 이마나 입술이 부르튼 경우도 마찬가지다. 그루밍은 겉모습만 치장하는 것이 아니라 평소 청결하고 건강하게 자기관리를 하는 것이다. 속옷의 청결까지 점검할 수는 없지만, 최소한 겉으로 드러나는 부분은 세심하게 관리해야 한다.

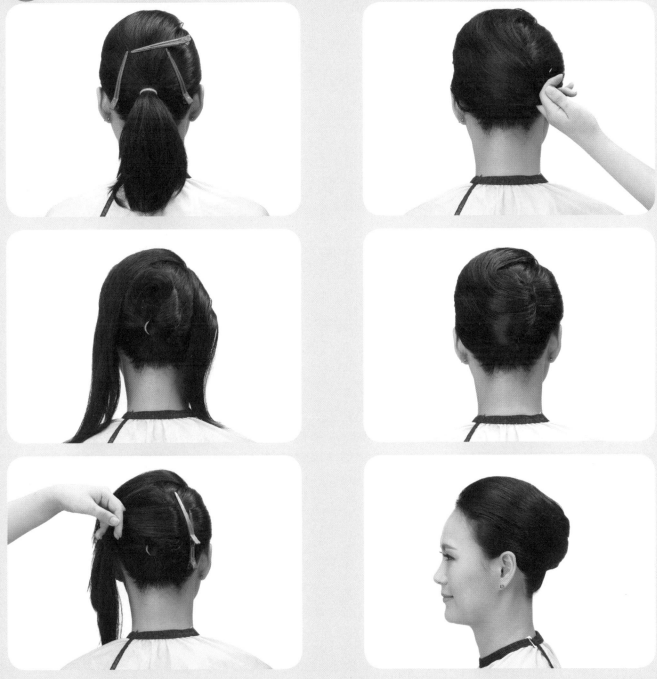

촬영: 비즈피스튜디오
헤어, 메이크업: 김소월메이크업

중동기후에 적응하는 피부관리법

여름 평균 기온이 40도를 훌쩍 넘기는 중동에서 가장 관리하기 힘든 것이 피부다. 건조한 기내환경과 잦은 기압변화에 적응해야 하는 승무원들은 물을 많이 마신다. 마시는 물 뿐 아니라 미스트 사용으로 피부에 직접적인 수분을 공급한다. 땀을 배출하는 유산소운동으로 노폐물을 배출하고, 위장에 부담이 가지 않도록 잠들기 직전에 금식을 함으로써 얼굴이나 몸이 붓는 것을 미리미리 예방한다. 극성맞은 멘티들은 고가의 시술비를 감당하며 피부과를 다니기도 하는데 효과는 일시적이다. 주름이나 티 없이 맑은 피부는 실제 나이보다 어려 보이게 한다. 피부는 마음의 거울이라 내면의 상태를 여실하게 드러낸다. 내장의 건강상태에 따라 피부트러블이 나기도 하니까 평소에 규칙적인 배변습관을 들이고, 늘 긴장을 유지하는 것이 심리적인 다이어트에도 도움이 된다. 탄력 있고 건강한 피부는 수분공급에서 비롯된다. 기내가 건조하기 때문에 피부화장을 촉촉하게 하려면, 비비크림이나 파운데이션에 수분크림이나 페이스오일을 믹스해 사용하는 방법이 있다. 본인 피부타입에 맞게 사용하는 것이 중요하다. 트러블 피부라면 오일은 사용하지 않는 것이 좋다. 기내에서도 물을 많이 마신다. 장거리 비행 시 건조함을 느낄 경우 미스트나 수분크림을 덧발라주면 좋다.

나는 비행 중 1리터 들이 물병에 이름을 적어놓고 습관적으로 마신다. 외출할 때도 작은 물병을 휴대하고 갈증이 날 때마다 마셔 공복감을 줄여준다. 과일이나 채소를 의식적으로 자주 섭취하고, 일을 마치고 집으로 돌아오면 가장 먼저 메이크업부터 깨끗하게 지운다. 10시간이 넘는 장거리 비행을 마치면 클렌징이고 뭐고 만사가 귀찮을 정도로 지쳐서 한두 시간 동안 메이크업도 지우지 않고 곯아떨어진 적도 있다. 피부가 따끔따끔한 기분이 들어 벼락을 맞은 듯 벌떡 일어나는 한이 있더라도 본격적인 취침에 앞서 메이크업을 지우는 것은 원칙으로 한다.

화장 지우는 일을 게을리 하면 피부가 5년은 더 늙어 보인다. 장거리 비행 후 반드시 마스크팩을 붙여 충분히 수분을 공급한다. 마사지크림으로 얼굴의 혈액순환이 잘 되게 해주면 혈색이 돌면서 피부가 밝아진다. 오이를 얇게 썰어 붙이거나 달걀흰자만 따로 분리해 골고루 발라줘도 좋다. 샐러드나 계란요리를 할 때 일부러 따로 남겨두었다가 잠들기 전 15분 정도 마사지를 해준다.

요즘은 제품이 워낙 잘 나오기 때문에 홈케어로 효과를 볼 수 있다. 피부타입에 맞는 클렌징을 선택해서 꼼꼼히 세안한 후 스팀타월을 일주일에 한두 번 해주면 각질도 제거되고 피부가 매끄러워지는 것을 느낄 수 있다. 자기 전 수면팩이나 고농축 수분크림을 듬뿍 발라주는 것도 좋다. 앞서도 말했지만 피부는 온도가 올라갈수록 노화가 빨리 진행된다. 그렇기 때문에 피부탄력이나 모공관리를 꾸준히 해야 한다.

'화장은 하는 것보다 지우는 것이 중요하다'라는 광고 카피가 유행한 적이 있다. 화장을 할 때 여자는 가장 스트레스를 덜 받는다는 말도 있다. 아무리 독하게 일하던 사람도 자신을 예쁘게 꾸미는 시간만큼은 천사가 된다는 뜻이다. 긍정적인 심상을 갖는 것이 이토록 중요하다. 민낯의 자신을 재발견하며 얼굴을 매만지는 과정도 화장의 일부다. 립스틱과 눈화장은 클렌징오일로 닦아내고 눈가와 입 주변을 제외한 나머지 부분에 클렌징크림을 듬뿍 발라 모공 안의 화장때가 빠져나오도록 마사지할 때가 하루 중 가장 편안한 마음으로 휴식을 취할 수 있는 시간이다.

더운 물로 세안을 하면 넓어진 모공이 늘어나고 반대로 찬물은 모공이 좁아져 안으로 침투한 먼지가 그대로 갇히게 된다. 세안은 더운 물로 시작했다가 마지막에 찬물로 헹궈내듯이 해주는 것이 좋다. 세안용 물병을 따로 준비해 냉장고에 넣어두었다가 세안할 때마다 찬물로 헹구어주는 방법도 좋다. 세안은 안에서 바깥쪽으로, 아래에서 위로 피부결을 따라 부드럽게 해준다. 세안이 끝나면 3분 간격으로 양볼에 바람을 불어 넣어 풍선처럼 부풀려 주었다 뺐다를 반복해서 입가의 팔자주름을 풀어준다. 하루아침에 팔자주름이 사라지지는 않겠지만 더 나빠지지 않게 하기 위해서라도 연습을 하면 자연스럽게 안면근육 운동이 된다.

피부탄력, 수분공급에 좋은 팁으로 생알로에를 믹서에 간 다음 작은 플라스틱통에 화장솜을 넣고 화장솜이 푹 젖을 때까지 알로에를 넣어 냉장고에 보관해 쓰는 방법이 있다. 몇 시간 지나면 화장솜에 알로에가 흡수된다. 그 화장솜을 얼굴에 붙인 다음 30분 후 떼어내고 찬물로 행군 다음 스킨과 로션으로 정리하면 된다.

알로에가 진정효과에 탁월하기 때문에 자외선에 노출된 피부, 트러블 건성피부에 안성맞춤이다. 단, 알로에는 금방 상하니까 한꺼번에 많은 양을 만들지 말고 한 번 쓸 양만 만들어 바로 사용한다. 만약 붉은 기가 올라오면 사용을 중단해야 한다.

미용에 관한 팁은 무궁구진하다. 그러나 아무리 겉을 바르고 꾸며도 속을 다스리지 않으면 얼굴에 다 나타난다. 적당한 운동과 식이요법이 병행되어야 한다. 되도록 기름진 음식은 피하고 과일, 야채로 수분을 보충해준다. 일이 끝난 후 돌아와 간단한 스트레칭도 꼭 한다. 좋은 생각과 마음가짐을 가져 스트레스를 줄여주는 것도 중요하다.

오랫동안 고개를 숙이고 책을 보거나 무표정한 자세로 있으면 안면근육이 아래로 처져 우울한 얼굴을 갖게 된다. 반대로 일부러라도 웃는 연습을 많이 하면서 즐거움을 찾으면 안면근육이 위로 발달해 자연스럽게 웃는 얼굴이 된다. 눈과 입이 함께 웃어야 진심어린 웃음을

지을 수 있다. 눈이나 볼은 경직되어 있는데 입술만 비죽 움직인다면 자칫 비웃음이나 가식으로 오해받을 수 있다. "위스키~", "시베리안 허스키", "김치이~", "미아리~", "머니 머니~", "항아리~~", "아리아리~~" "주리주리~~" 등 '이' 모음으로 끝나는 단어를 소리 내서 발음하다 보면 자연스럽게 입꼬리에 미소라인이 잡힌다.

웃음연구가들은 웃기지 않아도 억지로 웃는 시늉을 하는 것만으로도 건강한 삶을 살 수 있다고 주장한다. 밑져야 본전이란 마음으로 실천한 사람들은 실제로 많은 덕을 보았다고 증언한다. 요즘은 의료, 행정, 법무 등 서비스산업이 아닌 곳이 없다. 서비스산업의 지존인 호텔, 항공업계 사람들뿐 아니라 권위적인 행정기관일수록 국민, 수요자, 구매자의 요구에 귀 기울일 줄 알아야 신뢰와 사랑을 받는다. 국회의원이나 장관, 대통령마저도 온 국민의 심부름꾼을 자청하는 서비스 마인드를 갖지 못하면 장수할 수 없는 세상이다.

불량스런 복장, 신세한탄이나 하는 우울한 자세는 듣는 사람마저 진 빠지게 만든다. 인간은 긍정에너지를 발산하는 방향으로 끌리는 습성이 있다. 지능이나 신체에 부족한 점이 있어도 이겨내고자 하는 독한 마음만 있으면 극복할 수 있다. 마주보고 있는 것만으로도 새로운 세상이 열린 것처럼 설레게 하는 사람, 면접관은 당신이 긍정적이고 밝은 마음으로 세상을 누릴 자격이 있는 사람인가를 보려는 사람들이다.

미인대회 출전경력이나 아름다운 용모보다는 국제무대에서 자신의 가치를 개발할 수 있는 언어능력과 정신력, 서비스인으로 남을 배려하는 자세와 가능성을 더 중요하게 평가한다. 그래서 승무원 면접은 80% 이상이 운에 좌우된다고 말한다. 운이라는 것은 콕 집어서 객관적으로 설명할 수 없는 힘이다. 작은 키, 빠지는 외모, 굵은 종아리, 거친 피부, 돌출된 입, 이력서에 기재한 모자란 스펙을 극복하려면 주관적인 스펙, 정신력, 자질, 책임감, 지구력 같은 보이지 않는 능력과 됨됨이로 객관적인 스펙을 얼마든지 초월할 수 있다는 것을 증명해야 한다.

나이 마흔에 이르면 자신의 얼굴에 책임을 져야 한다는 말이 있다. 거지로 태어났더라도 사십 평생을 열심히 살아 일가를 이루면 건강한 얼굴을 갖게 되고, 왕가의 후손으로 태어났어도 괴로움과 우울로 허송세월 했다면 마흔에 이르러 세파에 지친 얼굴을 갖게 된다. 10년 넘게 승무원 생활을 하며 한 분야에 청춘을 바쳐 커리어를 구축해온 동료들과 교관으로 근무하는 베테랑들은 언제나 긍정 에너지가 넘쳐흐른다.

매일 똑같은 일을 하며 회사만 다닌 직원이 발산하는 에너지에 비해 상당히 생동감 있고 젊다. 시간이 흘러도 변함없이 유지되는 젊음은 항공업계라는 전문직의 매력이 아닐까 싶다. 젊은 감성을 잃지 않고, 원칙과 책임감을 준수하는 근태가 그들의 일상에도 깊이 자리 잡은 것이다. 세월 속에서 부단한 자기관리로 유지해온 그들의 얼굴은 입사 초기의 모습과 크게 다르지 않다. 싱싱하고 건강한 패기가 넘쳐흐르는 얼굴, 방부제를 입힌 듯 변함없이 건강한 미소를 면접관은 찾고 있다.

아랍항공사
면접 돌파하기

Why should I hire you?

Could you please describe your ideal career?

응시자가 호기심 삼아 도전한 것이 아니라 진정성을 가지고 지원했는가를 보기 위해서 면접관은 위와 같은 질문을 던진다. 이제부터 왜 정든 고향을 떠나 외항사 승무원이 되고자 하는지 스스로에게 질문하는 시간을 가져보기 바란다.

목표 Goal

Where do you want to be in five or ten years?

If your parents or boyfriend do not allow you to leave your
  country, what will you do?

What is your ideal job?

5년이나 10년 후 회사의 성장과 함께할 주역을 꿈꾸고 있는지 면접관은 알고 싶어 한다. 적당히 시간만 때우다 돌아갈 것 같다면 선뜻 기회를 주고 싶지 않을 것이다. 피치 못할 사정으로 합격 후 몇 달 못 버티고 떠나는 일이 있더라도 면접에는 진정성 있게 응해야 한다. 부모님이나 남자친구가 멀리 떠나는 것을 반대한다고 간단하게 포기할 수 있다면 그만큼 의지가 박약하다는 뜻이다. 해외취업은 단순한 이벤트가 아니라 인생의 새로운 페이지를 여는 일이다. 연인의 새로운 삶을 시기하거나 반대하는 사람이라면 과감히 정리하고, 부모님께는 성장한 모습으로 효도하라고 권하고 싶다. 누구도 소중한 자신의 인생을 대신 살아줄 수 없으므로 진심을

Why do you want to be a cabin crew? 이 질문은 Who wants to be a cabin crew?와 Who is prepared well?을 동시에 충족시키는 사람을 선발하기 위해서 면접관이 제일 먼저 던지는 질문이다. 승무원이 되고자 하는 의지와 일을 수행할 충분한 심리적 물리적 준비가 갖추어진 사람인가를 보는 것이다.

1 Who wants to be a CA

이 일을 얼마나 원하는가를 표현하기 위해 필요한 것은 열정과 목표, 지원동기이다.

열정 Passion

Why do you want to be a cabin crew?

What makes you apply for this job?

What is the most important thing for this job?

다해 승무원으로서 본분을 다하고 싶다는 성숙한 취업 의지를 표현해야 한다.

2 Who is prepared for CA

자신이 얼마나 준비된 인재인가를 보여주기 위해서 필요한 것은 직업의식, 고객응대경험, 업무지식, 의사소통 능력 등이다.

직업의식·리더십 Professionalism/ Leadership

Do you prefer to work alone or as a team?

Have you ever worked under pressure and how did you overcome?

Have you ever experienced that you are not able to meet the deadline?

Do you mind serving alcohol?

Do you mind working with female supervisors?

Could you please tell me the leadership you admire?

남자응시생의 경우 여자 상사 밑에서 일하는 것을 수치로 여기거나 손님에게 알코올 서비스를 하는 것을 남자답지 못한 일이라고 생각하는 사람들이 간혹 있다. 이런 사고방식은 가부장제의 보수적인 전통이 남아 있는 동양뿐 아니라 서양문화권에서도 공통적으로 목격된다. 서비스산업에서는 여성이 남성보다 하등한 부류라는 고루한 생각으로는 성공할 수 없다. 와인 한 잔, 칵테일 한 잔을 서비스할 때도 소믈리에의 지식과 가치관을 가져야 하고, 카푸치노 한 잔을

준비하더라도 바리스타의 가슴이 필요하다. 세계적인 무대에서 살아남으려면 남녀노소를 초월하는 서비스정신이 없으면 안 된다.

승무원은 개인의 안위보다 공동의 목표 달성을 더욱 중요하게 인지해야 한다. 비상시 승객과 동료를 내팽겨치고 혼자 살겠다고 달아나는 승무원이라면 어찌 의지할 수 있겠는가? 마감에 쫓기면서도 일을 끝맺으려는 책임감이 있는지, 그마저 어려운 상황이라면 어떻게 극복했는지를 들어보면서 앞으로 성장하는 리더가 될 재목인가를 면접관은 평가한다.

소통능력 Interpersonal & Communication Skills

Have you ever had conflicts with your colleagues before?

And how did you handle it?

What do you do when you have free time?

What kind of books do you like?

What effort do you make to improve your English?

Could you please tell me about your hometown?

모나지 않은 원만한 성격으로 누구와도 문제를 일으키지 않고 업무를 수행할 수 있는 사람인가를 보는 질문들이다. 어떤 경우에도 고객에게 대항하지 않고 프로다운 모습을 보일 정도로 성숙하고 참을성 있는가 알아보는 것이다. 취미에 대한 답을 할 때는 요즘 젊은이답지 않게 예의바르다는 인상을 줘야 한다. 음주가무를 연상시키는 단순한 오락보다 팀워크를 활용한 취미를 즐기고

있다는 점을 피력한다.

면접 당일은 예기치 않은 교통 체증에 대비해 예정시간보다 30~40분 정도 일찍 도착해 현장답사를 해놓는다. 미리 와서 대기 중인 응시생들로부터 기대 이상의 정보나 면접 팁을 얻을 수도 있다. 옷맵시를 점검하고, 스타킹 올이 나가지는 않았는지 다시 한 번 꼼꼼히 살피도록 한다. 천재지변 같은 어쩔 수 없는 이유로 면접에 늦을 경우는 미리 전화를 해두는 것이 도리이다. 항공사 승무원은 시간엄수가 생명과도 같은 직업이므로 차가 막혀서 늦는다는 변명에 가까운 전화를 관대하게 받아주는 일은 혼치 않다. 단정한 용모와 시간엄수도 의욕과 열정을 드러내는 방법이다. 능력과 의욕을 갖추고 회사의 이미지와 잘 어울리는 지원자가 합격한다.

아랍항공사 승무원 지원 가능 스펙

- 학력: 고졸 이상
- 연령: 만21세 이상
- 신장: 여자 157cm, 남자 170cm 이상(암리치 210 이상)
- 시력: 교정시력 1.0 이상
- 특이사항: 제2외국어 가능자, 고객서비스 경험자
- 월급: 기본급+비행수당+해외체류비+상여금 600%
  연 30일 휴가, 무료 항공티켓,
- 장점: 숙소 제공, 세금 면제, 빠른 승진

아랍항공사 승무원은 만21세 이상 고등학교 졸업 이상의 학력이면 누구나 응시할 수 있다. 나이와 학력에 큰 제한이 없다는 이야기이다. 지금은 국내항공사에 나이 제한이 없어졌지만 만26세만 되어도 신입으로 지원할 수 없는 시절이 있었다. 만26세면 4년제 대학을 졸업하고 사회생활을 시작한 지 1~2년 된 나이다.

결혼적령이 늦춰지면서 뒤늦게 꿈을 이루기 위해서 진로를 바꾸고 공부를 시작한 청년들이 많아졌다. 취업연령도 늘어나면서 요즘 서른은 많은 나이도 아니다. 서른이 되기 한 해 전이 29살이고, 서른을 한 해만 넘기면 31살이다. 100세 시대에 서른은 절반도 피지 않은 꽃봉오리에 불과하다. 법적으로 비행이 가능한 성인연령 이후의 나이에 한계를 두지 않는 취업문화는 아랍항공사만의 전유물은 아니다. 승무원의 평생직장 개념이 무르익은 선진국의 성숙한 취업문화라고 봐야 한다.

그렇다고 고령의 승무원을 많이 채용하는 것은 아니다. 회사와 지원자 간에 일하고자 하는 의지가 맞아 떨어졌을 때 나이가 설령 38세라 할지라도 '너는 절대 안 된다'는 칼을 들이대지 않는다는 말이다. 이런 취업문화는 나이와 인종, 신분, 학력을 초월해서 개인의 다양한 삶의 형식을 존중하는 성숙된 문화라고 본다.

'21세 이상'이면 남자든 여자든, 결혼경력이 있든 없든, 아이가 있든 없든, 싱글맘이든 싱글부든 공평하게 기회가 주어진다. 본인의 결혼여부를 묻는, 미혼single, 결혼married, 이혼divorced 항목 가운데 본인이 해당하는 란에 체크한다. 우리나라의 경우는 드물지만 결혼하지 않고 싱글맘이나 싱글부가 된 경우도 당당히 'single'에 해당한다. 부양해야 할 아이가 있으며 자랑스러운 엄마가 되기 위해 열심히 일하고 싶다는 진술한 내용의 자기소개서를 제출하는 응시생들도 제법 많다.

외항사 '고졸' 학력을 시작으로 응시기회를 주겠다는 말의 의미를 우리나라 기준으로 해석하면 곤란하다. 경쟁의 구도에 서게 될 응시생들이 영어권 문화에서 나고 자란 사람들이라는 점을 생각하면 '고졸'이라 할지라도 유창한 영어능력과 업무수행능력을 갖추었음을 간과할 수 없다.

한국은 대학을 졸업하고 사회생활을 막 시작하는 23~24살의 나이대가 많지만, 동남아시아는 고등학교를 마치고 바로 취업전선에 뛰어드는 여성들도 상당수다. 이들은 20살에 국제적인 항공사의 일원으로 대학생활하듯이 배우려는 겸허한 자세로 직장생활에 임한다. 상사가 훌륭한 스승이자 멘토로 다가오고, 동료들이 급우처럼 정겨우면서도 한 솥밥을 먹으며 매일 새로운 것을 배운다는 사실만으로도 직장의 의미는 신성하게 다가온다.

우리나라는 온오프라인으로 대학교육과정을 이수할 수 있는 제도가 많다. 승무원입시를 준비하는 시기가 대부분 대졸 이후이다. 졸업을 하지 못한 3,4학년 학생이거나, 해외에서 6개월 남짓 대학과정과 유사한 코스를 밟은, 말하자면 영어가 나름대로 능통한 '고졸'은 학력 때문에 불이익을 당하지는 않는다.

마찬가지로 석박사 학위 소지자도 부담 없이 지원이 가능하다는 뜻이다. 학력의 고하를 막론하고 취업의사가 있는 모든 사람에게 기회를 준다. 어느 법대졸업생이 "본인은 명문대 법대 출신인데, 이런 서비스직을 잘 견뎌낼 수 있겠어요?"라는 질문을 국내항공사 면접에서 받았다는 사연을 이메일로 보내온 적이 있다.

부모님의 권유로 법대에 진학했지만 자신의 길이 아니라는 것을 깨닫고 어려서부터 동경하던 승무원 면접을 보러갔던 것이다. 자신이 법대 졸업생이라고 해서 일을 못 할 거라고 염려한다는 사실이 충격이었다며 법대생은 승무원이 정녕 될 수 없는 거냐고 하소연했다.

국내사정에 밝은 면접관이다 보니 법대생 하면 떠오르는 고시생 이미지가 승무원과 연결이 잘 되지 않아 공연히 면접관의 걱정을 샀던 것 같다. 그녀는 다른 사람들에 비해 화려하다면 화려한 스펙이 오히려 걸림돌이 되는 것 같다며 거짓말로라도 이력서를 낮춰 써야 하느냐는 고민을 전해왔다.

외항사 면접에서는 이런 사례로 고민하는 경우를 거의 못 봤다. 국내의 대학서열에 관심도 없을 뿐더러 이력서에서는 응시생의 기본적인 정보만 파악한다. 영어인터뷰를 통해서 의사소통능력과 자질을 평가하는 데 집중하기 때문에 내부사정까지 관여하지 않는다. 대한민국 국적자인데 유창하고 능통한 영어를 구사한다면 응시생의 뛰어난 지적능력을 입증해서 면접관의 관심을 끌 수는 있다. 한국에서 나고 자란 사람이 이렇게 영어를 잘한다면, 분명히 똑똑한 사람이므로 어디로 달아나지 않게 꼭 붙잡아야 한다는 생각을 하지 않을까 싶다.

승무원에게 건강은 비행을 수행할 수 있는지 여부를 알수 있는 보증수표다. 보통 3년에 한 번씩 종합검진을 실시하여 건강증medical certificate을 갱신 받는다. 순전히 승무원 본인의 건강과 안전을 위해서이다. 나이가 많거나 개별적 문제가 있는 경우 18개월마다 갱신해야 한다. 흉부엑스레이, 심전도검사, 소변검사, 피검사, 시력·청력 검사 등이 포함된다. 합격 레터를 받고 출국 날짜가

정해지면 지정병원으로 가서 절차대로 진행 받아 출국시 서류를 첨부한다.

시력의 경우 교정시력 1.0을 제시하고 있다. 콘택트렌즈를 끼고 시력검사를 했을 때의 결과를 말하므로 시력이 조금 나쁘다고 해서 크게 걱정할 필요는 없다. 시력란에는 콘택트렌즈를 착용했을 때의 시력을 기입한다. 색맹의 경우 신체검사 때 문제가 될 수 있지만, 서류심사에서 색맹여부를 묻지는 않는다. 흉터나 문신은 이유여하를 막론하고 절대 금지한다. 웃거나 말할 때 보이는 치아색은 자연 치아색을 선호한다. 이는 아랍항공사뿐만 아니라 무대에 서거나 사람들을 많이 상대하는 예술, 서비스 분야에서 권장하는 사항이다. 웃거나 말할 때 겉으로 드러나는 금니 혹은 은니가 있다면, 출국 전에 자연 치아색으로 교체하도록 한다.

삽질하지 마라

합격만이 유일한 목표다

아랍에미레이트, 카타르 등의 이슬람국가들은 왕권이 강하고, 자국민들이 전폭적으로 국왕을 지지한다. 자국민들이 평생 아무 걱정 없이 기본 이상 양질의 삶을 누릴 수 있도록 배려하므로 국민들이 왕실에 반기를 들지 않는다. 모든 자국민들은 소유주로서 보장되고, 대부분의 근간사업에 투입되는 노동력을 수입에 의존한다.

모든 아랍항공사의 승무원은 외국인 노동력에 해당한다. 현지의 문화, 종교, 관습을 잘 이해하고 존중하며, 제시되는 규율과 지침을 따라 적응할 사람을 선별하는 것은 당연하다. 영어뿐 아니라 문화에 대한 이해가 뒷받침되어야 하는 이유가 여기에 있다.

카타르를 비롯한 아랍 에미레이트는 오일머니에서 비롯된 자본력과 함께 신의 선택을 받은 민족이란 드높은 자부심을 갖고 산다. 아무리 바빠도 경거망동 commit a rash act 하지 않으며 예를 갖추는 것을 아랍신사숙녀의 최고 덕목으로 여긴다. 무릎 위까지 올라오는 스커트나 민소매블라우스, 면접 중 야한 농담을 건네는 것은 절대 금물이다.

응시자는 최대한 예의를 갖춰 행동하고 처신하는 습관을 평소에 길러두어야 한다. 중동 문화와 관습, 에티켓, 단순한 아랍어 정도를 미리 익혀두면 면접관과 대화를 이끌어 나가기가 훨씬 수월하다. 면접관은 응시자의 답변내용은 물론이고, 영어 구사능력, 전달력, 발음과 억양, 속도, 성량까지 일일이 체크해 점수에 반영한다. 목소리파워가 면접에서 얼마나 중요한 역할을 하는지는 한 번이라도 면접을 본 사람은 깨달았을 것이다.

영어에도 엄연히 극존칭이 있고, 면접관에게 써서는 안 될 호칭이나 표현들이 분명히 있다. 동문서답만이 '삽질'이 아니다. 자신의 위치를 모르고 은연중에 면접관을 하대하는 듯한 표현을 남발하는 것도 '삽질'이다. 면접관들에게 You guys~ 나 You'd better, You are supposed to, Why don't you? 등의 표현을 함부로 쓰는 것도 건방져 보일 수 있으니 삼가야 한다. 주로 상사가 손아래 직원에게 쓰는 표현들이다.

어떤 응시생은 면접관들에게 친근하게 다가선다고 "Hey, Girls! Everything is alright with you?"하고 물었다가 면접관들이 황당한 표정으로 빤히 쳐다보는 바람에 몸 둘 바를 몰랐다고 한다. 상대를 존대해주면서 예의를 갖춰 정중하게 질문을 주고받으면서 자신의 존재가치를 좀 더 세련되게 드러낼 수 있다. 첫 비행을 시작한 신입승무원이 나이가 지긋하신 기장과 부기장들에게 "Hey, you guys!, Why don't you take some more salad?" 하고 딴에는 친근하게 물었더니 도리어 "Where are you from?" 이라고 묻더라는 얘기도 전해진다. 그럴 때 "From South Korea!" 라고 말하는 일은 없어야 할 것이다. 평소의 언어습관이 면접에서 고스란히 드러나므로 격식을 갖춘 표현을 열심히 익혀두자. 상대방이 말을 너무 빨리 해서 못 알아들을 때는 Sorry? 외마디로 되묻기보다, Pardon me? Could you please repeat again? 이라며 한 번에 이해하지 못한 자신을 낮추어 겸손하게 묻는 것이 좋다. 면접 현장에서 면접관을 향한 겸손과 정중은 결코 지나침이 없다.

I am sorry but I could not figure out. Could you please
    repeat it again?
I am sorry but I did not follow you.
I beg your pardon, could you please speak more slowly?
Would you please say again?
Would you mind speaking once again?
Could you please repeat one more time for me?

이럴 경우 면접관들은 보통 부연설명까지 곁들여 친절하게 설명해주니 겁먹지 말고 묻기 바란다. 원하는 답변을 듣고 정확히 이해했을 때는 곧장 돌아서지 말고 감사의 말을 덧붙여 경우가 바르고 꼼꼼한 사람인지 알려주는 것도 요령이다.

Oh, I understand now. Thank you very much!

I can figure out now. Thank you so much!
I got it now. Thank you so much.
Thank you very much for your kind explanation on all point.
It was really helpful.

국제선을 주로 운항하는 승무원이나 해외에서 오래 체류한 경험이 있는 사람들은 잘 알겠지만 미국이나 유럽에서는 엘리베이터나 쇼핑몰에서 실수로 옆사람을 밀쳤더라도 I am sorry를 습관적으로 토해낼 줄 알아야 사회생활이 순조롭다. 미국 쇼핑몰에서 지갑을 꺼내다 팔꿈치로 뒤에 있던 아가씨를 살짝 밀친 적이 있다. 별 일 아니겠다 싶어 아무 말도 하지 않고 길을 내주었다. 그 여성이 몇 초간 심호흡을 하는가 싶더니 갑자기 뒤돌아보며 "옆사람을 밀었으면 최소한 미안하단 말을 해야 하는 게 예의가 아닌가요?" 따지듯 묻는 것이었다. 바로 사과하고 곤경에서 벗어났지만, 인종차별이니 뭐니 복잡하게 생각할 것 없이 인간대접 받고 살려면 감사와 사과의 표현을 일상화하지 않으면 안 된다는 걸 절실히 느꼈다.

가만히 둘러보니 낯선 사람과 오며가며 부대끼면서도 형식적이나마 'Excuse me', 'Oh, I am sorry'를 입에 달고 살았다. 서비스업에 종사하는 웨이트리스나 웨이터, 상점 점원들은 팁이 아깝지 않을 정도로 말끝마다 경어를 붙여가며 친절하게 말을 건넸다. 미국뿐 아니라 고객서비스가 통하는 모든 현장, 심지어 가족 간에도 '고맙다', '사랑한다', '미안하다'는 단순한 말이 마음을 훈훈하게 해준다. 상대방의 이름과 국적을 정확하게 기억해주고, 장점을 찾아내 덕담을 주고받으면서 진심어린 서비스가 시작되는 것이다.

실제로 세계적인 규모의 아랍항공사에서 사용하는 영어의 수준은 굉장히 격식 있다. 말을 보면 그 사람이 살아온 과거와 현재를 알 수 있듯이 세계적인 항공사의 일원이 되려면 격식을 갖춘 고급문구들을 거듭 익혀두어야 한다.

Attached please find air crew notice in regard to handling procedure for wheelchair pax.

아래 첨부된 파일을 살펴보란 말을 시작할 때에 please를 붙이는 것을 잊지 않는다.

We would like to~

직원들에게 공문을 내릴 때 주어를 We로 하고 극도로 정중한 표현을 쓰고 있다.

Should you require further clarification

더 자세한 사항을 원하시면

Please do not hesitate to contact

언제든지 해당부서로 연락 주십시오.

You are all requested to read~

~이하를 읽어주세요.

Please refer to the forwarded mail and the attached form~

전송된 메일과 첨부된 양식을 참고하세요.

In the event of an emergency

비상시에는

Please be informed that S + has been changed, replaced ~

~가 변경되거나 대체되었음을 알려드립니다.

Best regards, with kind regards

편지글을 끝맺을 때

We have been advised that S+V~

~했음을 전달 받았습니다.

Further information in the attached press release.

자세한 사항은 첨부자료를 클릭하세요.

Kindly requested to+

동사원형

If you don't mind

괜찮으시다면, 실례가 안 된다면

Would you please come and see me to explain?

번거로우시겠지만 오셔서 저한테 설명 좀 해주시겠습니까?

아랍항공사에서 고객을 상대로 쓰는 문구들은 상당한 격식을 갖춘다. 프리미엄 클래스에 드나드는 VIP를 수준에 맞게 상대하려면 고급영어를 습득해야 한다. 합격 이후 항공사에서 발행되는 다양한 자료들을 통해서 좋은 표현을 내 것으로 만들고, 연습할 수 있는 상대를 정해 실생활에 응용해야 한다.

좌절하지 마라, 떨어지는 것도 성장이다

어느 전직승무원은 자신의 승무원 합격은 쉬웠다는 말을 거침없이 한다. 별다른 생각 없이 지원서를 냈다가 덜컥 합격했다면서 자신이 무슨 특별한 운명이라도 타고난 것처럼 잘난 척을 한다. 그러나 단도직입적으로 말하자면, 외항사 승무원은 아무 준비 없이 건널 수 있는 시냇물이 아니다. 소프트웨어를 정비하는 것은 둘째 치고 하드웨어를 재정비하는 데 우선 경비가 많이 든다.

면접 의상을 준비하러 다니는 것부터 시작해 구두, 네일, 치아교정, 피부 관리까지 신경 쓰려면 끝이 없다. 그룹 디스커션과 파이널 면접 등 면접관과 얼굴을 마주할 일이 있는 날이면 돈을 들여서라도 돋보이는 메이크업과 헤어로 깊은 인상을 남기려고 애쓴다. 절대적인 기준을 말하기도 힘들고, 고시생처럼 책만 판다고 높은 점수를 얻을 수 있는 것도 아니다. 미스코리아 뺨치는 외모와 원어민 능가하는 영어실력을 가졌는데도 떨어지는가 하면, 누가 봐도 못생긴 얼굴에 영어실력도 특별하지 않은데 척 붙는다.

긴장되는 순간의 연속, 그렇게 채운 면접의 날들을 어찌 쉬웠다 말할 수 있으랴. 쉽게 합격했다고 말하는 사람들도 면접이 이어지는 내내 땀을 쥐는 날들을 힘겹게 통과했을 것이다. 쉽게 얻은 성공이 우연이 빚은 행운이었다면, 남은 인생에 값진 성공이나 도전이 가능할까. 그렇게 인생이 호락호락했다면, 굳이 승무원의 길로 드어서 남을 접대하는 일을 할 필요도 없을 것이다.

'합격' 혹은 '승진' 같은 작은 성공의 결실을 이룰 때마다 본인의 혼과 의지가 담겨야 커다란 성공으로 이어질 수 있다. 화려한 시작에도 불구하고 현재가 별 볼 일없는 사람들이 화려했던 과거의 추억을 곱씹는다. 우리는 '거지가 된 왕'보다 '왕이 된 거지'의 삶을 추앙하며 끝없이 발전하고자 하는 본능을 지녔다. 외항사 합격을 통한 해외취업이 인생의 전환기가 되려면 사자의 심장을 갖기 위해 모든 걸 이겨내리라는 마음이 있어야 한다.

쉽게 이룬 성공을 자랑스럽게 여기는 사람들은 실패나 어려움의 시절을 수치스럽게 생각한다. 우리나라는 한때 한국전쟁을 겪고, 지구상에서 가장 가난한 나라였다. 필리핀과 태국이 이런 전쟁난민들을 불쌍히 여겨 서울에 주요 경기장까지 지어주었다. 미군이 던져주는 초콜릿과 전지분유를 얻어먹으면서 콧노래를 부르는 아이들이 길거리에 넘쳐나던 나라였다.

50년 만에 가난의 설움을 딛고 일어서 '한강의 기적'을 이루어냈고, 한국인의 저력을 늘 자랑스럽게 여길 수 있는 오늘에 이르렀다. 개인의 역사를 놓고 봤을 때도 실패하거나 어려웠던 시절이 성공의 장애물이 된다고 믿으면 정말로 가난과 실패 때문에 성공할 수 없다. 그러나 실패의 경험이 원동력이 된다고 믿을 때 어려웠던 시절 자신을 무시하던 사람들보다 훗날 더 크게 성공할 수 있다.

우리가 원조를 받았던 태국과 필리핀보다 발전한 나라가 된 사실만 놓고 봐도 그렇다. 해외취업 지망생들은 승무원면접이 승무원이 되는 것에서 끝난다고 믿을 때 실패한다. 승무원 이후의 삶을 멋지게 설계할 줄 아는 능력이 필요하다. 새로운 무대에서 커리어를 펼치며, 그 삶을 바탕으로 더 큰 꿈을 그릴 줄 아는 능력과 지혜를 얻을 때 비로소 해외취업에 성공했다고 할 수 있다.

많은 지망생들이 모의 면접이나 실전에서 몇 번 떨어졌다고 실의에 빠져 중도하차한다. 오픈데이의 경우 사비를 들여 해외원정을 나가야 하고, 메이크업이며 의상에 헤어까지 준비해야 할 것이 한두 가지 아니니 공든 탑이 무너진 기분이 들 것이다. 모국어가 아닌 영어로 면접답변까지 준비하려면 체력과 정신력이 뒷받침되어야 하는데, 험난한 과정 끝에 맛본 것이 합격이 아닌 실패라면 좌절할 수밖에 없다.

실전의 감을 익히고, 항공사별 면접유형을 체험한다는 마음으로 어떤 항공사 공채든 가리지 않고 보는 사람들에게는 떨어지는 것도 일이고 경험이다. 떨어졌다는 사건 하나로 추후 행보를 달리하는 일은 일어나지 않는다. 외항사 승무원 면접은 국내와 전혀 다른 상식과 환경에서 외국어로 나를 표현해야 하는 흥미로운 과정이다. 떨어지는 것도 공부요, 그 경험을 발판으로 자신을 매력적으로 드러낼 줄 아는 스킬을 익혔다면 발전하는 과정이다.

배신당한 아픔이 있는 사람들이 진정한 사랑에 눈 뜨듯이 면접에서 떨어져본 경험이 많은 사람들이 멋진 승자가 된다. 그때 느끼는 합격의 기쁨은 인생에서 두 번 다시 느껴보지 못할 희열이다. 힘들다는 것은 노력하고 있다는 증거라고 한다. 떨어져서 괴롭다는 것은 성장하고 있다는 뜻이다. 자신과의 약속을 저버리지 말기 바란다.

면접관은 어떤 사람을 좋아하나

대행사를 통한 서류전형에 합격했거나 오픈데이 서류전형에 합격해서 면접관으로부터 전화를 받았거나 에세스먼트 지원을 통해서 면접 초대를 받은 응시자의 경우 이제 본격적인 면접절차를 밟게 된다. 이제야말로 그동안 갈고 닦아온 자신의 기량을 마음껏 발휘하여 면접관의 마음을 사야하는 시점이다.

아랍항공사에서 파견된 면접관들은 항공사 설립시기에 승무원으로 입사해 오랜 세월을 함께한 회사의 살아 있는 역사인 경우가 많다. 대부분의 아랍항공사들은 왕실에서 국영으로 운영하기 때문에 실질적인 소유주인 회장만 자국인이고, 현장에서 실무를 담당하고 관리·감독하는 사람들은 외국인이다. 대부분 레바논, 조르단, 모로코 등 인근국가들을 비롯해서 인도, 스리랑카 출신의 엘리트들이다.

우리가 한국에서 배운 영어나 호주, 뉴질랜드에서 배운

영어발음에 익숙해져 있다 보면, 일상회화를 연습할 기회가 많이 부족했던 한국인 응시생들은 긴장하기 쉽다. 인도, 스리랑카, 필리핀 국적의 면접관과 만났을 경우 쉽고 이해하기 쉬운 표현을 쓰도록 한다. 그래야 상대방도 응시생이 이해하기 쉬운 표현으로 질문을 던진다. 같은 동양권 출신의 면접관은 예의바르고 정감 가는 타입을 선호한다. 조르단, 모로코, 레바논 국적의 아라빅 면접관들이 구사하는 영어의 경우는 발음이 강하다. 남녀를 불문하고 호불호가 분명한 성격이 그대로 드러난다. 이런 성향의 면접관들은 자신감이 넘쳐흐르고 똑부러지는 성격의 지원자를 선호한다.

메이크업도 아라빅스타일을 가미한 화려한 외모에 눈길을 더 오래 둔다. 어떤 면접관이 오는지 미리 확인할 수 있는 방법이나 정보통이 있다면, 성향에 어울리는 헤어스타일이나 화장법을 특별히 준비할 수 있을 것이다. 불가능하다면 아랍항공사의 전반적인 성향에 맞춰 화려하면서도 강단 있는 스타일을 연출한다. 자신감 있고 독립적이며 책임감이 투철한 인격체라는 이미지를 단번에 심어줘야 한다.

동방예의지국으로 유명한 우리나라도 보수적이지만 중동문화는 더욱 보수적이다. 여자들은 외출할 때 히잡과 아바야로 머리부터 발끝까지 온몸을 칭칭 가려야 하고, 남녀 내외가 철저해 결혼하지 않은 미혼남녀는 절대 동석하지 않는다. 직장 내 문화도 별반 다르지 않아 정장을 입어야 하며, 말씨나 헤어스타일까지도 최소한의 품격을 갖추어야 한다.

무엇보다 밝고 행복한 표정으로 일 자체를 즐기는 태도를 좋아한다. 취업에 대한 욕구, 회사를 향한 애정을 드러낼 수 있는 가장 좋은 무기는 스펙이 아닌 열정이다. 면접관들은 서울소재 대학과 지방대, 전문대를 구분하지도 않고 대학의 서열을 가리는 데도 관심이 없다. 만약 아이비리그 출신이거나 옥스퍼드 대학 졸업생이라면 학력과 관련된 몇 가지 질문을 추가로 더 받을 수는 있겠다. 세계 유명대학 졸업자가 아닌 다음에야 국내취업처럼 학벌로 다른 경쟁자를 물리칠 수 있는 구조는 아니다.

고득점 토익성적표도 스펙으로 작용하지 않는다. 몇 마디 건네 보고 경험 많은 면접관은 영어실력이 어느 정도라는 것을 금방 안다. 취업문화가 성숙한 선진국일수록 남녀노소 학벌과 배경 구분하지 아니하고 누구에게나 공평한 기회를 제공한다. 대학을 졸업했거나 졸업하지 않았거나 기본급이 똑같다. 학벌사회가 아닌 실력사회인 유럽의 선진국에서도 상식이 된 시스템이다.

실제로 전 세계 80여 개국에서 선발된 다국적 승무원들 가운데 한국인 승무원들처럼 모두 대학졸업장을 소지한 민족은 드물다. 반드시 대학을 나와야 올바른 사회생활을 할 수 있다는 사회분위기가 만들어낸 고학력 인플레의 결과이기도 하다. 세계무대의 주요 비즈니스 현장에서 만나는 '고졸'들은 어지간한 대학졸업자들보다 훨씬 열심히 일하며 실력도 탁월한 경우를 많이 봤다. 고급 영어도 한국 사람들보다 잘 하며 영어 외에 아랍어, 불어, 스페인어 등을 자유자재unrestricted로 구사한다. 경력도 화려하고 돈도 더 잘 번다. 돈과 머리를 갖춘 이

K·MOVE 멘토링 지병림 멘토 오프라인 멘토링

들에게 대학을 가는 것은 단지 선택의 문제일 뿐이다. 학력 차이가 실력 차이로 이어지지 않는다. 해외취업에서 가장 어리석은 짓은 학벌을 과시하면서 거들먹거리는 것이다. 면접관은 이력서에 기재된 주요사항들을 확인하고, 해당분야 경력과 관련된 질문을 더 많이 던진다. 외항사 승무원으로서의 자질이라 할 수 있는, 자신감, 독립심, 책임감, 배려심, 팀워크에 관련된 질문을 제시하고 응시생이 어떻게 답변하는가를 보고 인성을 파악하는 것이다.

호텔 그랜드볼룸이나 대강당 같은 공간에 전체 응시생들을 집합시키고, 회사소개 비디오를 틀면서 본격적인 면접이 진행된다. 아마추어의 경우 이 시간을 뻔한 대학 교양강의쯤으로 착각하고 꾸벅꾸벅 졸거나 하품, 기지개를 켠다. 고개를 숙이고 낙서를 하는가 하면, 겁도 없이 옆사람과 수다까지 떤다. 비디오 상영 도중 자리에서 벌떡 일어나 화장실을 다녀오거나 카톡을 하기도 한다. 이런 사람들은 더 두고 볼 것도 없이 쭉정이처럼 걸러진다.

면접 경험이 한 번이라도 있거나 진정성 있게 해외취업을 고려하는 사람은 비디오 상영 도중에 한눈을 팔지 않는다. 이 시간은 바야흐로 기나긴 면접의 시작이다. 면접관은 수험표를 확인하며 누가 얼마나 진정성을 가지고 비디오를 보는지, 시종일관 미소를 유지하고 있는지, 앉은 자세를 바꿀 때의 태도는 어떤지 구석구석 검색한다. 응시생들이 비디오를 보는 동안 면접관들은 주위를 맴돌며 회사의 이미지와 부합하는 사람을 마음으로 점치고, 태도와 자질을 판단한다. 화장실에 가고 싶어도 꾹 참고 앉아 미소를 유지하느라 나중에는 기진맥진 탈수 증세까지 보였던 기억이 지금도 선하다.

비디오 상영이 끝나면 간단한 질의응답을 받기 시작하는데, 자신감 있게 손을 번쩍번쩍 들고 능동적으로 참여하는 것이 좋다. 이때 자신이 회사에 얼마나 참여하고 싶은지 간접적으로 드러내는 질문을 하도록 한다. 면접관과 눈이 마주치는 순간마다 미소를 보내고, 찰나라도 면접관과 말을 주고받을 기회가 있으면 언제나 "Thank you", "You're welcome" 등의 말로 예의바르게 처신한다. 세계최고항공사의 중역과 회장도 직원들을 상대할 때 "Thank you", "I am sorry", "You're welcome" 이란 말을 잊지 않는다. 상대방의 호의가 별것 아니거나 당연하더라도 답례를 표하는 건 기본적인 매너다. 전 세계를 돌아다니면서 각국의 승무원들을 선발해온 베테랑 면접관들은 사소한 답변, 걸음걸이, 태도 하나하나까지 모두 기억하며 점수에 반영한다.

· 회사 소개 및 비디오 시청
· 현지 면접관과 질의응답
· 필기시험(50문항) 및 신장(암리치), 체중 측정
· 간단한 대화small talk와 함께 스크리닝screening

필기시험과 체중, 신장 측정 요령

필기시험이 시작되는 동안 한쪽에서 암리치와 체중 측정이 진행된다. 필기시험 유학시험처럼 어렵지 않으니 크게 걱정할 필요는 없다. 간단한 중급 문법과 에세이 작성능력 여부를 판단하는 정도다. 우리나라 청년들처럼 단기간에 정답을 가려내는 토익시험으로 스펙을 쌓은 사람이라면 쉽게 통과할 수 있다. 평소에 간단한 영문기사를 요약하고 그것을 말로 풀어서 설명할 수 있는 능력을 키우고, 시사적인 문제와 관련된 자신의 생각을 글로 적는 연습을 하면 된다.

체중·신장 측정 시간을 절대로 예사로 넘기면 안 된다. 누가 누군지 분간이 안 갈 정도로 비슷한 치장을 하고 나타난 수많은 응시생들의 얼굴과 이름, 수험번호를 확인하면서 다시 한 번 이미지체크에 들어간다. 이 순간이야말로 그동안 준비해온 스몰토크를 최대한 활용해야 한다. 간단한 대화라도 앞니가 다 보이도록 활짝 웃으며 적극적이고 붙임성 있게 한다. 구두를 벗고 체중계에 올라가기 전, 올라선 후, 다시 체중계에서 내려오는 사이사이 면접관은 간단한 안부를 물을 것이다.

How are you today?
오늘 기분 어때요?

You look so nice in that blouse. Where did you find this?
정말 예쁜 블라우스를 입었는데, 이렇게 예쁜 걸 어디서 구했나요?

Beautiful make up you have! Did you do it for yourself?
오늘 화장 정말 근사하네요. 본인이 직접 한 건가요?

간단한 질문을 던지는데도, 긴장한 나머지 동문서답을 하는 사람들이 더러 있다. "How are you today?" 하고 물었는데, "Thank you" 라고 대답하는 사람도 있다. "I am very good. Fantastic today, and you?" 적절한 답을 줘야 "I am good as well. Thanks" 하면서 만족에 찬 표정으로 당신을 체중계로 안내할 것이다. 정말 예쁜 블라우스를 입었다고 칭찬을 해주면, "My mother bought for me in a department store. I spent 2 hours to find this in A shopping mall. I am very happy that you like this. Thank you." 라는 식으로 좀 길게 답을 해도 괜찮다. 면접을 위해서 어렵사리 구했다거나 직접 만들었다거나 부연설명을 곁들여주면 면접관의 주의를 끌어 눈 도장을 찍을 수 있다.

체중의 경우 누가 봐도 비만이거나 거식증에 걸린 듯 마른 체형이 아니라면 걱정하지 않아도 된다. 다만 160cm 초반대의 신장을 소유하고 있는 응시생들이 키 때문에 탈락하지 않을까 걱정하는데, 기내 수하물 보관 선반의 덮개를 열고 덮을 수 있을 정도의 키면 족하다. 팔을 뻗어서 선반 덮개에 손이 닿는 거리를 측정하는 것을 '암리치armreach'라고 하는데, 유난히 긴 팔을 갖고 있다면 키가 작더라도 희망이 있다.

이 과정에서 선발된 사람들이 그룹 디스커션에 참여할 자격을 얻게 된다. 대강당에서 여러 팀이 토의를 벌이므로 남을 배려하면서 자신의 존재감을 드러내는 능력을 키우는 것이 중요하다. 개미처럼 기어들어가는 목소리로는 전쟁터에서 살아남을 수 없다. 그렇다고 악다구니 치듯 목청을 높여서도 안 된다. 차분하고 온화하게 서비스인의 품격을 유지하면서 주제에 부합되는 의견을 제시하고 본의 아니게 배제된 팀원을 배려하는 능력을 발휘해야 한다.

외항사 면접의 계란노란자라 할 수 있는 그룹 디스커션은 넓은 홀에서 2~3개의 조가 동시에 심사를 진행하므로 요령 있게 자신의 존재감을 드러내야 살아남을 수 있다. 너무 나대거나 다른 사람을 도태시키려는 이기적인 모습을 보이면 아무리 영어를 잘 해도 좋은 점수를 얻을 수 없다. 기내에서 승무원의 일은 언제나 구성원의 협동과 배려를 바탕으로 최상의 안전을 기해야 한다. 자연스럽게 존재감을 드러냄과 동시에 타인을 배려할 줄 아는 마음가짐이 십분 엿보이는 의견을 적절한 타이밍에 제시해야 한다.

그룹 디스커션은 7~10분 제한시간이 주어지므로 한 사람이 너무 많은 말을 해서 다른 사람의 기회를 가로채거나 이로 인해 발언권을 얻지 못한 사람이 발생했을 경우 아무도 그에게 손을 내밀지 않으면 전체 팀원이 똑같이 감점을 당하게 된다. 이 때 "Do you agree?" 하고 한 마디 해줘서, 배려심을 발휘하면 발언권을 준 사람과 받은 사람 모두에게 가산점이 부여된다. 보통 2개 이상의 조가 같은 장소에서 경합을 벌이므로 나긋나긋하고 청아한 목소리로 조원들이 자신의 말을 잘 이해할 수 있도록 시작하면 된다.

- 한국어 사용 절대 금물
- 시간안배, 동문서답+삽질금지!!
- 긍정적 마인드 유형별 답변 추가
- 2조 이상 동시진행, 성량조절, 존재감 유지
- 이기적으로 타인의 발언권을 가로채지 말기
- 채점하는 면접관에게 눈길 보내지 말기
- 부정적인 어휘나 답변은 절대 금물
- 배려심, 답변할 기회를 놓친 사람 구제하기

현지 면접관과 꿈에도 그리던 첫 대면이 이루어지는 그룹 디스커션에서 살아남는 사람들의 특징을 보면, 그룹 토의의 생리를 잘 파악하고 있는 사람들이 많다. 토의는 혼자만 잘 해서 건널 수 있는 강이 아니다. 한 가지 목표와 주제를 벗어나지 않기 위해서 모두 함께 가야 한다는 것을 잊어서는 안 된다. 그룹 디스커션에 강해지려면 정기적으로 스터디 모임을 결성해서 실전에 대비하는 데 시간과 노력을 아끼지 말아야 한다.

미리 응시생들과 얼굴을 익히고 말을 터서 친숙해져야 실전에서 한 조가 되었을 때 조화롭게 토의에 임할 수 있다. "Do you agree?" 이 한 마디가 구원의 열쇠가 되기도 한다. 승무원이 되려면 이타심과 배려심이 얼마나 중요한지 체험하는 과정이 바로 그룹디스커션이다. 내가 하고자 하는 일의 개념정리를 다시 한 번 하고, 그 일에 적합한 마인드를 갖추기 위해서 평소에 품성과 실력을 닦는 일이 정말 중요하다.

그러나 이 과정을 다 거치고도 대부분 파이널 면접에 초대받지 못한다. 수백 명이 넘는 참가자들이 줄지어 면접을 보는데, 최종면접의 기회를 얻는 사람들은 많아야 열댓명 정도이다. 실력과 이미지, 그리고 운도 따라주어야 한다. 운은 운을 활용할 줄 아는 사람만이 거머쥘 수 있다. 경비와 노력 모든 면에서 준비 없이 텅 빈 눈으로 세상을 보는 자에게 행운은 달려들지 않는다.

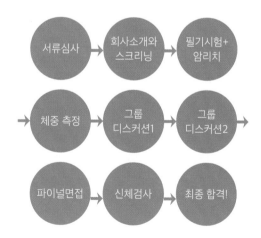

간혹 키 때문에 고민하는 멘티들을 만나면 영어공부와 매너 익히기에 열을 쏟아도 모자랄 시간에 공연히 시간 낭비를 하고 있는 것 같아 안타깝다. 키뿐 아니라 허벅지나 팔꿈치에 큼직한 점이나 문신, 흉터, 심지어 종아리 두께 때문에 승무원이 될 수 있을지 걱정이라며 진정성 있는 문의를 해온다.

최근엔 장신의 승무원들을 대거 채용하는 추세라, 유럽이나 러시아 국적의 여승무원들을 올려다보느라 목이 아플 지경이다. 넌지시 키를 물으니 187cm라는 답이 돌아와 내 귀를 의심한 적이 있다. 내 키는 170cm가량 되는데 한국인치고는 큰 편이었다. 그런데도 요즘은 장신의 승무원들 사이에 파묻혀 단신 소리를 듣기 일쑤다. 새로 입사한 한국인 승무원들의 키도 줄잡아 173~175cm를 오가니 시대가 바뀌긴 바뀐 모양이다.

그러나 구더기 무서워 장 못 담그랴! If you don't make

mistakes, you don't make anything! 키가 작아서, 커다란 점이 있어서, 흉터가 깊어서, 종아리가 두꺼워서, 나이가 많아서 안 된다고 생각하면 그 점 때문에 정말로 되지 않는다. 그런 사고방식이 머리에 떡하니 자리를 잡고 앉으면 다음 거사 앞에서도 머뭇거리게 된다. 결국 하는 일마다 그르치고 만다. 『서른 살 승무원』에서 '간절히 노력하고 원하면 꿈은 꼭 이루어진다'는 피그말리온의 전설을 믿으니 서른에 내 꿈이 이루어졌노라 나는 말하였다.

스물아홉의 나는 우리 반에서 가장 나이가 많은 왕언니였다. 걸핏하면 '나이' 운운하며 나의 한계를 지적했던 사람들이 미안해서 내 눈도 마주치지 못하게 만들겠다고 와신상담 *endure unspeakable hardship*하였다. 어떤 경우에도 나를 믿는 힘, '자신감'을 잃지 않았다. 면접과정 동안 나이가 문제 되는 질문을 받거나 나이 때문에 불이익을 당한 적은 한 번도 없었다. 키가 작더라도 나는 꼭 승무원이 될 수 있다고 믿는 사람들은 걷고 앉을 때 키가 커보이도록 신경 쓰고, 암리치 측정 때 팔을 길게 뻗으면서 '작은 키'라는 벽을 뛰어넘기 바란다.

160cm를 넘지 못하는 사람은 키가 작아서 영어면접을 알차게 준비하고도 낙방하게 되는 것은 아닌가 걱정될 것이다. 그러나 외항사의 경우 우선적으로 영어실력을 먼저 보기 때문에 키가 작더라도 영어가 능통하고 단정한 이미지를 가진 응시생들이 합격해 무리 없이 승무원 생활을 하는 일이 심심치 않게 있다. 사람의 키는 신기하게도 아침에 측정했을 때 더 크고 길게 늘어뜨리려고 마음을 먹으면 실제로 몇cm 늘어난다는 이론을 어디선

가 보았다. 손가락을 쫙 펴고 문설주나 선반을 향해 길게 뻗는 연습을 하면서 실전해 대비해보자.

승무원의 키 측정은 '암리치Arm-Reach'라는 과정을 통해서 이루어진다. 암리치란 말 그대로, 팔을 곧게 뻗어서 기내 선반 뚜껑을 열고 닫을 수 있는지를 판단하는 것이다. 승무원이 인기직종임에 따라 장신의 응시자가 늘어나면 상대적으로 키가 작은 사람이 불리해 보일 수도 있겠지만, 암리치를 통과했느냐 아니냐만 놓고 키를 측정하는 기본만 벗어나지 않으면 160cm가 안 넘는다고 해서 지레 겁을 먹을 필요는 없다.

아랍문화
이해도 &
현지적응력

금요일 휴무

출퇴근 7:00 AM - 3:30 PM

"오늘 벌써 금요일이고 내일이면 주말인데, 아직까지 이렇다 할 연락이 없네요."

아랍항공사 면접 후 초조한 마음으로 결과를 기다리던 멘티들이 발을 구르며 하는 말이다. 이럴 때의 심정이란 사막 한 가운데 뙤약볕 아래 선 기분일 것이다. 우리 기준대로 평일의 끝인 금요일에도 답이 없으니 똑딱똑딱 흘러가는 시간이 원망스러울 것이다.

중동은 독특한 기후와 종교적 영향으로 특별한 시간개념을 갖고 있다. 출퇴근시간이 이른 7시부터 오후 3시 30분가량이기 때문에, 금요일 한나절을 기다려봐야 연락이 올 리 없다. 오후 네댓 시에 해당부서에 아무리 전화를 걸어봐야 받는 사람 역시 드물다. 일요일이 휴무인 우리와 달리 금요일이 휴무다. 토요일과 일요일에도 근무를 하므로 우리 시간으로 주말에 얼마든지 전화나 이메일 연락이 올 수 있다. 주말에도 긴장을 풀지 말고 수시로 메일함을 체크하고, 스마트폰을 손에서 놓지 말아야 한다.

오전 6시, 이른 아침 중동의 5월은 보통 26℃부터 시작된다. 정오부터 오후 3시까지 태양이 작열하듯 타올라 가정집 수돗물은 손이 델 정도로 뜨겁다. 여름에는 따로 물통을 마련해 미리 식혀두었다가 써야 한다. 나의 경우 이 시간에 설거지나 요리를 최대한 피한다. 중동 여행을 하는 사람들이 간혹 선글라스를 빠뜨리거나 반팔 옷만 잔뜩 갖고 오는데, 이는 현지사정을 몰라서 저지르는 사건이다.

중동은 태양이 너무 뜨거워 피부나 눈이 상하지 않도록 선글라스와 긴 소매 옷으로 철저하게 무장을 해야 안전하다. 강렬한 태양에 오래 노출하면 눈에 이상이 생길 수도 있고, 피부가 시커멓게 타들어가 피부암을 일으킬 수도 있기 때문이다. 여성은 보수적인 이슬람 전통에 따라 머리부터 발끝까지 가리고 다녀야 한다. 외국인이라고 해서 짧은 치마나 레깅스를 바지삼아 입고 거리를 활보하는 것은 절대로 자제해야 한다.

현지인들은 무더운 사막기후에 터를 마련해왔으면서도 남녀 모두 학교나 관공서 등에서 격식을 갖추어 정장을 차려입으며 서두르지 않는 것을 신사숙녀의 자부심으로 여긴다. 그러므로 관공서나 업무현장에는 단정하고 말쑥한 정장과 몸가짐으로 드나들어야 기본이 철저한 사람이라는 호감을 줄 수 있다. 병원, 관공서, 상점 내부는 한 겨울 냉기를 떠올리게 할 정도로 냉방시절이 완비되어, 해가 뜨는 7시에 출근에 해가 지기 시작하는 오후 내내 더위를 느낄 사이가 없다.

근무시간에는 모두들 총기어린 눈빛으로 잠깐의 낭비
도 없이 열심히 일만 한다. 말단직원들이 밥 먹듯 하는
야근도 거의 없다. 퇴근시간 이후 사무실에 남아 잔무
를 정리하는 사람들은 중역급 임원들이다. 점심도 책상
머리에서 햄버거나 샌드위치로 해결하고, 끊임없이 결
재서류를 검토하고 업무에 몰두한다. 아랍권 국가에 오
랫동안 적을 두어 아랍인이 다 된 외국인들은 언제나 자
신감이 넘친다. 자신감은 준비된 자에게서만 온다는 것
을 제일 먼저 불이 켜지고 제일 나중에 불이 꺼지는 중
역의 방을 지켜볼 때마다 새삼 깨닫곤 한다.

더위로 고생이 많은 사람들은 건설 현장이나 사막의 공
사현장에서 고생하시는 기술자들이다. 더위를 피해 야
간에 공사를 하는 업체가 많지만 밤낮을 가리지 않고 현
장을 살펴야 하는 직원들이 더위로 겪는 고생은 이루 말
할 수 없다. 공항 활주로에서 땀에 젖은 수건으로 얼굴
을 가린 채 비행기 이착륙을 핸들링하는 직원들의 고생
도 이만저만이 아니다.

비행기 문이 열리면 기다렸다는 듯이 밀려들어오는 후
끈한 열기로 순식간에 땀이 비 오듯 한다. 반대로 모스
크바 비행에서는 비행기가 창공 높이 떠 있는 시각에
도 냉장고를 비롯해서 기내 바닥에 엷은 얼음이 깔리
기 시작한다. 러시아의 겨울은 중동의 여름 못지않게
살인적이다. 비행기 문이 열리면서 들이닥치는 어마
어마한 추위에 손발이 후들거려 간단한 답변도 제대로
할 수가 없다.

추위에 단련된 케이터링과 지상직원들은 손 빠르게 일
을 넘기고 속사포처럼 말을 건네는데, 그 모습이 가히

열정적이다. 어떻게 이 추위를 견디며 아름다운 문화유산과 찬란한 역사를 쓸 수 있었을까? 또 두바이나 카타르의 더위 속에서 어떻게 세계 최고의 도약과 기적을 이룰 수 있었을까? 묻게 된다. 그런가 하면 동유럽의 루마니아를 보면 기후, 자원, 환경, 역사, 문화 모든 것을 다 갖추고도 온 국민이 가난에 허덕이고 있나 싶어 혀를 차고 만다. 얼마든지 크게 성장할 수 있는 조건들을 갖추었음에도 불구하고 발전하지 않는 삶을 들춰보면 위기의식이 전혀 없다. 국가의 운명도 마찬가지다. 위기에 대비하지 않는 국가나 도시는 한순간의 타격으로 뿌리째 흔들리고 만다. 중동의 주요 도시와 국가들이 '기적'이라는 수식어와 함께 세계의 주목을 받기 시작한 것도 테러와 산유국이라는 국가 위상에 대해 심각한 위기의식을 가진 리더들이 있었기 때문이다.

우리에게도 한국전쟁 이후 가난을 극복하지 않으면 언제 다시 전쟁난민이 되어 일제강점기의 치욕을 반복하게 될지 모른다는 절박한 위기의식이 있었다. 그러기에 정부와 기업의 리더들이 국민을 이끌었고, 올림픽을 유치하며 '한강의 기적'이란 이름으로 발전을 이뤄내 오늘에 이를 수 있었다.

개인의 운명도 위기의식이 없으면 성공할 수 없다. 안일한 사고와 근거 없는 자신감으로는 성장을 이끌어낼 수 없다. 유복한 가정에서 태어나 외국유학과 양질의 교육을 받았음에도 불구하고, 이렇다 할 업적 없이 40대를 맞이하여 늙어가는 사람들은 생각보다 많다. 세월이 갈수록 삶은 무료하고, 물려받은 자산은 점점 동이 나며, 안락했던 청춘은 옛 훈장처럼 빛이 바랜다.

바닥을 치고 높이 솟아오르거나 무에서 유를 창조했던 경험이 없는 가슴에 남는 것은 온통 우울과 회한뿐이다. 대대로 성공하는 재벌기업이나 자수성가 *making one's own fortune* 한 사람들의 자서전을 살펴보면 절대로 현재에 만족하지 않는다. 성공한 사람들은 언제나 위기의식을 갖고 새로운 것을 추구하며 도전하는 정신이 생활에 배어 있다.

위기를 극복하지 못하고 체념하는 사람들에게 발전은 없다. 그런 사람들에게 기회로 전환되지 못한 결핍과 위기는 치명적인 한계이자, 평생의 장애물로 남는다. 개인의 삶이 모여 국력을 창조하고, 개인을 성장시킬 줄 아는 사람들 가운데서 진정한 리더도 탄생한다. 훌륭한 리더들이 모여서 좋은 정부도 구성하고 국가의 미래도 탄탄하게 짊어질 수 있다.

그런 의미에서 해외취업을 백년대계로 바라보고, 세계적인 기적을 일으킨 중동을 목표로 삼는 것은 개인의 삶은 물론이고 비전 있는 국가의 미래를 앞당기는 데도 유익한 공부이며, 수련의 시간이 된다. 두바이, 아부다비, 도하 같은 중동의 주요 도시들은 오일머니로 유복한 생활을 할 수 있음에도 불구하고 이를 위기로 인식했다. 오일에만 의존하는 산유국의 이미지를 끌어올려 관광, 금융, 미술, 스포츠 분야에서 세계 최고로 부상하리란 야심한 프로젝트들은 하나하나 현실이 되어 삽시간에 전 세계의 주목을 받았다.

갯벌에서 캔 진주와 유목생활로 근근이 살아가던 자국민들에게 평생 돈 걱정 없이 살 수 있도록 보장하는 사회제도가 온 국민의 지지를 받아 강력한 왕실리더십을 만들었다. 무리한 투자로 어느 순간 경제가 휘청거릴지 모른다는 문제점을 현지인들도 잘 알지만 별로 불안해 하지 않는다. 알라의 이끄심 안에서 때가 되면 왕실이 해결해 줄 것이라고 굳게 믿고 있다. 이것이 중동의 현실이다. 산유국 왕실과 국민은 그만큼 돈독한 신뢰관계를 쌓아왔다.

기도는 영순위 일과

중동사람들이 칼처럼 지키는 것이 바로 기도 시간이다. 모든 직장에 남녀 별도로 기도실이 마련되어 있다. 하루에 5번, 매번 최소 15분 이상, 온몸을 가리고 눈을 아프게 감은 채로 바닥에 엎드려 알라 앞에 죄인이 되어 거룩하게 기도를 올린다. 40도가 웃도는 더위도 빗물처럼 흘러내리는 땀줄기도 아랑곳없이 나무 그늘 아래 땅에 입 맞추며 기도를 한다.

공항, 쇼핑몰, 놀이방에도 별도의 기도실이 마련되어 있다. 입구에 즐비한 신발의 숫자는 기도시간이 아닐 때도 셀 엄두가 나지 않을 정도로 엄청나다. 메카를 순방하기 위해서 예를 갖춰 옷을 차려입고, 떼를 지어 비행기에 오른 무슬림들은 자리에 앉자마자 코란^{Quran}을 꺼내 우렁차게 읊는다. 방향을 물으며 기내 바닥에 담요를 깔고 엎드려 기도를 올리는 기장과 승객을 만나는 일도 흔하디 흔하다. 식사할 때도 알라의 이름으로 도살

된 고기인 '할랄Halal'인지 재차 확인한다.

역사적으로 이슬람 영토는 작게는 북아프리카 알제리, 모로코, 튀니지 등 지중해 연안의 나라에서 시작해 홍해와 아라비아해가 떠안고 있는 아라비아 반도를 지나 중앙아시아에 이르렀다. 이슬람은 어마어마한 면적에 걸쳐 유목생활을 하면서도 일관된 전통과 기질을 대대로 전수하여 강력하고 끈끈한 공동체 의식을 갖고 있다.

이슬람 율법은 생활과 정치 · 종교 · 경제에 걸쳐 일관되게 적용되며 모든 인간은 신 앞에서 평등하다고 믿는다. 코란이 전하는 메시지를 신봉하지 않으면 현세에서는 물론 사후세계에서까지 구원받을 수 없다. 무슬림들이 기도를 얼마나 중요하게 생각하는지를 가볍게 여기면 자신도 모르는 사이에 이슬람 문화를 경시하는 태도를 갖게 된다. 이슬람 국가들의 경제, 문화, 교육, 예술들은 모두 종교적 원리와 이론에서 비롯되었기 때문이다. 승무원이든 건설업 · 의료 · 뷰티산업이든 이슬람문화에 대한 이해 없이 중동에 발을 디디면 현지생활에 적응하기 어렵다. 머지않아 무모한 시도로 끝날 가능성이 높다.

적을 알고 나를 알아야 승리할 수 있다. 레바논, 팔레스타인, 이집트와 같은 변두리 아랍인들도 외국인이란 이름으로 카타르, 두바이, 아부다비에 상주하면서 중동드림을 꿈꾼다. 기술력이나 국가인지도가 낮은 이들이 이슬람 문화에 문외한인 한국 기업보다 현지 정착과 중동드림 성취에 우월한 입지를 차지하는 이유가 여기에 있다. 기술과 노동력을 제공하지 않으면서도 능통한 아랍어와 현지 정서에 공감하여 굵직한 비즈니스를 연계하는 데 적잖은 영향력을 끼친다. 이런 이유로 중동에 진출하고자 하는 청년 멘티들이나 한국기업들은 현지문화와 정서를 숙지해서 경쟁력을 갖추어야 한다.

지구 안의 또 다른 행성이나 다름없는 별천지, 중동! 무슬림에 대한 이해가 전무한 상태에서 열정만 가지고 들이밀면 중개자에게 의존할 수밖에 없다. 누구를 만나서 안건을 협상하고, 안부만 전하고 싶어도 중개인을 통해야 하는 곤란한 상황이 발생한다. 중개자 없이는 사업을 진척해나갈 방도가 안 보이고, 결국 중개자와 불필요한 마찰까지 일으켜 비싼 항공료와 호텔숙박비를 들여가며 쌓아온 인맥과 아까운 세월만 허비하고 만다. 중동드림은 물론이고, 귀한 사람들마저 잃고 만다.

중동은 어느 분야에 연관된 인맥이 삽시간에 파급력을 발휘해 평판을 만들어낸다. 취업시장에서도 예외가 아니다. 목표의 본질을 꿰뚫어야 눈높이를 맞출 수 있고, 적응력을 키워 살아남을 수 있다. 그러나 살아남는 것만이 목표라면 그 삶은 비루하다. 살아남아 스스로를 성장시킬 수 있어야 삶 자체만으로 존재감을 갖는다. 하여 백년대계인 해외취업에 성공하고, 성공의 밑거름이 되어줄 기초 공부를 위해서 목표로 삼은 항공사와 현지문화를 익히는 일은 매우 중요하다.

기도하는 동료를 미개한 눈으로 바라보고, 단식중인 사람 앞에서 맛있게 식사를 즐기거나 남의 험담을 늘어놓는 일 모두 현지사정에 무지한 사람이라는 증거다. 된

장이나 김치냄새가 역겹다며 한국인들을 미개하게 바라보는 외국인이 달갑지 않듯, 자신의 문화에 대한 존중이나 배려가 없는 사람들과 한 가족이 되어 일하고 싶어하는 외국인은 없다.

21세기는 지구촌 시대고, 세계는 하나다. 무수한 인종과 지역, 종교를 통해서 다양한 삶이 평등하게 존재하는 무대이다. 그 누구도 가정과 학교에서 남에게 무례하게 구는 것이 스스로를 높이는 일이라고 배우지는 않았을 것이다. 익을수록 고개를 숙이는 벼the boughs that bear most hang lowest와 같이 겸손과 절제가 몸에 밴 신사숙녀들이 대접받는 곳이 바로 세계 최고 항공사이다.

뜨거운 달, 라마단 카림
Ramadan Kareem

이슬람 문화를 이해하는 데 빠져서는 안 되는 것이 바로 '라마단'이다. 라마단은 일 년 중 한 달로 이 기간 중에는 해가 뜨는 시각부터 지는 시각까지 철저하게 단식과 금욕을 실천해야 한다. 가난한 자들의 배고픔을 나누며 상스럽고도 색스러운 말과 생각을 금하며 심신을 정화하는 시간이다.

이슬람력의 아홉 번째 달인 라마단은 아랍어로 '뜨거운 달'을 뜻한다. 유일하게 술을 마실 수 있는 장소인 호텔에서조차 술 판매를 중지하고 파티 연회장과 클럽이 일제히 문을 닫는다. 일반쇼핑몰과 박물관까지 문을 닫거나 개방시간을 바꾼다. 라마단 기간임을 깜빡 잊고 쇼핑몰이나 관공서를 찾았다가 낭패를 보는 경우가 많다.

승무원들 중에도 단식fasting을 실천하는 사람들이 많은데, 물 한 모금 먹지 못하고 누렇게 뜬 얼굴로 묵묵히 일만 한다. 안쓰럽다고 마실 것과 먹을 것을 권하는 것은

상당히 실례가 되는 행동이다. 율법을 지키려고 안간힘을 쓰는 착한 신도에게 죄를 씌우기 위해 유혹하는 악마의 손길로 간주된다.

단식하는 사람들 앞에서는 물을 마시는 일조차 엄격히 금하며, 음식을 먹거나 남의 이야기를 늘어놓는 일을 삼가고 마음으로 응원을 해주는 것을 미덕으로 여긴다. 라마단 기간에는 외국인일지라도 공공장소에서 먹고, 마시고, 담배를 태우며, 남녀가 함께하는 일이 모두 금지되어 있음을 알리는 기내방송도 실시한다.

해가 지고서야 무슬림들은 옹기종기 모여앉아 음식을 나눠먹는다. 하루 종일 느꼈던 배고픔을 통해서 헐벗고 굶주린 사람의 아픔을 이해하고 감사한다. 단식은 무슬림들이 지켜야 할 의무이지만 기력이 없는 노인이나 환자, 유아, 임신부는 이 의무를 면제받아 낮에 음식을 먹는 대신 밤에 단식하는 것이 허용된다.

그동안 함께 살았던 네댓 명의 플랫메이트flatmates들 가운데 무려 3명이 무슬림이었다. 그들은 기운 없이 늘어져 있다가도 해가 지는 시각이면 일어나 넉넉한 분량의 음식을 지어 나를 끌어다 식탁에 앉혀놓고 음식을 나눠먹였다. 그때는 왜 매일 나한테 밥을 못 먹어서 안달일까 싶어 부담스러웠다. 그러나 무슬림이 아닌 사람까지 초대해 함께 나누는 이슬람의 원리를 실천했던 것임을 알게 된 지금은 그 시절이 너무나도 그립다.

"I am fasting…. 나 단식중이야."

이 말 한 마디가 그녀의 마른 입술을 비집고 겨우 떨어지면, 그녀 주위를 어떤 보호막이 에워싸는 것 같은 기분이 든다. 함부로 다가가 방해해서는 안 될 것 같아 멀

찌감치 떨어져 조용히 바라본다. 거룩한 의식을 고통스
럽게 치르고 있는 시간만큼은 존중해줘야 한다는 의무
감이 생겨난다.

나 역시 무지한 탓에 엉뚱한 데서 호기심이 발동해 곤란
을 겪은 적이 있다. 집 앞 슈퍼에서 널빤지만 한 근사한
양탄자를 발견하고는 사다가 문지방에 깔았다. 우연히
이를 목격한 플랫메이트가 소스라치게 놀라며 냉큼 집
어들었다.

"이건 기도할 때 쓰는 매트야. 이렇게 함부로 쓰는 물건
이 아니라고!"

안 그래도 동네 슈퍼에서 양탄자를 파는 것이 의아했던
나는 기도할 때 따로 쓰는 매트가 있다는 것을 그제서
야 알았다. 미안하고 죄스러워서 견딜 수 없었다. 나는
그 자리에서 정중히 사과하고 그녀가 기도하는 시간에
음악소리를 줄이며 최대한 배려의 마음을 표현했다. 새
벽이면 거실 한 켠에 엎드려 기도를 올리던 플랫메이트
의 모습을 발견할 때면 문득 우주의 한 가운데 서 있는
듯 했다. 이후 그녀가 거실을 어지른다거나 허락 없이
내 물건을 쓴다 해도 굳이 문제 삼지 않았다. 악의가 없
는 사람임을 분명히 알았기 때문이었다. 사소한 마찰이
관계를 망치게 하는 원인으로 작용하지 않을 만큼 깊은
대화가 오고간 건 아니지만 왠지 이 사람을 끝까지 믿고
싶었다.

무슬림과 한 집을 쓰면서부터 굳이 '라마단'이 아니더라
도 대낮에 남의 험담을 늘어놓거나 흥청망청 소비하거
나 게걸스럽게 먹지 않았다. 절제를 모르던 충동구매와
게으르게 보냈던 시간마저 지워버리고 싶었다. 생활과

인생 가장 낮은 곳의 고통을 잊지 않기 위해 일 년 중 무려 한 달을 절제하는 삶. 나는 하루의 단 10분만이라도 비우고 금하고 절제하며 살고자 매일 라마단을 생활 속으로 끌어들인다.

중동은 남편이 부인을 최대 4명까지 둘 수 있다는 얘기를 들려주면 한국 남자들은 하나같이 부러워한다. 결혼하면 부인이 아닌 여자와 차 한 잔만 잘못 마셔도 오해를 사기 십상이니 중동남자들은 합법적으로 애인을 여럿 둘 수 있다는 뜻으로 이해하는 것 같다. 예쁘고 똑똑한 정실부인을 두고도 두 번째 부인을 맞이하거나 결혼을 전제로 새로운 연애를 즐기면서도 중동남자들은 언제나 당당하다. 그러나 여기에는 엄청난 책임이 동반된다. 남편은 첫 번째든 두 번째든 모든 부인을 공평하게 사랑해야 하며, 무슬림의 법도에 따라 경제적인 책임을 균등하게 떠맡아야 한다. 아랍사회는 가부장적이라 남성에게 여러 가지 권리와 책임이 따른다. 부인들끼리 서로 투기해서도 안 된다.

마치 옛 조선왕조의 후궁들이 사이좋게 지내는 척 했던 것처럼 속마음이야 어떻든 서로 형님, 아우님 하며 사이

좋게 지내야 한다. 만약에 첫 번째 부인과 사이가 틀어져 이혼을 한다면 아이들의 앞날은 어떻게 되겠냐면서 생부와 생모를 그대로 두고자 한다. 이혼하느니 아버지가 새 여자를 맞아 새 삶을 꾸리게 하는 것이 아이들을 위해 현명한 처사라고 무슬림들은 설명한다. 그렇다면 사랑하는 남편이 한 집에서 두 번째 부인과 다정하게 이야기를 나누는 모습을 보고 살아야 하는 첫 번째 부인의 인생은 누가 책임질까. 먹여주고 재워주면 남편 노릇 다 한다고 생각하는 것 같다는 생각이 들기도 한다.

한편 어째서 중동 땅에 일부다처제가 자리잡았는가 되짚어보면 신의 섭리는 위대하다는 생각이 든다. 중동에서 일부다처제가 인정된 것은 역사적 배경이 큰 역할을 한다. 전쟁이 많은 시대여서 형제가 전쟁에 나가 전사하면 남은 형수와 조카들은 남은 형제들이 책임지고 거두는 것이 미덕이었다. 남편을 잃은 과부에게 지아비를 만들어주고, 부모 잃은 아이들을 함께 거두며 신의 울타리 안에서 가족을 형성하는 것을 신의 섭리라고 믿었다.

전쟁터에 나가 전사할 일이 없는 오늘날은 일반 남녀들이 결혼하는 풍속도 변하기 시작한 지 오래다. 실제로 억만장자로 알려진 아부다비 만수르 왕자는 인형처럼 예쁜 두바이 공주와 결혼해 아들까지 두었지만, 얼마 지나지 않아 두바이 총리의 딸을 두 번째 부인으로 맞이하였다. 예쁘고 총명한 부인을 여럿 거느리는 일은 왕족에게나 가능하지 실제로 보통사람들에겐 드물다. 두 번째 부인을 들였다가도 금세 이혼해 위자료 등의 책임을 회피하곤 한다. 개방과 함께 서구문물이 흡수된 요즘의 중동사회에서는 한 명의 남편이 여러 부인을 거느리는 경우는 흔치 않다. 여성들의 의식도 깨어서 부인이 있는 남자의 청혼을 받은 여자들은 그대로 수락하기보다 현부인과 이혼할 것을 요구한다.

한국에서 자신보다 20살이 넘는 두부장수에게 시집온 24살의 모로코 여자 이야기가 텔레비전 전파를 타 큰 호응을 얻었다. 제작자가 나이도 20살이나 더 많고, 그렇다고 재산이 많은 것도 아닌데 왜 이 먼 한국 땅까지 시집을 왔느냐고 물었다. 모로코 새댁은 한국남자들은 평생 한 여자와 결혼해 사는 것이 좋았다고 서슴없이 답했다. 그리고 우리 남편은 사람이 너무 좋다고 칭찬했다. 아무리 법도라지만 아내를 두고 다른 여자를 또 부인으로 맞이하는 남자들을 참을 수 없었던 것이다. 자신에게도 어머니 세대가 겪은 것과 별반 다르지 않은 삶이 도래하리라는 생각을 하면 먼 타국의 동양 남자와 평생 해로하는 것이 훨씬 가치 있다고 생각할 만큼 중동여성들은 변화하고 있다.

오늘도 검은 아바야와 히잡으로 몸과 얼굴을 가린 부인들이 서로 넘어질세라 손을 꼭 붙잡고 사이좋게 계단을 오르며 기내에서 자리를 찾는다. 함께 앉아 코란을 읽으며 서로에게서 낳은 남편의 아이들을 챙기며 남편 뒤를 따라간다. 그녀들은 여자로서 과연 얼마나 순수한 사랑을 누릴 것인가? 한 번이라도 마음을 주었던 여자는 무조건 아내로 맞아 평생 책임지고 싶어 하는 남자들이 오직 한 여자에게만 충실하다면 이 또한 얼마나 아름다울까. 여러 부인을 거느리고 기내에 오르는 카타르 가족들을 볼 때마다 한 편의 아랍구전동화 속으로 들어온 듯하다.

히잡과 아바야로 온몸을 가리고 외간남성들과 눈도 마주치지 못하는 중동 여인들에게 서비스 산업의 종사는 가당치 않을 것이다. 보통 집안일과 육아를 담당하는 집사를 고용해 사는 가정이 많기 때문에 명령을 내리는 위치에 서기를 좋아한다. 학교를 마치고 결혼해서 현모양처로서 모범을 보이는 것을 최고의 미덕으로 여긴다. 매일 외간남자와 얼굴을 마주하고 알코올 서비스까지 하는 것은 있을 수 없는 일이다.

항공사, 호텔, 여행사에 소요되는 여성인력은 아시아, 유럽, 아프리카 등 100여개가 넘는 외국에서 충당한다. 현장에서 구석구석 세밀한 업무를 맡는 것은 외국인들이지만 소유는 자국민의 몫이다. 외국인이 중동에 진입해 사업을 펼칠 경우, 소유주인 자국인이 '갑'이고, 경영주인 외국인사업자가 '을'이다. 갑과 을이 51:49의 비율로 계약을 맺는데 이때 갑을 일컫는 전문 용어가 바로

'스폰서'이다. 중동에서 스폰서는 우리나라 연예계에서 말하는 개념이 아니라는 점을 유의해야 한다. 중동경제를 논하는 자리에서 스폰서라는 단어에 예민한 반응을 보이면 무지하다는 인상을 줄 수 있다. 스폰서는 '보증인' 혹은 '대리인'이란 개념 정도로 해석하면 된다. 문서상의 보증인이라고 생각하면 한결 이해가 쉬울 것이다. 어떤 외국인이 자국에 들어와 경제활동을 하는데 이 사람이면 믿을 만하다고 자신 있게 보증한다는 의미의 서류상 사업파트너를 말한다. '을'은 스폰서인 '갑'에게 스폰서대금을 일정비율로 지불해야 한다. 현지사정에 어두워 야망만 가지고 덤벼들었다가 스폰서의 계략에 휘말리는 날에는 본전도 못 찾고 빈털터리가 되어 쫓겨날 수 있다. 현지 문화를 이해하고 현지어를 익숙하게 구사할 줄 알아야 일확천금의 꿈을 안고 사업하러 들어왔다가 낭패만 보는 우를 면할 수 있다.

스폰서십은 본래 카타르에서 경제활동을 하는 외국인에게 필요한 모든 행정상의 절차를 카타르인이 대신하도록 만든 제도로 일정한 수수료를 지급한다. 스폰서 피sponsor fee로 일 년에 매출의 몇 %를 지불한다든가 아니면 일정 금액을 고정적으로 지불하는 등 쌍방 간의 계약에 따라 이를 조절할 수 있다.

외국인이 이슬람 현지 기업에 고용되어 일할 때에도 마찬가지로 본인을 보증해 줄 수 있는 스폰서가 필요하다. 아랍항공사에 조종사, 승무원, 지상직, 행정직을 막론하고 어떤 부서의 직원으로 입사한 경우 입사한 회사가 해당직원의 스폰서가 된다. 이슬람 국가에 근로자 신분으로 거주하는 경우에는 숙소와 본국으로 돌아갈

때까지의 항공료 같은 경비문제까지 스폰서가 책임지도록 되어 있다. 이는 모든 중동지역에서 통용되는 관행이다.

모든 것이 이슬람교에서 정하는 율법에 기초하며 근로자 연봉에서 세금을 떼지 않는 것도 같은 이치에서 비롯된다. 근무시간은 오전 7시부터 오후 3시 30분까지, 일 년 중 가장 해가 뜨겁다는 라마단 기간에는 오전 8시부터 오후 1시까지 단축된다. 금요일과 토요일이 휴일이고 나머지 날이 평일이다.

라마단 기간에는 해가 떠 있는 동안 공공장소에서 먹고, 마시고, 흡연하는 행위가 엄격히 금지되어 있다. 기내에서도 라마단 기간 중에는 와인병이나 맥주캔을 객실로 들이지 않으며, 술을 원하는 비무슬림 승객에게는 누가 볼세라 손바닥으로 잔을 가려서 제공한다. 술과 파티 같은 쾌락을 즐기며 살아야 멋을 아는 사람이라고 추앙받는 시대에 신의 절대적 존재에 의지하면서 한 달 동안 금식을 하고, 인간의 원초적인 본능을 자제하는 나라가 건재하다는 사실은 흥미로운 일이 아닐 수 없다. 이 땅에 내린 천연가스의 축복과 고속 성장하는 경제발전의 원천이 알라의 뜻이라는 그들의 말에 반기를 들 근거는 없다.

UAE와 카타르 국왕은 오일머니로 벌어들인 부를 자국민들에게 우선적으로 배분한다. 단 한 명의 국민이라도 경제적인 이유로 병원에 못 가거나 교육을 받지 못하는 일이 발생하지 않도록 자국민의 안녕과 복지를 우선시한다. 요람에서 무덤까지 의료, 교육, 행정, 서비스 등한 인간이 태어나서 성장하면서 필요한 모든 걸 국가가 무상으로 지원한다.

이슬람은 민족의 정통성을 중시하는 경향이 있어 자국민들끼리의 결혼을 국가차원에서 장려한다. 자국민 여성과 결혼할 경우 국가가 지급하는 결혼장려금이 어마어마하다. 여기에 보태 아들을 낳을 경우 성인이 될 때까지 1억 원에 이르는 장려금을 보조받을 수 있다. 남자는 하늘이고 여자는 땅이란 무슬림의 법도가 허울뿐인 것은 아니다. 특정한 일을 하지 않고도 생활보조금으로 식구수대로 적잖은 금액을 지원을 받는데다 자국민이 소유권을 행사할 수 있도록 스폰서제도를 정착시켰다. 이렇다 할 일이 없어도 얼마든지 풍족한 생활을 영위할 수 있다.

이집트와 리비아가 눈부신 역사와 문명을 갖고도 가난과 억압에 신음하여 정권을 바꿔 새로운 세상을 만들겠다고 피를 흘리는 동안, UAE와 카타르는 강력한 왕권을 바탕으로 명명백백 국민통합과 안정을 이루어냈다. 천연가스로 오늘의 명성을 얻기 전까지 사막에 천막을 치고 생활하며 남자들이 낚시로 잡아오는 생선과 바닷가에서 캔 진주를 팔아 근근이 살아오면서도 알라의 은혜를 잊지 않은 국민들에게 국왕은 믿기 어려운 다양한 복지와 편의를 제공하여 자국민이 은혜로운 삶을 누리며 살도록 배려하고 있다.

왕권에 반기를 들고자 하는 이는 찾아보기 힘들다. 국민들은 국왕을 비롯한 왕가의 활동을 전폭적으로 지지하며 자신이 무슬림으로 태어난 것을 자랑스럽게 여긴다. 대국민통합을 이룬 데는 국교인 이슬람의 율법을 빼놓을 수 없다. 정부나 다름없는 왕실에서 모든 면에

K·MOVE 멘토링 지병림 멘토 오프라인 그룹 멘토링

걸쳐 자국민의 복지를 약속하는 것이다.

오일머니의 명성을 누리는 나라이니 돈은 얼마가 들더라도 개의치 않는다. 외국에서 필요한 인력을 수입해 제반교육은 물론, 숙소, 항공료, 세금까지 화끈하게 부담할 정도로 자국여성들을 보호한다. 회사에서 알아서 숙소와 제반 법률사항들을 커버해주면 취업자 입장에서는 큰 부담을 덜 수 있다. 한국에서는 규모 있는 금융권에서 외국인 임원을 모셔올 때나 명성 있는 영어학원에서 원어민 강사를 초빙할 때 깔끔한 숙소와 왕복항공권을 지원한다. 처음에는 그에 준하는 대우를 받는 것 같아 기분이 우쭐하기도 했다.

곳간에 평생 쓰고도 남을 돈을 쌓아놓고 사는 사람들에게 직원들의 숙소와 항공료 지원이 뭐 대수냐는 사람들도 있지만 상주 보안요원과 건물관리부서까지 짜임새 있게 배치해서 수만 명에 달하는 직원들의 생활을 관리한다는 것이 말처럼 쉬운 일은 아니다. 카타르 땅값이 갈수록 천정부지로 치솟아 웬만한 일반 가정집 월세가 수백에서 수천만 원을 오가는 상황에서 이런 직원 복지는 다행스럽고도 고마운 일이다.

결론을 말하자면 쇼핑이나 생활비만 알뜰하게 조절하면 돈을 벌기도 모으기도 수월하다. 어차피 이곳에서의 삶은 '계약'에 묶여 일을 목적으로 정해졌으니 돈을 버는 것 말고 달리 할 일도 없다. 비번인 날은 오프수당, 비행수당, 해외체류수당, 초과근무수당, 항목별로 책정된 수당이 자동으로 계산되어 월급명세서에 기록되는 것이 한 달 간의 내 삶의 값어치이다.

큰 돈을 만지는 것은 아니지만 비행이 없는 비번에도 수

당으로 계산될 나의 하루를 생각하면, 아무 수당 없이 하루를 흘려보내야 하는 자본주의 사회에서의 삶이 위태롭게 보일 때도 있다. 아직 혼자라는 홀가분함에 내가 번 돈으로 나를 위한 물건들을 구매할 수 있다는 자유마저 고맙다. 이곳이 풀 한 포기 나지 않은 사막이라는 사실이 신기하지도 않을 만큼 잘 적응해 나가고 있다.

사막에서 태어나 천막을 치고 살아왔지만 이곳 사람들은 신의 선택을 받는 민족이라고 자부한다. 어느 날 누군가의 외침에 의해서 세뇌된 게 아니고, 예언자 무하마드 시대 이전부터 코란을 통해 전해져오는 사실이라고 여긴다. 굳은 믿음이 그들에게 준 자부심에 힘입어 어떤 순간에서도 당당하고 대범하게 행동한다. 상식을 한참 벗어난 요구와 불만을 토로하면서도 시간 맞춰 메카의 방향을 찾아 치르는 기도 의식이 그들이 믿는 구석이다. 천연가스 발견으로 거머쥔 부와 명예로 영원한 왕국을 건설하고 있다. 그들에게 알라는 영원한 스폰서다.

알라 덕분에 이 사막에서 세계 최고를 꿈꿀 야심을 키울 수 있었던 걸까? 그들은 정말로 신의 선택을 받은 민족일까? 주유소에 가서 기름을 가득 넣었는데 겨우 30리알…. 우리 돈으로 15,000원 남짓 한다. 매주 배달시켜 먹는 물값만 한 달에 수만 원을 웃돈다. 그야말로 기름이 물보다도 훨씬 싼 나라이다. 남자들은 공부하려는 마음만 먹으면 국비지원을 받아 미국유학까지 가는 세상인데, 여자들은 부모의 반대에 못 이겨 카타르에 남아 대학교육을 받는다.

카타르 대학 강의실에는 아바야로 온몸을 두른 여학생들이 만석을 이룬다. 유럽, 미국, 아시아 같은 경제대국에서는 승무원이 되고 싶어 줄을 서는데 이 나라 여자들은 시켜도 안 한다. 교육 잘 받고 시집가서 현모양처의 길을 걸으며 남편의 공공연한 외도를 눈감아주고 아이를 잘 돌보는 것이 보통 여자들의 삶이다.

서구문명이 점차로 유입되면서 자연스럽게 중용의 길을 걸으며 이슬람 전통도 약화되고 있다. 완전히 현대화의 길로 들어서면 이곳 여자들도 일을 하겠다고 앞 다투어 밖으로 나올까. 모자가 여성의 사회진출에 앞장서면서 카타리 여자들이 K-POP을 듣고 한국의 꽃미남들에게 열광하는 현상을 보면 아바야 안으로 감춰져 있던 그녀들의 열정이 온 나라를 장악할 날도 머지않은 것 같다.

그 전에 해외취업을 꿈꾸는 한국의 청년들을 모조리 데려왔으면 하는 생각이 든다. 지금까지 회사의 역사와 성장을 함께해온 한국인 승무원들에게 아랍항공사들은 무한한 호감을 표한다. 그들 역시 인재를 영입해 무궁무진한 기회를 끌어오려는 마음이 앞서기 때문이다. 항공 산업, 천연가스, 의료, 관광, 교육, 도로, 항만 사회 전반에 걸쳐 모든 것이 이제 시작이다. 끝없이 펼쳐진 사막 위에 넘실거리는 것은 온통 기회 뿐이다.

What do you know about QATAR?

:: Doha is the capital of Qatar. The city is already well known as hosting 'Doha Asian Game' in 2006. 12,000 sport players from 45 countries competed together for 15 days. South Korea was the 3rd by ranking at that time. Doha also will host World Cup in coming 2022. Lots of my friends already joined the company and had a sweet home there. They showed nice pictures of accommodation including swimming pools, gyms, parking lots. and views of downtown. Such nice benefits are provided by company. So they just can focus on their job without any hassles. That was quite touching point as an applicant. I am sure the capital is full of new challenges!

도하는 카타르의 수도로 2006년 도하 아시안게임 개최국으로 잘 알려져 있습니다. 12,000명의 선수들이 전세계 45개국에서 참가해 15일 동안 선의의 경쟁을 벌였고, 우리나라는 당시 3위를 차지했습니다. 도하는 또한 다가올 2022년 월드컵 개최국으로 유명합니다. 많은 친구들이 이미 카타르항공에 입사해 둥지를 틀었습니다. 그들은 수영장, 헬스장, 주차장이 딸린 멋진 숙소의 모습을 보여주며 얼마나 근사한 복지혜택을 누리고 있는지 자랑했습니다. 그리고 아름다운 도하 시내의 전경까지 너무나도 근사했습니다. 회사에서 직원 복지에 이렇게도 신경을 써주시니 승무원들은 마음 편히 일에만 집중할 수 있다고 했습니다. 응시생으로서 그 부분이 참으로 감동적이었습니다. 저는 카타르 수도 도하가 새로운 도전과 기회로 충만하다는 것을 확신합니다.

2000년대 초반 두바이가 세계 유일의 칠성호텔과 인공스키장 등을 앞세워 세계적인 화두로 떠오를 무렵, 카타르는 아직 알려지지 않은 미지의 세계였다. 2006년 수도 도하에서 아시안게임이 개최될 무렵까지만 해도 세상은 카타르를 두고 '10년 전의 두바이'라 일컬으며 마치 '제2의 두바이'를 꿈꾸는 개발도상국인 양 여겨졌다.

카타르 왕실을 비롯한 카타르인의 민족적인 성향이나 환경적인 여건을 고려해보면 카타르가 후세에게 물려줄 세상은 결코 제2의 두바이 수준에 그치지 않는다. 불과 5~6년 만에 전 세계 언론이 떠들썩하게 부산을 떨던 '두바이의 기적'에도 아랑곳없이 여유를 잃지 않고 카타르는 묵묵히 그들만의 세상을 개척해 왔다. 카타르가 이루고자 하는 신기루는 고작 중동권 내에서 전 세계 사람들의 관광욕구나 자극하는 제2의 두바이가 아니었다.

알렉산더 융은 『자원전쟁』에서 '카타르에서 볼 때 두바이는 거들먹거리고 통속적인 벼락부자 같고, 너무 대중

화되었다고 여겨지고 있다. 카타르는 스페인의 지중해변 휴양지 베니도름이 아니라 부호들의 천국인 이탈리아의 포르토피노가 되려고 한다. 두바이건 두바이가 아니건 전혀 문제가 되지 않는다.' 라고 카타르의 눈높이가 일반인들의 상식차원을 넘어서고 있음을 간략하게 전했다.

왕실 리더십은 이미 카타르 본연의 정체성을 갖추고 부화뇌동blind flowing하는 일 없이 믿음을 가지고 행사되어왔다. 국왕이 펼치는 리더십은 국왕을 포함한 모든 자국민이 함께 부와 명예를 누리며 행복하게 살 수 있도록 포용하는 정책이다. 국왕은 온 국민의 지엄한 아버지요, 왕비는 현숙한 어머니다. 국왕은 알라의 은혜로 하사받은 천연가스로 벌어들인 오일머니를 자국민과 함께 나누기 위해서 법과 시스템을 확고하게 안착시켰다. 의료, 교육, 행정 모든 분야에 걸쳐 자국민이 국가의 무상지원을 받지 않는 것이 없다. 국가로부터 평생 생활에 필요한 자산까지 후원받고 있으니 부모와 같이 든든하게 보호해주는 왕실의 리더십에 반기를 드는 사람이 없다. 국가가 벌어들이는 수익의 전부를 자국민 전부와 나누고자 하는 정부가 몇이나 될까. 우리가 알고 있는 세상의 논리로는 설명할 수도 이해할 수도 없는 일이 카타르에서는 상식이다.

카타르는 본래 아부다비Abu Dhabi, 두바이Dubai, 샤르자Sharjah, 아지만Ajman, 움알카이와인Umm al-Qaiwain, 라스알카이마Ras al-Khaimah, 푸자이라Fujairah, 바레인Bahrain 등 8개의 토후국과 함께 9번째 토후국으로 아랍에미리트연방을 구성

사진출처: 네이버 뉴스

하고 있었다. 1971년 아랍에미리트연방이 건국을 선포할 때 바레인과 함께 탈퇴했다. 같은 해 9월 영국의 보호령으로부터 독립함으로써 카타르는 민족적 자부심을 여실히 드러냈다. 1971년 카타르는 영국과의 특별조약을 우호조약으로 바꾸고 아랍연맹과 UN에 가입하는 등 독립국가로서 명실상부한 모습을 갖추기 시작했다. 그러나 당시 '셰이크 칼리파 빈 하마드Sheikh Khalifa bin Hamad Al-Thani 국왕의 리더십은 국민들의 지지를 얻지 못했다. 국왕의 해외 순방 중 현재 국왕이자 그의 아들인 셰이크 하마드 빈 칼리파 알타니Sheikh Hamad bin Khalifa Al-Thani가 무혈 궁중쿠데타를 일으켜 스스로 국왕에 즉위하는 일이 벌어진 것이다.

카타르 쿠데타 성공

하마드 빈 칼리파 알타니 카타르 왕세자가 26일 무혈 궁중 쿠데타로 父王을 폐위시키고 스스로 왕위에 올랐다. 그러나 외국 순방 중 왕권을 상실한 칼리파 빈 하마드 알타니 국왕은 제네바에서 자신이 카타르의 합법적 통치자이기 때문에 어떤 희생을 무릅쓰고서라도 귀국하겠다고 밝혔다. 카타르 관영 QNA 통신은 27일 국방장관과 정부의 실권자였던 하마드 왕세자가 칼리파 국왕이 외유 중인 틈을 이용 부왕을 폐위하고 국왕에 즉위함으로써 권력 장악을 공식화했다고 밝히고 하마드 왕세자가 카타르 국민들의 지지를 얻고 있다고 보도했습니다. 의회격인 '슈라'위원회는 국왕이 축출된 지 수시간 만에 특별회의를 열어 하마드 왕세자에 대한 헌법적 권력승계절차를 마무리 짓고, 새로운 국왕에 대한 충성을 맹세한 것으로 알려졌다.

-매일경제. 1995. 06. 29일자

1995년 당시 우리 언론은 아버지를 축출하고 스스로 왕위에 오른 카타르 궁중쿠데타를 이렇게 보도했다. 1995년 6월 27일 쿠데타로 국왕이 된 셰이크 하마드 빈 칼리파 알타니는 3명의 부인과 각각 10명이 넘는 아들딸을 뒀다. 국왕은 첫 번째 부인의 셋째아들을 왕세자로 삼았다가 2003년 돌연 마음을 바꿔 두 번째 부인의 네 번째 아들인 셰이크 타밈 빈 하마드 알타니를 왕세자로 책봉했다. 그는 현재 카타르 국왕이 되었다.

카타르 국왕은 쿠데타를 일으켜 왕이 되었지만 의회와 자국민들의 전폭적인 지지를 얻었다. 왕실이 그만큼 자국민의 복지와 생활의 풍요를 위해서 전폭적으로 배려하고 있기 때문이다. 국민들이야 굶어죽든 말든 대통령이 자기 혼자 살 길을 찾다 종국에는 나라 전체의 운명을 패망의 길로 재촉한 이집트나 리비아와는 차원이 다른 왕실리더십이다.

2022년 월드컵 개최국으로 선정되면서 세계최대의 산유국이자 경제부국의 위상을 다시 한 번 과시했다. 중동의 평화를 내세워 중동국가로서는 최초로 월드컵을 개최하는 역사를 이루어낸 것이다. 모든 경기장에 최첨단 냉방시스템을 설치할 것을 약속했다. 전 세계 축구인들이 열광하는 대형축구 경기장에 최첨단 냉방시스템을 설치한다는 공약 자체가 남들은 엄두도 내지 못할 어마어마한 발상이었다. 2014년 6월, 세상에 공개된 '하마드 국제 공항'은 웅장하고 화려한 규모와 최첨단 시설이 장관이다.

2012년 이후 전 세계 미술시장의 새로운 큰손으로 떠오

른 이는 국왕의 딸인 샤카 알 마야사 빈 하마드 빈 칼리파 알타니Sheikha al Mayassa bint Hamad bin Khalifa Al-tani이다. 마야사 공주는 아랍 근대미술관Arab Museum of Modern Art의 책임을 맡으면서 근래 들어 사들인 세계 최고의 미술품들을 카타르에 발 빠르게 유치하고 있다. 2022년 월드컵을 겨냥 카타르를 국제예술의 도시로 키워 한 차원 높은 미술 관광객들을 대거 흡수하여 관광은 물론이요 예술교육의 중심지로 자리 잡기 위함이다. 카타르 왕실은 뉴욕타임스가 선정한 세계적 수준의 건축가들을 기꺼이 초빙해 카타르 수도 도하의 굵직굵직한 미술관 건립을 맡겼다. 중국의 건축가 '아이오밍 페이'가 건축 설계한 이슬람 현대미술관Museum of Islamic Art은 2007년에 개관을 마친 상태다. 이슬람 현대미술관은 무료로 개방되고 있으며 코니쉬 해변에 위치해 아름다운 경관을 자랑한다. 아랍 국가 최초로 세계적으로 유명한 작가들의 미술품들 전시하고 있고 일본의 팝아티스트 '무라카미 다카시'의 작품들이 2012년 2월부터 6월까지 무려 4개월 간 전시되었다. 전시기간 내내 카타르항공의 모든 취항지 TV-Commercial에서 집중적으로 조명 받으며 카타르 왕실의 후원과 지지 아래 세계 최고의 미술작가로서의 자리를 굳건히 했다. 뿐만 아니라 프랑스의 루이스 부르주아 작가의 거대 거미 조각상이 '마만Maman'이란 이름으로 카타르 컨벤션센터의 주무대를 수놓고 있다.

2013년 완공된 카타르 국립박물관The National Museum of Qatar은 우리나라 현대건설이 시공을 맡았으며, 프랑스의 건축가 '장 누벨'이 디자인했다. 한편, 마야사 카타르 공주는 세잔느의 그림을 2800억 원에 사들인 지 얼마 되지도 않아 1400억 원에 달하는 뭉크의 '절규'까지 관심을 보이고 있다. 오일머니를 앞세워 마야사 공주가 미술계의 큰 손으로 군림하여 천문학적 액수로 사들인 세계적인 미술품들을 보려면 유럽이 아닌 중동행 티켓을 끊어야 할 날이 머지않았다.

그러나 화려한 아라빅호텔과 왕족들이 자주 드나든다는 사치스러운 팰리스의 사진 몇 장이 앞으로 승무원이 되면 누리게 될 삶이라고 착각해서는 안 된다. 노동 현장은 가혹하며, 동양인으로서 느껴야 할 이유 없는 멸시가 전혀 없다고는 말할 수 없다. 생전 처음 들어보는 유럽의 작은 나라 사람에게서 동남아의 약소국 국민 취급을 당해야 할 때도 있다. 나약하고 줏대 없는 행동을 하거나 스스로를 변호할 능력이 없을 때 쉽게 당신은 멸시당한다. 그들은 멸시하는 법과 존중하는 법을 잘 알고 있다. 강자 앞에서 고개를 숙이고 약자 앞에서 콧대를 높인다. 적자생존 survival of the fittest의 원칙이 철저하게 이루어지는 국제무대에서 살아남으려면 이 정도에 풀이 죽어서는 안 된다.

고향, 국적, 문화, 역사가 다른 곳에서 온 사람들은 여기서 저기로 바람처럼 떠돈다. 한 자리에 오래 남아 뿌리를 내리고 터를 닦는 사람들은 쉽게 떠돌지 않는다. 사람들은 아직 자신의 자리를 잡지 못한 사람을 만났을 때 이 약자가 곧 스스로 도태되어 떠나리란 것을 예감하기 때문에 면전에서 독설을 내뿜는 것이다. 뿌리가 깊은 사람임을 증명해 보이는 일은 스스로에게 달렸다.

근거 있는 처신과 근성으로 단단하게 스스로를 지키고 위치를 만들며 자신을 보호할 수 있는 능력이 확인되면 결코 당신을 멸시하지 않는다. 존중을 얻기 위해서는 스스로 노력해야 한다. 끊임없이 손발을 구르고 머리를 채워서 허깨비가 아니라는 것을 보여줘야 한다. 그렇지 않으면 고향을 떠나 혈혈단신 by oneself without a single relative 외국에서 보낸 세월이 보람도 가치도 없게 된다. 달과 별, 구름을 벗 삼아 하늘 위에서 버텨온 날들이 한낱 꿈처럼 세월과 함께 사라질 뿐이다.

What do you know about Dubai?

: : Dubai is very well known as so many unbelievable figures such as 7- star hotel, Bruz Al Arab, artificial palm islands, indoor ski Dubai in 2006 already. I heard that is all came from the Sheik Bin Mohamed, who was the leader of Dubai. Dubai is a good example which was full of miracle And that miracle was from one wise leader's belief. His leadership was respected by his people and his direction was well followed. Everybody said that it was impossible that one person's strong leadership just made and shown to everyone. I think the city, Dubai itself has potential power which people makes themselves believe. I can't wait to go and see in my eyes.

두바이는 부르즈 알 아랍 호텔, 팜아일랜드, 인공스키장 등 믿을 수 없을 만큼 아름다운 건물들로 2006년에 널리 이름을 알렸습니다. 저는 이 모든 것이 셰이크 무함마드라는 두바이 지도자의 리더십에서 출발한 것으로 알고 있습니다. 두바이는 도시 전체가 기적으로 가득합니다. 모두가 불가능하다고 말한 일을 한 사람의 강력한 리더십이 보란 듯이 이루어냈습니다. 그래서 저는 두바이란 도시 자체가 사람들 스스로의 가능성을 믿게 하는 강력한 잠재력을 가졌다고 봅니다. 직접 가서 그 멋진 기적의 도시를 제 눈으로 보고 싶습니다.

2007년 아랍에미리트연방의 총리인 셰이크 무함마드가 한국을 방문하면서 살아 있는 '두바이의 기적'이 한반도에 상륙하는 역사가 이루어졌다. 우리가 전쟁 폐허에서 부를 일궈내 '한강의 기적'을 만들어냈다면, 셰이크 무함마드는 모래만 날리는 사막에 마천루를 세운 두바이 기적의 장본인이다.

당시 중동 지도층의 실세가 직접 한국 땅을 방문했다는 사실은 우리에게 시사하는 바가 크다. 한국제품 수출, 오일수입국으로만 인식됐던 두바이가 한국을 중요한 경제협력 파트너로 인식하기 시작했다는 뜻이다. 2014년 봄에는 아랍에미레이트 아부다비 왕세자, 셰이크 무함마드 빈 자이드 알 나흐얀은 한국을 방문해 가톨릭병원에서 수술 및 입원치료를 받고 있는 중동환자들을 직접 위로했다. 그는 이슬람 식단으로 구성된 환자식과 아랍채널, 기도실이 갖추어진 병원 시설을 둘러보며 한국의 선진 의료 서비스에 깊은 감명을 받았다고 술회했다. 경제, 오일, 금융 뿐 아니라 의료관광에서도 한국이 중동의 주요 파트너임이 분명해졌다. 중동과 한국의 뗄래야 뗄 수 없는 깊은 인연은 오래 전부터 이어져왔다. 두바이는 중동이 산유국의 이미지를 뛰어넘어 경제,

금융, 항공의 세계적인 허브로 떠오르는 데 가장 큰 공을 세운 도시이다. 기적으로 가득 찬 두바이를 관광의 중심지로 만들기 위한 노력은 곳곳에서 나타났다. 돛단배의 형상을 한 채 바다를 내다볼 수 있는 202개의 스위트룸으로 구성된 '부르즈 알 아랍' 호텔은 전 세계에서 유일하게 칠성호텔로 불린다. 호텔 지하에 있는 해산물식당 알 마하라^{Al-Mahara}는 온통 수족관으로 둘러싸여 마치 바다 속에 앉아 식사하는 것 같은 기분이 든다.

27층 알 문타하^{Al-Muntaha}에서는 한눈에 내려다보이는 두바이 시내와 바다가 장관이다. '부르즈 알 아랍' 칠성호텔의 하루 방값이 1만5000달러에서 최고 2만8000달러까지 치솟았지만 생애 최고의 순간을 추억하고 싶어 하는 신혼부부들의 발걸음을 막지는 못했다. 모래바람과 50도가 넘는 태양의 열기로 역사의 뒤편에 있던 사막의 도시가 '기적'이란 이름으로 부활하던 2007년의 탄성은 지금까지도 세계인들의 가슴을 설레게 한다.

"상상력은 한계가 없다.
The only limit is your imagination."

오늘의 두바이를 낳은 이 말은 아랍에미레이트의 총리 겸 부통령인 셰이크 무함마드가 늘 입에 달고 살며 두바이의 캐치프레이즈로 널리 쓰인다. '두바이의 기적'이 상상력의 산물임을 단적으로 말하고 있다. 셰이크 무함마드는 두바이의 상상력을 '꿈'이라 칭하며, 모래사장이나 다름없던 사막에서 세계 최초, 최고의 초호화 건물과 인공섬, 실내스키장 등을 만들어냈다.

동시에 '아랍에미레이트항공'은 모든 외항사 준비생들이 꿈꾸는 드림항공사로 급부상했다. 2006년 세이크 무함마드가 두바이를 관광 허브로 육성시키기 위해 항공기 등 운송 분야를 적극 후원하면서 에미레이트는 세계적인 항공사로 입지를 굳혔다. 에미레이트 항공사는 우리나라에서 올림픽이 열리기 3년 전인 1985년에 설립되어 지금까지 역사와 전통을 자랑해왔다. 창립 이래 흡수된 한국인 승무원의 숫자도 급격히 불어났다.

두바이 국제공항과 더불어 두바이 항공화물의 새로운 이정표 역할을 하기 시작한 알막툼 신공항은 2014년 5월부터 정상운항하기 시작했다. 알막툼 신공항은 2020년 두바이 엑스포가 막을 올릴 두바이 월드 센트럴에 위치하여 새로운 중동경제의 허브로 떠오를 전망이다.

풍부한 자본과 카리스마 넘치는 리더십으로 두바이는 일찌감치 '두바이의 기적'을 이루어냈다. 사막에서도 스키를 즐길 수 있다는 믿을 수 없는 사실을 확인하기 위해 전 세계 스키광들이 두바이로 몰려들었다. 세계 유일의 칠성호텔 뿐 아니라 인공섬, 팜아일랜드 역시 세계적인 광고에 자주 등장한다. 에미레이트 항공은 사막에서 벌어진 기적의 현장을 보려고 몰려드는 인파들을 실어 나르는 역할을 톡톡히 해냈다. 창립 이래 현재까지 한국인 승무원들은 항공사의 역사와 함께해왔다.

무사히 교육을 마치고 비행을 시작했는데 이 나라 출신의 승무원은 눈을 씻고 찾아봐도 없다. 중동 여자들은 검은 아바야를 우아하게 휘날리며 사무실에서 지시만 내린다. 경제침체로 실업률에 허덕이고 있는 유럽과 일본, 홍콩, 싱가포르의 고학력 청년들도 기회의 땅으로 속속 몰려들고 있다. 아무것도 없는 모래 언덕 위에 나무를 심고 물을 주면서 거대한 숲을 키우는 비법을 체험하며, 기회의 땅이 선물처럼 들이민 새로운 삶의 매력에 푹 빠져 당당하고 건강하게 살아가고 있다.

What do you know about Abu Dhabi?

: : Abu Dhabi is the capital of the United Arab Emirates. The city was well known as finding plenty of gasoline in 1996 already. And full of beautiful high buildings, modern shopping malls. One of my friends worked as a cabin crew with Etihad Airways before, so I was invited there for vacation. When I went there, I felt like it is pretty much in Seoul. All the buildings and shopping malls were quite modernized. Abu Dhabi is the capital of typical Arabic country, It is quite well organized and opened to all the foreign investors and tourists.

아부다비는 아랍에미레이트연방의 수도입니다. 1996년 유전이 발견되면서 다시 한 번 유명세를 타기 시작했습니다. 아름다운 마천루와 현대적인 쇼핑몰로 가득한 이 도시에서 제 친구 중 한 명이 에티하드항공 승무원으로 일하고 있었습니다. 친구의 초대로 방문한 아부다비는 마천루와 쇼핑몰이 현대적이라 서울에 있는 것 같은 기분이었습니다. 아랍의 전통과 현대적 아름다움이 조화를 이룬 전통적인 아랍국가의 수도로서 외국인 투자자들과 관광객들에게 마음의 문을 활짝 열고 있다는 느낌을 받았습니다.

아부다비는 두바이보다 약간 늦은 2000년대에 들어서면서 다양한 프로젝트를 개발하기 시작했다. 2006년 '아부다비 비전 2030년'을 발표하면서 산업 전반이 오일에만 의존하는 경제구도를 벗어나는 데 주력했다. 1958년과 1996년에 석유가 발견되면서 사회경제적 위상이 급상승했으며, 두바이의 초호화 마천루에 버금가는 웅장한 건축물들을 만들어냈다. '에미레이트 팰래스 호텔'은 모든 실내장식을 황금으로 입히고, 심지어 차와 디저트에도 황금가루를 뿌리는 등 아랍의 전통을 최대한 살린 화려함으로 유명하다. '피사의 사탑'보다 더 경사진 기울기로 세계에서 가장 많이 기울어진 건물로 알려진 '캐피탈 게이트 빌딩'도 장관이다.

UAE와 우리나라는 오랜 세월 전략적 동지관계를 유지해왔다. 이를 돈독히 하기 위해 2014년 2월 아부다비국무함마드 왕세자가 한국을 방문하기도 했다. 또한 2014년 5월에는 우리 순수기술의 원자로 설치를 유치를 경축하기 위해 박근혜 대통령이 UAE를 답방했다. 전 세계에 우리 기술의 우수성을 입증시키고 100년간 이어온 동맹관계의 결실인 원전 협력을 다졌다.

영국 맨체스터시티의 구단주이기도 한 UAE, 아부다비 왕자 만수르는 선수영입비로 매년 1조 이상을 투자하는 세계적인 억만장자다. 아부다비 국영석유회사의 회장,

UAE 마사회 회장, 아부다비 대통력 비서실장 등 화려한 경력을 소유한 그는 악동처럼 천진난만한 미소와 활기 넘치는 모습으로 대중에게 존재감을 과시한다. 아름답고 총명한 두 명의 부인 사이에 3남 2녀를 둔 아버지이기도 한 만수르는 2008년에 맨체스터시티를 3700억 원에 인수하고 7000억 원에 달하는 빚까지 청산할 정도로 능력자다.

2003년 설립된 에티하드항공은 아부다비를 베이스로 세계적인 규모로 빠르게 성장하는 UAE국영항공사로 다수의 한국인 승무원들이 진출해 있다. 앞서 소개한 만수르와 세계적인 부호들이 직접 운영하는 에티하드항공은 2014년에는 초호화 레지던스 항공기를 선보임으로써 화려함의 진수를 선보이기도 했다. 2014년 에티하드항공에서 야심차게 내놓은 A380과 보잉787의 호텔급 레지던스는 침실과 거실, 샤워실까지 딸린 초호화 객실을 갖추고 있다.

세계적인 규모의 항공사가 터를 잡고 있는 중동의 거점도시, 두바이, 도하, 아부다비는 아랍권 국가 중에서도 개방적이고 물질적으로 풍요로운 지역이다. 정치비리와 내전으로 관광객이 섣불리 발 디딜 엄두를 못 내는 시리아, 리비아, 이집트와 동급으로 생각하면 곤란하다. 물가도 비싸고, 자본주의적이면서도 전통과 가족공동체에 대한 자부심이 강하다.

Do you have any idea about Arabic culture?

: : Yes, I know that Islam was originated in Byzantine empire. All the Mecca was the center of business, religion, finance through history. Arabic culture has been get a energy from huge desert and oasis. Whatever they acquire from the nature they consider it as a blessing from God. Arabic culture has beautiful treasures and constructions and jewelries. All the regulation in life is based on Coran. The holy month of Ramadan is the most specific culture in them. People do fast during the day time. They even don't drink a sip of water and those people who don't do fasting have to respect this culture. So non muslims also have to refrain from drinking, eating, smoking in public place. As far as I am concerned, this is to understand the hungry, the poor and the old. This is also what is written in Coran. Their culture is based on Islam. Religion is the most important condition to the success of their life.

네, 이슬람문명의 기원은 비잔틴제국에서 시작되었습니다. 메카는 경제, 종교, 금융 등 역사의 중심입니다. 아랍문화는 거대한 사막과 오아시스에서 엄청난 힘을 얻어왔습니다. 자연으로부터 얻는 모든 것을 신의 축복으로 여겼습니다. 아랍문화는 아름다운 보물과 건물, 보석을 많이 만들어냈고, 생활의 율법은 이슬람 성경인 '코란'에 근거를 두고 있습니다. 신성한 라마단은 이슬람 문화 가운데 대표적인 것으로, 사람들은 해가 떠 있는 낮 동안 철저히 단식합니다. 물 한 모금도 마시지 않으며 이 기간을 거룩하게 보냅니다. 무슬림이 아닌 외국인들도 공공장소에서는 먹고 마시며 흡연하는 것을 삼가야 합니다. 이 관습은 헐벗고 굶주린 사람들의 아픔을 함께 나누며 공동체의 신비를 체험하기 위한 것이라고 알고 있습니다. 이 역시도 코란에 적힌 내용이며, 그들 문화의 근간인 이슬람 종교는 성공적인 삶을 이루는 데 가장 중요한 요건입니다.

∷ I heard that alcohol and pork are strictly prohibited in Qatar by Qatar government law. But I don't really drink and eat pork barbecue so that is not going to be my difficulties when I join your company. I can drink and eat in the layover out of Qatar. If I were in a quite strictly purified area which are not allowed to drink alcohol and eat some particular meat it is blessing in my life. That is all about different culture and that is also a challenge. I think it is very valuable to accept and learn a new culture to improve myself.

카타르는 왕실 규정에 따라 술과 돼지고기 반입이 엄격히 금지되어 있다고 들었습니다. 다행히 저는 술과 돼지고기를 즐기는 편이 아니라 그것 때문에 도하 생활에 어려움을 겪지는 않을 것입니다. 원하면 비행기간에 체류국가에서 얼마든지 사먹을 수 있지 않겠습니까? 이슬람 율법에 따라 술과 특정 음식을 금하는 신성한 지역에 살아보는 것도 긴 인생 여정에서 축복이지 않을까요? 다른 문화와 새로운 도전은 스스로 성장하기 위해 받아들이고 배울 만한 충분한 가치가 있다고 생각합니다.

아랍항공사 면접에서 가장 출제빈도가 높은 질문 중 하나이다. 합격할 경우 한국과는 다른 낯선 이슬람 국가에서 잘 적응할 수 있겠는가 판단하기 위한 질문이다. 잘못된 풍문이나 편견에서 생긴 적대감이 있을 수도 있다. 아랍항공사에 지원을 한다면서 자신이 일하게 될 곳에 대한 배경지식이 없는 사람들이 의외로 많다.

대한민국 기업에 취업을 원하는 동남아 응시생이 김치를 일본 음식이라고 말한다든가, 한국 문화를 중국이나 필리핀 문화와 혼동한다면 면접관 기분이 어떻겠는가? 한 술 더 떠서, 일본기업에 취업하고 싶었는데 한국기업에서 먼저 연락이 왔다거나, 태국에서 일한 경험이 있으니 사정이 비슷한 한국에서 적응하는 것이 뭐 어렵겠느냐는 식으로 말한다면 면접관도 참으로 난감할 것이다. 한국, 중국, 일본, 태국, 필리핀 등 아시아권 나라라 하더라도 언어, 문화, 역사, 경제 수준이 전혀 다르고, 각 국가의 자존심과 긍지는 존중받아야 한다. 같은 이치로 아랍항공사에서 일하기를 희망한다면서 아랍문화에 대한 무지를 드러낸다면 달가울 리 없다. 그러면서 귀사와 함께하고자 한다면 새빨간 거짓말로 들릴 것이다.

What do you think of Arabic people?

: : I think we have lots of things in common between Arabic and Korean culture. Arabic ladies wear avaya and hijab in order to hide their face and whole body when they go out. We Korean ladies used to do the same thing during Josun dynasty. Women have to follow very strict rules to be a good wife and mother and daughter for the life. And men have to support the whole family. Male and female are totally different and they can not sit together before they get officially married. Seniority for older people was our cultual heritage. Big family with grand parents and grand children respects their own family culture. Now modernized Korean ladies don't hide their face. However decent ladies always wear decent dress and respect the seniority for old people. In metro we secure the seat for the weak and the elderly. I can find many common things between Korean and Arabic culture. So it will be easy to understand and accept new culture and life style.

아랍과 한국은 공통점이 많다고 생각합니다. 아랍여성들은 외출할 때 '아바야'와 '히잡'으로 얼굴과 온몸을 가리는데, 한국여성들도 조선시대에는 같은 복장으로 외출을 했습니다. 여자들은 현모양처가 되기 위해 엄격한 규칙을 따라야 했고, 남편은 가족을 책임지고 부양해야 했습니다. 남녀가 엄격히 구분되어 결혼 전에는 동석할 수조차 없었습니다. 웃어른을 공경하는 예절은 대가족제도가 물려준 문화유산이기도 합니다. 현재 한국여성들이 외출할 때 얼굴을 가리지는 않지만 교육을 잘 받은 여성일수록 복장을 갖추어 입고, 웃어른에 대한 예의를 중시합니다. 전철에도 노약자나 임산부를 배려한 좌석을 따로 마련하는데, 우리가 갖고 있는 생활규범이나 문화적 관습의 상당부분은 아랍문화에서도 똑같이 발견됩니다. 저는 이런 이유로 한국과 아랍인들이 서로를 이해하고 쉽게 받아들일 수 있다고 생각합니다.

: : Local Arabic people who noticed in TV commercials were very gentle and relaxed. That is not just relaxing for me, it comes from their confidence. All the country names which were found from the bible reflects Arabic people firmly believe that they were blessed by God. I want to go through the new world which I have never experienced before.

텔레비전 광고에서 본 아랍사람들은 무척 예의바르고 여유로웠습니다. 단순한 여유가 아니라 그들이 가진 자신감에서 흘러나온 것이었습니다. 성경에 등장하는 모든 나라의 이름과 그 나라

국민인 아랍사람들은 신으로부터 축복을 받았다고 믿습니다. 저는 이슬람세계로 날아가 이전에는 경험해보지 못한 새로운 세계를 체험해보고 싶습니다.

： ： One of my relatives got married to an Arabic lady and she has a little girl now. In the beginning we were little bit worried that the bride might not get used to living in the new culture and environment. But she started learning Korean and helped and respected her mother-in-law very much. I think she is much better than local Korean girls in that point.

Since they got married the family became happier and more lively in daily life. I firmly believe that this is thanks to her trust and effort to combine two different cultures and history. The couple are happily married based on the trust and love each other. I also consider Arabic people as my family. Last time she invited us and made us trying all various kinds of Arabic dishes which were lamb Kofta and chicken Couscous, Taboule salad with Arabic bread and vine leaves. Arabic food had similar taste with Korean food. She is smart enough to learn Korean so quickly. She is a good listener too. Now I know that Arabic people are smart, modest and humble. They are never in a hurry or insecure because they believe in God. I want to go to her hometown to feel the Arabic culture for myself as a family member.

친척 중 한 분이 아랍여성과 결혼해서 딸을 하나 두었습니다. 처음에는 새 신부가 새로운 환경에 잘 적응할 수 있을지 걱정했습니다. 신부는 한국어를 배우기 시작하며 시어머니 말씀을 잘 따르고 집안일을 도왔습니다. 그런 점에서는 그녀가 웬만한 한국며느리보다 훨씬 더 낫다고 생각합니다.

결혼 이후 가족들은 훨씬 더 화목하고 생기가 넘쳤습니다. 저는 이것이 믿음과 노력의 결실이라고 생각합니다. 문화와 역사가 다름에도 불구하고 신뢰와 사랑으로 행복을 일궈냈고, 이제 아랍사람들이 제 가족처럼 가깝게 느껴집니다. 얼마 전 그녀가 저희를 집으로 초대해서 양고기 코프타, 닭고기 쿠스쿠스, 타불래 샐러드, 바인 리브즈 같은 다양한 아랍 음식을 대접했습니다. 아랍 음식은 한국음식과 비슷한 맛이 나서 입에 잘 맞았습니다. 그녀는 한국어를 빨리 익힐 만큼 총명한데다 남의 말을 귀 기울여 듣습니다. 그녀를 통해 아랍사람들이 명석한 두뇌와 겸손한 성품을 지녔다는 것을 알게 되었습니다. 신이 자신을 지켜줄 거라고 굳게 믿기 때문에 허둥대서 일을 그르치는 법이 없습니다. 저는 그녀의 고향으로 직접 찾아가 아랍의 정취를 느껴보고 싶습니다.

영화배우 송중기가 한국의료관광 홍보대사 자격으로 카타르를 방문했을 때 그를 가까이서 보려고 아라빅 여성 팬들이 어마어마하게 몰려들었다. K-POP과 한국영화가 인기를 끌어 보수적인 그들의 생활 깊숙이 파고들었다. 하지만 가부장적이고 마초 타입의 남성상에 익숙한 그들에게 과연 미소년 한류스타가 어필할 수 있을까를 의구심을 가졌던 주최 측의 우려를 단숨에 불식시켰다. '늑대소년'이 상영되자 설레는 모습으로 송중기가 대사 한 마디 없이 늑대 울음으로 짐승 흉내를 내는 모습을 귀엽다며 환호했다. 그가 머물던 호텔로 찾아와

기념사진을 찍고 평소 익혀둔 한국말로 "오빠, 사랑해!" 를 외치는 아랍여인들을 목격하던 날, 그들에게 느꼈던 벽이 순식간에 허물어지는 것을 느꼈다. 그들이 나와 똑같은 감정으로 기뻐한다는 사실이 감격스러웠다. 오랜 시간 머물며 함께 어울리면서도 때로 머나먼 타인처럼 여겼던 아랍인들과의 거리가 혈연 이상으로 가까워진 것만 같았다. 낯설고 어려운 중동문화와 생활이 면접 준비를 통해 나의 일부로 자리 잡는 날, 면접은 중동과의 즐거운 첫 만남이 될 것이다.

Being
yourself,
Self-
Introduction

Practice examples

What kind of person are you?
당신은 어떤 사람인가요?

면접 포인트는 의욕과 능력이 있는 사람임을 보여주는 것이 관건이다. 능력이 없으면 하고 싶다고 해도 일을 할 수 없다. 일은 할 만하지만 의욕적이지 않은 사람한테 일을 맡기는 것도 어렵다. 면접관은 의욕과 능력이 있는지를 파악한 후 그때부터 지원자가 회사의 전통, 성향, 이미지에 어울리는 사람인가를 판단하기 시작한다. 대부분의 아랍항공사는 나쁜 기후조건에도 불구하고 세계 최고가 되겠다는 진취적인 자세로 하나같이 사막의 기적을 이루어내고 있다. 적극적이고 도전적이면서도 원만한 성격의 지원자를 선호하는 것은 자연스럽고 당연한 일이다.

Good morning, My name is ○○○ from South Korea. I am so glad to meet you today.
혹은 I am so excited to meet you today. I am happy to meet you today.
좋은 아침입니다. 저는 한국에서 온 ○○○입니다. 만나서 정말 반갑습니다.

면접을 얼마나 고대해왔던가를 표현하여 자신이 진정 이 일을 원하고 있음을 의욕적으로 드러내며 화기애애한 분위기로 면접을 시작한다.

I am kind of person who~
저는 ~한 사람이다.
I am kind of person who is outgoing and aggressive.
저는 외향적이고 적극적입니다.
who like meeting different people and different world.
나는 다른 문화권 사람과 세상을 만나는 것을 좋아합니다.
who is flying everyday.
매일 비행하는 사람입니다.
who is always on time.
시간을 잘 지키는 사람입니다.
who enjoy difficult challenges.
도전을 즐기는 사람입니다.

I consider self to be+v / I think that s+v
나는 스스로를 ~라고 생각한다.
I consider myself to be sociable and honest.
사교적이고 정직한 사람입니다.
to be a good team player.
팀워크가 뛰어난 사람입니다.
to be a good cook.
요리를 잘 합니다.

I don't mind ~ing
~하는 것을 싫어하지 않습니다. 꺼리지 않습니다.
I don't mind working late.

늘게까지 일해도 상관없습니다.

I don't mind travelling a lot.

출장 가는 것을 꺼리지 않습니다.

I don't mind serving alcohol.

알코올 서비스를 꺼리지 않습니다.

I don't mind working with female supervisor at all.

여자 상사와 일하는 것에 거부감이 없습니다.

자신의 생각을 말할 때, I think~ 같은 단순하고 쉬운 표현과 함께, 다음의 표현도 함께 숙지한다. 이런 표현이 입에 붙으면 well~로 말문을 열며 얼버무리는 자세보다 훨씬 더 주관이 뚜렷한 사람이라는 인상을 준다.

As far as I am concerned,

제 생각에는

As far as I am concerned, working as a team would be more effective.

제 생각에는 팀으로 일하는 것이 더 효율적입니다.

As far as I am concerned, the customer is always right.

제 생각에는 고객은 언제나 옳습니다.

As far as I am concerned, he is really good leader and strong communicator.

제 생각에는 그는 훌륭한 지도자이며 의사 소통을 잘합니다.

As for me,

나로서는, 나는

As for me, I will go for a beer.

나는 맥주를 마시겠습니다.

As for me, I have no idea regarding her behavior.

나는 그녀의 행동에 대해서는 잘 모르겠습니다.

As for me, I don't agree with the conclusion.

나는 그 결론에 동의하지 않습니다.

As for me, I don't like argument.

나는 논쟁을 싫어합니다.

As for me, I like to travel and meet different kind of people everyday.

나는 여행을 하면서 매일 다른 부류의 사람을 만나고 싶습니다.

My point is~

내 요점은 ~이다. 내가 말하고자 하는 바는 ~이다.

My point is I am not kind of person who just can work on purely technical one.

내 말은 내가 순전히 기술적인 일을 할 수 있는 사람이 아니라는 것입니다.

My point is arguing with customers doesn't make any sense at all.

내 말은 고객과 말다툼하는 것은 말도 안된다는 것입니다.

In my opinion,

내 생각으로는

In my opinion, everybody has to do something for a living.

내 생각에는 누구나 살기 위해 무언가를 합니다.

In my opinion, you'd better apologize to him immediately.

내 생각에는 당신은 그에게 즉즉시 사과해야 합니다.

My strong point is ~ /My strength is ~

나의 장점은 ~이다.

My skills is~

나의 기술은 ~이다.

I have no problem~

나는 ~하는 데 아무 문제가 없다.

I am used to ~ing

나는 ~하는 데 익숙하다.

I am different from others because~

나는 ~때문에 다른 사람들과 다르다.

I am very good at ~ing

나는 ~을 잘 하다.

I make a effort to +v

나는 ~하기 위해 노력하다.

What sets me apart is~

나만의 강점은 ~이다.

My strength is always getting along with people.

제 장점은 사람들과 잘 지내는 점입니다.

I consider my honesty and sincerity my strength.

나는 정직과 성실이 장점인 사람입니다.

What sets me apart is my international and service experience.

나만의 강점은 국제적인 서비스 현장 경험입니다.

What sets me apart is speaking four foreign languages.

나만의 강점은 4개 국어를 한다는 점입니다다.

：：Good Morning, Ms. ○○○

I am so glad to meet you. My name is △△△ and I'm from South Korea. I have been working as a fashion designer for 2 years with women's shoes company in Seoul. I have extensive experience in creating new fashions and marketing. As a designer, I'm critical of my designs because I want them to be the best product that the customer will enjoy having or wearing. The reason I'm applying for this position with your company is I want to expand my career and grow with fast-growing world renowned company.

○○○면접관님, 안녕하십니까?

만나 뵙게 되어 정말 반갑습니다. 저는 한국에서 온 △△△ 라고 합니다. 저는 졸업 후 서울에 있는 여성용 구두회사에서 구두디자이너로 2년간 일했습니다. 새로운 디자인을 고안하고, 고객마케팅을 관리하는 일을 하면서 마케팅기술을 익혀왔습니다. 저는 주변 사람과 고객의 평가를 통해 업무의 질을 향상시키며 능력을 키워왔습니다. 저는 티켓을 구매한 고객을 하나의 상품으로 인식하고 이를 증대시키는 데 강점이 있습니다. 제 능력을 세계무대로 확장시켜 회사 발전에 크게 이바지하고 싶습니다. 그것이 제가 세계 수준으로 빠르게 성장하고 있는 귀사에 지원하게 된 동기입니다.

자기소개서는 본인의 이름과 국적 같은 단순하고 객관적인 정보에서 시작해서, 자신이 어떤 장점과 가능성을 가진 사람인지 효과적으로 소개할 수 있는 공간이다. 대학에서 무엇을 공부했고, 그것이 승무원 업무를 수행하는 데 어떤 도움이 되는지 효과적으로 피력해야 한다. 졸업 이후에 쌓은 서비스 경력과 고객응대경험을 최대한 답변에 활용한다. 답변 포인트는 혼자서 잘 했다고 부각시키는 것이 아니라 팀원들과 협동하여 얼마나 훌륭한 작업을 이루어냈는가를 강조하는 것이다.

승무원은 홀로 성공할 수 있는 직종이 아니다. 승객은 일반석 티켓 한 장을 마련하기 위해서 몇 달 동안 돈을 모아 비행기에 오른 사람들이 대다수이다. 난생 처음 운 좋게 업그레이드되어 프리미엄 클래스에 탑승해 요란을 떨면서 작정하고 까다롭게 구는 승객들도 있다. 그런가 하면 많은 것을 배우고 느끼게 해주는 품위 있고 아름다운 승객도 만난다.

전 세계 130여개국을 다니면서 어떤 타입의 승객을 만나느냐를 얘기하는 것은 부질없는 일이다. 프로의식은 자신의 일에 대한 자부심에서 출발한다. 일에 대한 자부심이 있어야 어떤 상황이든 침착하게 다룰 수 있는 능력이 생긴다. 높은 연봉, 다양한 혜택, 설명이 필요 없는 뚜렷한 커리어, 그리고 세계적인 항공사 승무원으로 세계의 중심에서 움직이고 있다는 자존감이 합쳐져 현장에서 받는 스트레스를 가뿐히 뛰어넘게 해준다.

본인을 비롯한 다른 팀원들은 이러한 자존감으로 똘똘 뭉쳐 서로가 하나의 가족이라는 공동체 의식 안에서 더욱 견고한 관계를 다질 수 있다. 오늘 하루가 눈부신 내일의 초석이며, 회사의 발전과 함께 나의 미래도 발전하며, 동료의 승진이나 높아지는 연봉이 곧 나에게도 돌아올 행운이라 여기며 함께 기쁨을 나눈다.

각기 다른 국적과 문화, 종교를 갖고 있는 사람들이 모여 공동체를 이룬다는 것은 세계 어떤 항공사에서도 유례를 찾아볼 수 없는 아랍항공사만의 장점이자 특징이다. 아랍항공사 면접에서 팀워크를 가장 중요한 덕목으로 여기는 이유가 여기에 있다. 인종과 출신국의 빈부 격차를 초월해 인격적으로 서로 존중하고 공동체의식으로 목표를 위해 뛸 준비가 되어 있는 건강한 사람을 찾기 위해 면밀히 따져본다.

Why should I hire you?
우리가 왜 당신을 고용해야 하나요?

이 질문은 이력서를 보고 실망한 나머지 스펙이 이렇게 형편없는 당신을 내가 굳이 왜 뽑아야 하지? 라는 뜻으로 들릴 수 있다. 응시생에 따라서는 오기가 발동해서 자신의 알량한 스펙을 장황하게 늘어놓는다.

: : I graduated from the prestigious university while other applicants graduated normal one. And I attended middle, high school abroad. That is such a big difference from other people. I can speak 3 different languages which is Korean, English, and French at least. I have a good experience as a web designer in a big worldwide company for 3 years. So why not?

다른 사람들이 그저 그런 대학을 다니는 동안 저는 일류대를 나왔고, 중고등학교 모두 해외에서 마쳤습니다. 이게 제 가장 큰 차별성이라고 할 수 있죠. 한국어, 영어, 불어 등 최소한 3개 국어가 가능하고, 지난난 3년간 세계적인 회사에서 웹디자이너로 일한 경력까지 있습니다. 저를 고용해도 후회하지 않으실 겁니다.

의기양양하게 이런 답변을 한다면, 이력서에 있는 내용을 그대로 외우는 것밖에 안 된다. 이기적이고 독선적으로 보이며 다른 지원자를 무시하는 듯한 인상을 줄 수도 있다. 다른 응시자가 답변할 때 먼 산을 보듯 무관심

한 태도를 보이는 것도 인격적으로 덜 성숙된 느낌을 준다. 면접관이 궁금해 하는 것은 이력서 내용이 아니라 당신의 성격이나 자질을 판단할 수 있는 신선한 답변이다. 충격을 금치 못하고 굳어지는 면접관의 표정에서 어떤 결정을 내렸겠는가는 상상에 맡기겠다.

Why should I hire you? 단도직입적인 이 질문은 시중에 나와 있는 영어 인터뷰서 서너 권만 들춰보면 쉽게 만날 수 있다. 면접관이 다짜고짜 이렇게 물었다고 해도 주눅이 들거나 방어태세로 나올 필요가 없다. 이럴 때일수록 유머감각을 발휘해서 모나지 않은 성격이라는 걸 증명해야한다. 이 질문에는 당신이 같이 일하기에 얼마나 좋은 사람인지 알고 싶으니 설명해 달라는 뜻이 담겨 있다. 이력서에 없는 내용, 즉 성격, 자질, 장점 같은 개성을 마음껏 피력해서 호감을 사야 한다.

: : I am like water. I am a very good listener; however, at the same time a good problem solver. People at work often confide in me on conflicts they are having with colleagues or issues, having in their personal life. I try to stay attentive and listen to each detail. Therefore, I am able to provide recommendations to help reconcile the problems/issues. Because of my attentiveness and sound recommendations, people feel very comfortable with me. I'm a quiet behind the scenes person, but when I'm gone, people notice my absence and send text messages saying they miss me at the office. I feel honored and pleased when I hear comments like this. I know I'm well respected by my colleagues and friends. So I am happy that I am helpful and important person just like water.

저는 한 마디로 물과 같은 사람입니다. 타인의 말을 경청하고, 문제까지 해결해주는 없어서는 안 될 존재입니다. 저와 함께 일하는 사람들은 대부분 누구에게도 말 못 할 고민을 쉽게 털어놓곤 합니다. 다른 동료와의 분쟁이나 개인적인 문제까지도 말입니다. 그들은 언제나 제가 중재해주기를 원합니다. 사람들은 저와 함께 있을 때 심리적인 안정을 느끼는 것 같습니다. 제가 휴가를 가느라 사무실을 비웠을 때 동료가 문자메시지를 보내서 뭔가 중요한 것이 빠진 느낌이라고 하소연한 적이 있습니다. 그 말을 들었을 때 제가 제 주변사람들에게 꼭 필요한 존재로 자리잡았다고 느꼈습니다. 인간은 물 없이 생존할 수 없듯이 저도 다른 사람들에게 물처럼 필수적인 존재라는 것이 행복합니다.

∷ I am a sunflower type of person. I am very outgoing and approachable person who gets along well with anyone. I am always trying to see the positive side of the aspect. I tend to set the goals and pursue to achieve through my life. "Think bright and act bright." That is my motto. I consider myself as a sunflower which is my favorite flower. The energy from the flower makes me very energetic and acceptable making friends with anyone. I want to give my bright energy and smile to the customers on board. This unforgettable experience leads them to visit our company again.

저는 해바라기와 같은 사람입니다. 굉장히 활달해서 누구와도 쉽게 어울릴 수 있는 성격입니다. 항상 모든 일의 긍정적인 부분을 보려고 노력하며 언제나 제 삶의 목표를 추구하고자 합니다. 긍정적으로 생각하고 행동하는 것이 제 삶의 좌우명입니다. 스스로를 제가 가장 좋아하는 꽃인 해바라기 같은 사람이라고 여깁니다. 해바라기가 주는 에너지가 저를 누구와도 잘 어울릴 수 있는 진취적이고 적극적인 사람으로 만듭니다. 저는 이 좋은 기운을 기내에서도 잘 유지해 승객들을 맞이할 때 밝은 미소를 드리고 싶습니다. 이 잊을 수 없는 경험이 승객이 우리 회사를 다시 찾게 할 것이라고 믿습니다.

위에 소개된 두 답변에서는 이력서에 기재된 내용의 반복을 볼 수 없다. 이력서로 헤아릴 수 없는 내용을 추가로 확인하고 긍정적인 인상을 줄 기회로 만들어야 한다. 이력서에 적힌 나이, 성별, 학력, 경력, 영어성적 이상의 스펙, 말하자면 책임감, 성격, 저력 등을 낱낱이 드러내야 할 시간이 면접이다. 면접관은 꼬리 질문을 통해서 당신이 이기적인지 배려심 깊은지, 조신하고 속 깊은 지성미의 소유자인지를 알고자 한다.

Could you please describe yourself?
자신이 어떤 사람인지 설명해주실 수 있나요?

Why should I hire you?가 돌직구라면 이 질문은 있는 그대로 지원자 자신에 대해 설명해보라는 담백한 질문이다. 기억해야 할 것은 이 질문 역시 이력서에 있는 사실을 확인하고자 하려는 게 아니라는 점이다. 자신을 사물이나 색상이 가진 특징에 빗대어 간략하고 재치 있게 표현한다면 깊은 인상을 남길 수 있다.

： ： My name is Ji sun. But you can call me 'Sunny'. Because my personality is like the sun, hot and bright, full of enthusiasm. I became to know this job, cabin crew when I was going to Vancouver with my parents to see my grandmother. During almost 8 hours flight, the lady was so kind and nice with smile on her face. I wondered how a person could keep smiling for that long. I was curious and went to the galley to ask the secret of smiles and the way to be a cabin crew. She showed me the company website and gave me lots of tips about the qualifications such as health, make-up and foreign language. Since then I took part in 4-days cabin crew experience in A Airline and got training in a module cabin. That was so touching and impressive experience. More and more I determined about my future career. Now I can't wait to get this job.

제 이름은 지선입니다. 저는 태양처럼 열정적이고 밝은 사람이니, '써니' 라고 불러주시면 감사하겠습니다. 부모님과 함께 밴쿠버에 계신 할머니를 만나러 가려고 비행기를 탔을 때 처음으로 항공승무원이란 직업을 알게 되었습니다. 8시간의 비행시간 내내 승무원들은 친절했고 미소를 잃지 않았습니다. 저는 그 모습을 보면서 어떻게 오랜 비행시간에도 불구하고 활기 넘칠 수 있을까 궁금해졌습니다. 저는 기내 주방으로 가서 노하우와 승무원이 되려면 무엇을 준비해야 하는지를 물었습니다. 그녀는 회사 홈페이지 주소를 알려주며 체력, 메이크업, 외국어 등에 관한 몇 가지 조언을 해주었습니다. 그 후 A항공사에서 주최하는 승무원 체험교실에 참가하여 감을 익혔습니다. 4일간의 체험교실이었지만 감동적이고 설레는 경험이어서 승무원이 되고 싶은 마음을 주체할 수 없었습니다.

이 답변은 응시생의 목표 지향적인 성격과 열정이 보여주기 위해 자신을 태양의 특성에 빗대고 있다. 자신을 태양같이 열정적인 사람이며 외항사 승무원이 되기로 마음먹은 동기까지 소개함으로써 면접관이 꼬리 질문을 할 수 있는 여지를 준다. 이 대화는 승무원 인재를 선발한다는 핵심에 일맥상통하고 있다. 자신이 준비한 노력과 열정을 드러내기 위해 원하는 질문을 유도하는 지혜가 돋보인다.

What is the meaning of your name?
이름에 담긴 의미가 있다면 말해주시겠습니까?

이름은 사람을 만나 자신을 소개할 때 맨 처음에 나오는 부분이다. 외국인들은 한국식 이름을 발음하기 어려워하다가도 뜻글자의 의미를 풀이해주면 무척 흥미로워한다. 이름에 담긴 의미에 빗대어 자신을 설명하면서 자연스럽게 승무원이 되고자 하는 열정을 보탠다면 더할 나위 없이 멋진 자기소개가 될 것이다.

: : My name is Byung lim. We Koreans borrow the meaning of names from Chinese characters. 'Byung' means 'catch, hold or achieve. and 'Lim' means a beautiful forest. Forest has everything, such as trees, birds, fruits, animals, ponds, flowers, fresh air, water, and wind. That is all about good nature. So my name means all good things that I want to have and achieve in my life. When I was born, my grandparents spent lots of money on consulting with the namer to obtain a good name for me. Actually in Korean culture my name is not common at all for girls. But name creator found my fate exploring the bigger world like a courageous man. So namer gave me a strong and independent name. People never forget my unusual name. I hope you would remember my name, too. I want you to call my name as often as possible here.

제 이름은 '병림'입니다. 한국은 한자에서 뜻을 빌려 쓰는데, '잡을 병'과 수풀 '림'자를 씁니다. 숲에는 나무, 물, 신선한 공기, 산새, 바람, 동물, 연못, 꽃 등 모든 것이 존재합니다. 말하자면 자연 만물을 의미하죠. 제 이름은 세상의 만물을 이루듯 원하는 바를 성취하며 살라는 뜻을 갖고 있습니다. 제가 태어났을 때 조부모님과 부모님은 작명가를 찾아 제가 갖고 태어난 사주에 부합하는 이름을 짓느라 많은 돈을 쓰셨죠. 작명가는 제 사주가 용맹한 사나이처럼 넓은 세상에 나가 살기에 적합하다며 독립적이고 강인한 남자이름을 지어주는 것이 제 앞날에 이롭다고 했습니다. 그래서 한국에서 여자이름으로 흔하지 않은 이름으로 짓게 되었습니다. 덕분에 사람들은 제 이름을 쉽게 잊지 않고 잘 기억해주었습니다. 면접관님들께서도 제 이름을 기억하시고 자주 불러주셨으면 좋겠습니다.

이름에 얽힌 사연이나 배경을 소개하면서 면접과정에서 이름이 많이 호명되었으면 좋겠다는 바람으로 마무리 지음으로써 열정을 자연스럽게 드러내는 것도 좋은 방법이다. 어떤 답변이든 일관된 목표 안에서 고민해야 한다.

Could you please introduce your major?
전공에 대해 간단히 소개해주시겠습니까?

면접관이 콕 집어서 당신의 전공이 궁금하다고 말하면,

이제야말로 유감없이 이력서 내용을 부연설명 할 때다. 본격적으로 취업을 준비하기 전까지 어떤 인생을 살아왔으며 전공과목을 공부하면서 무엇을 배웠고, 업무 현장에서 그것을 어떻게 활용할 수 있을지 관련지어 지적 능력을 강조하는 것이 중요하다.

： ： I majored in violin in university. Since I was a kid, violin was my best friend and the reason to live. I came across the violin when I was 6 years old. My father bought it for my birthday present. My father wanted me to be a good violist. I took private violin lessons after school. But my father went bankrupt when I was in middle school. My father said that I had to quit the lesson and it might be difficult to go to college of music due to the financial problem. That means I should quit studying music regardless of my will. I felt like getting stuck to the end of the world. I was crying every night and trying not even to see the violin. Before long I realized if I was so sad to be pessimistic about my life my parent would feel more miserable. I tried to keep a firm hand on myself and studied hard to get scholarship. I practiced the violin so hard every day and night. Finally I got a scholarship for the whole school year at the music college. Not to make my parent disappointed I studied hard and practiced hard and worked hard. My major is not just the subject I studied, it was my life of hardship. And something to show me the truth that there is always hope at any circumstance. I saved some money and traveled to the small island in Philippines with my parents to celebrate my father's birthday. You can't imagine what happened to us during the flight. Some lovely cabin crews played violins and flutes in front of my parents. I realized that music can heal people's body and soul even if I have another job. By that time cabin crew became my dream. Music with beautiful talks and great service will heal customers while flying. I firmly believe that my major, violin will help me to be cut out for that position. I want to be a cabin crew like sweet music for ears.

저는 대학에서 바이올린을 전공했습니다. 바이올린은 어렸을 때부터 가장 친한 친구이자, 살아야 할 이유였습니다. 아버지께서 6살 생일선물로 사주셨을 때 바이올린과 처음 만났습니다. 아버지는 저를 훌륭한 바이올리니스트로 키우고 싶어하셨습니다. 방과 후 바이올린 레슨을 받았는데, 중학교 때 아버지 사업이 부도나면서 아버지는 제가 바이올린을 그만두어야 하고 음대에 진학할 수 없을지도 모른다고 말씀하셨습니다. 내 의지와 상관없이 음악인생을 끝내야 한다는 말을 들었을 때, 저는 세상 끝에 서 있는 기분이었습니다. 매일 밤 울면서 혼자 있을 때는 바이올린을 보지 않으려고 멀리 치워두었습니다. 제가 방황할수록 부모님께서 속상해하신다는 것을 깨닫고부터 장학금을 받기 위해 공부에 매진했습니다. 밤낮으로 바이올린 연습에 매달린 끝에, 마침내 4

년 장학생으로 대학에 진학할 수 있었습니다 부모님을 실망시키기 않으려고 열심히 공부하고 열심히 연습에 몰두했습니다. 생활비를 벌기 위해서 아르바이트도 열심히 했습니다. 바이올린은 저에게 단순한 전공이 아닙니다. 제가 역경을 이겨낸 증거이고, 어떤 상황에서도 인생은 희망적이고 살 만한 가치가 있다는 것을 알려준 훌륭한 스승입니다. 돈을 모아 아버지 생신을 기념해 부모님을 모시고 필리핀의 작은 섬으로 여행을 떠났는데, 그때 비행기에서 무슨 일이 있었는지 상상도 못하실 거예요. 아리따운 승무원이 부모님 곁으로 다가와 바이올린과 플루트를 연주해 줬답니다. 음악이 다른 직업을 통해서도 얼마든지 인간의 몸과 영혼을 치유한다는 것을 깨달았습니다. 그때부터 승무원은 저에게 운명 그 자체였습니다. 마음을 치유하는 음악처럼 정겨운 말과 걸음걸이, 행동, 예쁜 마음을 승객들과 나누는 일도 멋진 힐링이 된다는 것을 알았습니다. 저는 바이올린이 승무원이 되어 활용하기에 적합한 전공이라고 확신합니다. 아름다운 바이올린 선율 같은 승무원이 꼭 되고 싶습니다.

∷ I majored in nursing in college. After graduation I started working in the emergency room in a big hospital. Working shifts for around 2 years I almost fed up treating sick people all day long. All I see in the work place is blood and rotten parts of organs and sometime the dead body. I was desperate to find some motivation for good life. At that time I met one young lady who was suffering from cancer and sentenced to only 6 months. When I looked after her she suddenly told me her story. She flew all over the world as a cabin crew. She said that she was still happy and satisfied with her life even though she just had 6 months to live. She could met various people across the world and just offered anything they want without any condition. Now she realized that she was really blessed. If God asked her to choose one thing in her life before she dies, definitely she would choose the cabin crew life. When I heard the story I thought why I was not satisfied with my work and complaining about my patients. I started thinking about the new career, cabin crew. That also gave me the valuable reason to live like her. After I sent her to heaven I started to prepare for the interviews to work for the airlines. Now I want to be a nurse on the flight and I want to make the best use of my experiences and knowledges from the emergency room. As a cabin crew I can help the customers who are sick and worried during the flight.

저는 대학에서 간호학을 전공했습니다. 대학을 졸업하고 대형 병원 응급실에서 간호사로 근무했습니다. 2년 동안 교대근무를 하면서 늘 환자들을 상대해야 하는 생활에 지쳐 있었습니다. 피와 문드러진 장기들을 봐야 했고, 수술대 위에서 죽어나가는 환자도 봐야 했습니다. 저는 좀 더 가치 있는 삶의 의미를 찾고 싶었습니다. 바로 그때 6개월 시한부를 선고받은 젊은 여성 암환자를 만나면서 제 인생에 새로운 전기를 맞았습니다. 그 환자를 돌보고 있는데 그 환자분이 항공승무원으로 살았던 과거에 대해 얘기하는 것이었습니다. 자신은 6개월밖에 더 살지 못하지만 승무원으로 살았던 삶이 있어 아쉬움이 없다고 했습니다. 전 세계를 누비고 다양한 사람들을 만나 끝없이 베풀어줄 수 있었던 삶이야말로 축복이었다며 감사하다고 말했습니다. 신이 한 시절 다시 살게 해주신다면 주저 없이 승무원으로 살던 때로 돌아가겠노라고 말했습니다. 그녀 이야기를 들었을 때, 저는 일상에 지쳐 환자들에게 짜증을 내고 있는 자신을 생각했습니다. 그리고 승무원의 삶이 그토록 가치 있는 삶일까에 대해서도 고민했습니다. 그 환자분을 저 세상으로 떠나보내고 승무원 면접을 준비했습니다. 이제 저는 기내의 간호사가 되기를 원합니다. 응급실에서 쌓아온 제 경험과 지식이 기내에서 갑자기 아파서 고통 받는 승객을 위해 쓰이게 되기를 바랍니다.

전공이 어떤 학문인가를 객관적으로 설명하기보다는 전공에 얽힌 삶의 철학과 포부를 표현한다. 졸업하기 위해서 치열하게 살았던 사연이나 거기서 깨달은 삶의 지혜를 덧붙인다. 전공과 관련된 직장생활을 한 경험이 있다면 왜 승무원으로 이직하려고 하는지, 동기부여가 된 사건을 소개하는 것도 호소력 있다. 단순한 질문이라도 단답형으로 대답하지 말고 항공승무원으로서 자신이 배운 바를 어떻게 활용할 수 있을지 진지하게 표현하는 능력을 키워야 한다.

What is your strength?
당신의 강점은 무엇인가요?

∷ My strength is the independent personality. I am from Busan, the second biggest city in Korea. I have been working alone since I attended the college in Seoul. I had to cook, clean by myself. Also I should eat and sleep alone. And I always had to work to earn money as part timer, a private piano tutor, a baby-sitter, and a waitress during that time. My parents supported me the university tuition. But except school fees I should support myself to buy grocery, clothes, shoes, and books. Through those days I became quite an independent person. I did not feel disappointed just because I lived far from my family. For me everyday is a new challenge to meet different people and world. I am very excited to live with flat mates from different countries. I will bring Korean traditional dolls and souvenirs to show them how beautiful Korea is. I will also learn their culture and custom to broaden my horizon. I think a cabin crew will be the perfect job to be more independent and to experience the other side of the world.

저는 독립성이 강한 것이 장점입니다. 고향이 부산이라 20살 이후 서울에서 대학을 다니며 일하는 내내 혼자 생활했습니다. 혼자 요리하고, 청소하고, 밥 먹고, 잠을 잤습니다. 대학 시절에는 피아노강사, 아기 돌보미, 웨이트리스 일로 아르바이트를 병행했습니다. 부모님께서 4년 동안 등록금을 지원해주셨지만, 생활비나 쇼핑하는 데 드는 용돈은 스스로 감당해야 했습니다. 당시는 고되고 힘들었지만 나중에는 저를 독립심이 강한 사람으로 만들었습니다. 저는 가족과 멀리 떨어져 지낸다는 이유만으로 좌절해서 지내는 사람이 아닙니다. 새로운 사람과 세상을 만나는 하루하루가 새로운 도전입니다. 다른 국적의 친구와 한 집에 살게 된다는 상상만으로도 설렙니다. 한국전통인형과 기념품을 가져가 한국이 얼마나 아름다운 나라인지 보여주고 싶

습니다. 다른 민족의 문화와 관습을 배워서 성숙한 독립체로 성장하고 싶습니다. 그런 의미에서 승무원이 저에게 딱 맞는 직업이라고 생각합니다.

일찌감치 적응한 자취생활을 통해서 터득한 독립심과 책임감이 고향과 가족을 떠나 생활해야 하는 외항사 생활을 무사히 이끌어 주리라는 안도감이 느껴지는 답변이다. 가족이나 타인에게 의지하지 않고 독립적으로 행동하고 생활할 수 있는 어른스러운 면모가 돋보인다.

Knowing
yourself,
Work
experience

Practice **e**xamples

Do you have any flying experience? How long did you work for it?
비행경력이 있나요? 있다면 얼마나 근무했죠?

:: Yes, I have flying experience as a cabin crew in ABC domestic airline for about 7 months. I wasn't able to perform very well in the beginning because I was not used to serving customers. Though it was domestic flight we had some foreign customers as well. When I treated foreigners, I was quite at a loss. I often made mistakes which made me so frustrated. I finally quitted the job. I had mixed emotions when I had to leave the former job. I felt free, on the other hand, I regretted not to do my best to the end. I should have struggled to improve my communication skills to recover my confidence. But as you can see, my English is quite improved now. I think it is good to work in a group. Honestly I missed those days working as a cabin crew in the sky. If I get an opportunity one more time, I would like to devote myself to taking up challenges.

네, 7개월 정도 국내선 승무원으로 일한 적이 있습니다. 입사 초반에는 고객을 응대해본 경험이 별로 없어서 비행업무를 잘 해내지 못했어요. 국내선이라도 가끔 외국인 승객이 있었는데, 외국인만 보면 당황해서 어쩔 줄 몰라 했죠. 실수가 많아 결국 사표를 내고 말았어요. 제 실수 때문에 직장을 그만둬야 했을 때는 정말 착잡한 심정이었어요. 지금은 좀 더 극복하려고 하지 않고 포기한 것을 깊이 후회해요. 영어 의사소통능력을 키워서 자신감을 회복하려고 노력했어요. 지금은 보시다시피 제 영어 실력은 괜찮은 편입니다. 팀원끼리 가족처럼 하나가 되어 일하던 시절, 기내음료와 식사를 마음껏 나눠드릴 수 있었던 제 모습이 그립습니다. 승무원으로 일할 기회를 주신다면, 제 인생을 걸고 헌신하겠습니다.

질문을 받으면 먼저 면접관이 질문한 의도를 파악하고, 무조건 결론부터 답해야 한다. 서두를 길게 늘어놓아 면접관을 지루하게 만들면 배가 산으로 가고 만다. 면접관이 당신에게 계속 흥미를 갖도록 대답을 이어가는 것이 요령이다. 위 질문은 단기간 승무원으로 일했던 경험이 있는 응시생에게 어떤 문제가 있어서 사직했는지 묻고 있다. 솔직하게 당시의 문제점을 고백하고, 극복하기 위한 노력과 지금의 새로운 마음가짐을 보여줘야 한다. 묻는 답에 결론부터 말하고 면접관이 왜 이 질문을 던졌는가를 꿰뚫어서 답변을 마무리하고 있다.

I have experience in ~ing

~한 경험이 있습니다.

I have experience in managing customer service in hotel.
호텔에서 고객서비스 관리를 한 경험이 있습니다.

I have experience in serving meals and beverage in Italian restaurant.

이탈리안 식당에서 요리와 음료 서비스를 한 경험이 있습니다.

I have experience in teaching service in kindergarten.

유치원에서 아이들을 가르쳐본 경험이 있습니다.

I have been working as a ~

~로 일해오고 있습니다.

I have been working as a waitress in the hotel restaurant.

호텔레스토랑에서 웨이트리스로 일해오고 있습니다.

I have been working as a nurse in the emergency room in

ABC hospital.

ABC병원에서 응급실 간호사로 일해 왔습니다.

I used to+v

(과거에 한동안) 했습니다. ~한 적이 있습니다.

I used to work in the oversea trading company.

해외무역회사에서 일한 적이 있습니다.

I used to work for a domestic airline for 2 years as a

cabin crew.

국내선 승무원으로 2년간 일했습니다.

I used to work as a ground staff in ABC Airline for 3 years.

ABC항공의 지상직으로 3년간 일했습니다.

I assisted~

~을 보조해서 일했습니다.

I assisted a senior chef in a Chinese restaurant in the hotel.

호텔중식당에서 수석 주방장을 보조하는 일을 했습니다.

I assisted accounting manager in ABC Bank.

ABC은행에서 수석회계사를 보조했습니다.

I assisted duty-free manager in ABC International Airport.

ABC국제공항 면세점 책임자를 보조했습니다.

I have dealt with~

나는 ~을 처리하는 일을 했습니다.

I have dealt with customer complaints in a wholesale mart.

나는 대형 할인마트에서 고객 불만 처리하는 일을 했습니다.

I have dealt with flight handling in ABC International

Airport.

나는 ABC 국제공항에서 비행기 핸들링을 처리했습니다.

Have you ever applied for other airlines?
다른 항공사에 지원한 적이 있습니까?

: : Yes, I have many. I have applied for many airlines to get experiences for the interview. Whenever I found the ads about recruits I just applied without any hesitation. I want to see and go through what's going on. I believe that failure is the mother of success. I have been through many failure to be here. I hope this time will be turned out that old saying is true. I want to be a big fish in a ocean through working as a cabin crew travelling more than 100 countries. That is the most successful life for me.

네, 여러 항공사에 지원한 경험이 있습니다. 꼭 합격을 목표로 했다기보다 면접 경험을 쌓기 위해서 공채가 날 때마다 망설이지 않고 지원했습니다. 항공사 면접이 어떻게 진행되는지 감을 잡기 위해서였습니다. 여러 번 실패해서 이 자리까지 왔지만, 실패의 경험이 성공의 어머니라고 굳게 믿습니다. 이번에는 그 속담이 진리라는 걸 증명해 보이고 싶습니다. 저는 넓은 세계를 항해하고 싶습니다. 전 세계 100여개 도시를 누비는 항공승무원으로 일하면서 성공한 삶을 누리고 싶습니다.

： ： No, this is my first interview with an airline company. I have been preparing myself for more than 1 year. Every month I had monthly plans to improve my English. When I got a pleasing score after I started study group to practice English for group discussions. Everyday I practice smiling in front of the mirror to see whether my smile looks nice. And I made it a rule to work out every morning. Studying, learning make-up skills and manners were very interesting to me. Most difficult part was to fight against myself, not against other people. When I wanted to give up, I told myself to be much stronger. Today I am very happy to have a chance to show how well I prepared until now. I am looking forward to getting

any opportunity to use my skills and to grow with your company. After 5 years I want to be a good supervisor who can share my experiences and lessons with my colleagues.

아닙니다. 이번이 첫 도전입니다. 하지만 1년 이상 면접을 준비해왔습니다. 매달 계획을 세워 영어실력을 향상시키고, 그룹디스커션을 위한 영어스터디 모임을 결성해 만족스러운 점수도 받았습니다. 매일 거울을 보고 미소 연습을 했고, 아침 운동을 습관화했습니다. 공부, 화장법, 예절 등도 재미있게 배웠습니다. 가장 어려웠던 부분은 스스로와 경쟁하는 일이었습니다. 포기하고 싶을 때면 스스로에게 강해지라고 다그쳤습니다. 오늘 지금까지 얼마나 열심히 준비했는지 보여드릴 수 있어서 행복합니다. 준비된 제 모습을 보여드리고 귀사와 함께 성공하고 싶습니다. 5년 뒤에는 그동안 쌓아온 경험과 교훈을 나눠줄 수 있는 멋진 관리자가 되고 싶습니다.

항공사 응시 경험이 많으면 많다고, 처음이면 처음이라고 솔직하게 말한다. 거짓으로 답하면 금방 탄로 나게 마련이다. 다른 경쟁사에 응시경험이 있으면 있다고 대답하되 두 항공사를 비교하거나 깎아내리는 답변은 하지 않도록 한다. 이 질문은 승무원이 되기 위해 응시자가 얼마나 많은 노력과 시간을 들였는가 알아보려는 의도가 숨겨져 있다. 응시경험을 통해서 느낀 귀중한 삶의 지혜와 자신과의 싸움을 통해 발전한 능력을 귀사에서 펼쳐보고 싶다는 바람으로 이야기를 이어간다.

Could you please tell me about 3 reasons why you want to be a cabin crew with us?

우리 항공사 승무원으로 일하고 싶은 이유 3가지만 말해주시겠습니까?

∷ I am well aware that Qatar Airways, Emirates, Etihard are very fast growing companies. I am sure that working with big organizations like 5-star airlines will be a good chance to develop myself as a career woman and as a person at the same time. So if I can have a chance to work with you, I will consider it as the journey of success, the opportunity to learn a high level of expertise. This is the reason why I don't really care how much my salary will be. I know the salary in airlines is different depending on flying hours and seniority. If I work hard and adjust to the company culture well obviously I will get a pay raise. Second reason, a cabin crew has been my dream job since I was a little kid. My aunt was a cabin crew in KLM when I was young. I still remember she was very gorgeous and well-groomed in a fantastic uniform walking in the airport. She was quite confident with bright smile anytime. I was about to give exclamation of surprise whenever I met her. That moment was the turning point for a little kid. Since then a cabin crew has held a special place in my heart as a dream job.

Third, I would like to travel all over the world. I can't find any job which provides hotel and allowance everytime I travel. Always new people and new issue for every single day. I really enjoy it. When I used to work in the office I had to go to work at 9am and leave the office at 6pm. I felt bored and helpless with the same routine everyday. It is quite an exciting life to travel all around the world and explore new culture and people every single day, isn't it?

카타르, 에미레이트, 에티하드 세 아랍항공사들이 초고속 성장하고 있기 때문입니다. 세계적인 오성항공사와 같은 거대한 조직의 구성원으로 일한다는 것은 여자로서 멋진 커리어이며 개인으로서도 큰 성장을 가져다주는 절호의 기회라고 믿습니다. 귀사와 함께 일하게 된다면, 오성항공사의 기술을 배울 수 있는 훌륭한 배움터요, 성공 여정의 출발점으로 여길 것입니다. 제가 얼마의 급여를 받는지는 중요하게 생각하지 않습니다. 항공사 연봉은 비행시간과 경력에 따라 다르다는 것을 잘 알고 있습니다. 회사의 문화를 익히고 비행생활에 적응해가다 보면 자연스럽게 연봉도 높아질 거라고 생각합니다.

두 번째 지원 이유는 어려서부터 승무원이 되는 게 꿈이었기 때문입니다. 어렸을 때 고모가 KLM승무원으로 일하는 걸 본 적이 있는데, 유니폼을 입은 고모의 멋진 모습에 반해 운명적으로 승무원을 꿈꾸게 되었습니다. 자신감 넘치고 화사한 미소를 띤 고모의 모습을 보고 거의 탄성을 지를 뻔했습니다.

세 번째 이유는 전 세계를 두루 다니고 싶기 때문입니다. 세상의 어떤 회사가 직원들에게 호텔과 체류수당을 매번 지급하겠습니까? 늘 새로운 사람들을 만나고 새로운 문제와 맞닥뜨리는 생활을 즐기는 편입니다. 예전에 사무실에 출근할 때는 오전 9시에 나가서 오후 6시가 되어야 회사를 벗어날 수 있었습니다. 제게는 굉장히 지루하고 무료한 일이었습니다. 그런 생활에 비한다면 세계를 누비며 매일 새로운 세상과 문화를 체험할 수 있는 비행은 정말 멋진 일 아닌가요?

환경과 날씨가 다른 이슬람 국가에서 왜 승무원으로 일하고 싶은지 물을 때, 아랍항공사들이 특유의 정신력으로 눈부신 성과를 이뤄냈음을 기탄없이 칭송해야 한다. 긍정적인 마음은 적응력을 높이고, 빠른 속도로 업무를 흡수하도록 만드는 윤활유 역할을 한다. 단지 여행을 좋아하는 성격이라는 개인적인 이유보다는 회사의 미래와 함께 성장하고자 하는 마음을 담아 진정성을 보여주도록 한다.

What makes you apply for this position?
어떻게 이 직종에 지원하게 되었습니까?

: : Being a cabin crew was my dream since I was a kid. My parents were cabin crews when they met each other. I believe that all the feelings and love I have are from the sky. I feel very familiar to all different kinds of airplane and the various colors of sky. Naturally flying and working in the sky, not on the ground, became my dream. I know it is quite a challenging job and at the same time it is quite valuable job. Cabin crew's key role is to offer customers comfort and convenience. And make them feel happy and come back again on their next flight. But the most important thing is to make sure their safety.

항공승무원이 되는 것은 어려서부터 제 유일한 꿈이었습니다. 부모님이 처음 만나셨을 때 두 분 다 승무원이셨습니다. 그래서 저의 모든 감정과 사랑이 모두 하늘로부터 왔다고 믿습니다. 저는 서로 다른 기종의 비행기와 갖가지 하늘의 표정에 익숙합니다. 신기하게도 하늘을 내다보며 일하는 것이 제게는 자연스러운 일처럼 느껴집니다. 항공승무원이란 직업은 생각처럼 쉽지는 않지만 근사하고 해볼 만한 도전이라고 생각합니다. 승무원은 한 번 찾은 승객이 다시 찾고 싶다는 마음을 갖도록 승객의 편의를 도모하고 최고의 서비스를 제공해야 하지만, '안전이 무엇보다 중요하다는 것을 잘 알고 있습니다.

: : Honestly speaking, I applied for this position because it looks really gorgeous. When I was travelling to Vancouver with my colleagues on business, I saw foreign cabin crews for the first time in my life. They were quite well groomed and looked smart all through the flight. I still remember that one Korean cabin crew who fluently spoke in English with other crews and spoke to me in Korean. She could speak anyone regardless of nationality without any assistance. And she looked very independent and confident all the way. That was my ideal attitude. I was not happy at all when working on the ground. As a great human being if I stuck on the ground, that would be very sad. Some people go to the moon and some people go to the sea. Why don't you try to go beyond the ground? I prepared sincerely and practice very hard for the interview. I am very happy to be here to introduce myself to you today.

솔직히 말해서, 저는 이 직업이 멋있어서 지원하게 되었습니다. 예전에 동료들과 함께 밴쿠버 출장을 갔을 때, 외항사 승무원을 처음 보았는데, 너무 멋있어서 비행 내내 눈을 뗄 수 없었습니다. 외국인 동료들과 유창한 영어로 대화를 나누며 일하던 한국인 승무원의 모습은 지금도 잊을 수 없습니다. 그녀는 어떤 국적의 사람하고든 도움 없이 혼자 대화를 풀어나갔습니다. 독립적이고 자신감 넘치는 그녀의 모습에 매료되어 외항사 승무원은 제 꿈이 되었습니다. 사무실에서 갇혀 땅에만 발붙이고 일하는 것이 행복하지 않았습니다. 인간으로 태어나서 땅에만 붙박여 살아야 한다면 슬픈 일이라고 생각했습니다. 어떤 사람은 달을 여행하고, 또 어떤 사람은 심해를 잘도 누비는데 왜 나는 답답한 사무실에 갇혀 대낮 하늘도 마음대로 못 보고 살아야 하나? 한숨이 절로 나왔습니다. 그래서 열심히 공부하고 이번 면접을 진지하게 준비했습니다. 이 자리에서 제 자신을 소개할 수 있게 되어 행복합니다.

승무원의 화려한 겉모습만 보고 경험삼아 지원했는지, 뚜렷한 직업인으로서의 사명감을 갖고 도전한 사람인지를 확인하려는 질문이다. 캐빈 승무원은 승객들의 편안한 여행을 위해서 서비스를 제공하는 것은 물론이고 안전까지 책임진다. 승객들 입장에서는 서비스에 치중하는 것처럼 보이지만 우아하게 미소 지으며 거니는 와중에도 총기어린 두 눈으로 안전과 대처방안까지 계산하고 있다. 안전은 언제나 최우선이다. 매년 기종마다 다른 비행기의 기본구조와 안전을 숙지하고 시험에 통과해서 승무원 자격증을 갱신해야 비행을 계속할 수 있다. 전직승무원을 사칭하고 다니는 가짜 승무원들이 사회적인 물의를 일으킨 적이 있다. 이들은 훈련기간 혹은 1년 미만의 인턴과정에서 탈락하여 온전한 승무원이라 말하기 어려운 사람들이었다. 며칠 과정의 승무원체험교실을 이수한 경우도 있었다. 아예 승무원으로 살았던 날이 하루도 없으면서도 전직승무원이란 이름으로 승무원 교육사업까지 벌이고 있는 사람도 있다. 10년 가까이 지구를 몇 바퀴 돌고도 남는 시간 동안 비행을 하지 않고서야 어찌 전직승무원 운운할 수 있을까. 승무원 생활을 오래 하지 않은 사람일수록 자신이 비행을 그만둘 수밖에 없었던 부정적인 사유들을 나열하느라 입이 바쁘다.

Showing yourself, Teamwork & Career mind

Practice examples

What is the most important qualification as a cabin crew?
승무원에게 가장 중요한 자질은 무엇이라고 생각합니까?

∴ : I think it is the professionalism for other people. This job, cabin crew is the most representative job in the service industry. It looks very gorgeous and fancy from outside. But I know that it might be quite a tough job as well treating people every sort and kind. If cabin crews are not proud of themselves and don't have professionalism about their career, everyday will be a hell. People who love and take responsibility for their job are always the winner in the end. This job makes us to travel all over the world and communicate with multinationals. After work cabin crews are rewarded to take a rest and enjoy themselves as guests in the 5-star hotel out of the aircraft. This time they have a chance to think about their passenger's feelings and needs when they get 5-star service in the hotel. Consideration makes cabin crews deal with passengers like their brothers and sisters.

저는 프로의식이 가장 중요한 덕목이라고 생각합니다. 승무원은 서비스 산업의 대표적인 직업입니다. 겉으로는 근사하고 화려해 보이지만 갖가지 사람들을 능숙하게 상대해야 하는 일에 분명 어려움이 있을 거라고 생각합니다. 승무원에게 직업에 자

부심이나 프로의식이 없다면 매일 매일이 고생스럽기만 할 것입니다. 자신의 일을 사랑하고 자랑스러워하는 사람만이 최후의 승자가 된다고 믿습니다. 이 직업은 세계를 자유롭게 넘나들며 다국적 환경에서 소통해야 합니다. 그리고 기내에서 열심히 일한 승무원들을 오성급 호텔에서 편안하게 쉬며 재충전할 수 있도록 배려합니다. 승무원들은 오성급 호텔 게스트로서 타인의 서비스를 받으면서 승객의 입장을 다시 한 번 생각하게 될 것입니다. 프로의식과 배려심이야말로 승객을 내 가족처럼 생각하게 만드는 최고의 덕목입니다.

∴ : Punctuality is the most important qualification as a cabin crew. Making on time is very crucial for the person to take an airplane, especially for cabin crews. I think there is no excuse for being late. Person who is always punctual might make a habit to prepare things beforehand. So good preparation makes the person confident. On the other hand person who is always late might be pressed for time and easily makes mistakes. That makes other people, such as passengers and colleagues nervous. So it doesn't look professional obviously.

철저한 시간 엄수는 승무원이 지켜야할 가장 중요한 덕목입니다. 승무원이 지각을 하거나 시간개념이 없다는 것은 변명의 여지가 없는 일이라고 생각합니다. 시간개념이 철저한 사람은 늘 사전에 치밀하게 준비하는 습관을 들입니다. 사전에 준비를 철저하게 하면 자신감이 생기지만 허둥지둥 시간에 쫓기는 사람

들은 늘 실수를 저지르게 됩니다. 그런 태도는 승객이나 동료를 불안하게 만듭니다. 프로다워 보이지 않는 모습입니다.

겉보기 그럴듯하다고 해서 호기심을 갖고 도전하는 듯한 어리숙한 지원자를 가려내기 위한 질문이다. 직업에 대한 이해도가 떨어지는 사람들은 운 좋게 합격했다 해도 성공적으로 살아남을 수 없다. 승무원 초년생이 통과하는 이러한 부담을 덜기 위해서 항공사에 따라서는 경력직을 선호하기도 한다. 용모단정, 예의범절, 시간엄수, 직업에 대한 자부심, 승무원의 자질로 요구되는 것들을 줄줄이 나열하다 보면 모든 항목들이 긍정과 에너지로 가득 차 있음을 알 수 있다.

기내 밖에서 본인을 흔들었던 사적인 문제들을 브리핑 룸이나 기내로 절대 반입하지 않는 프로의식 역시 승무원의 자질이다. 해외체류에서 아버지의 부고를 듣고 카타르로 돌아가던 한 사무장은 '아버지의 부고'란 사실이 마치 농담은 아닐까 싶을 정도로 태연하고 밝게 브리핑을 마치고 팀을 이끌어서 승무원은 물론 리더로서의 자질까지 확인시켰다. 서비스 내내 우울한 얼굴을 하고서 서비스가 끝나면 혼자 구석에 앉아 승객들이 잠든 기내를 멍하니 내다보는 승무원을 간혹 목격된다. 집에 무슨 우환이 있는지, 남자친구와 다퉜는지 물어보면 십중팔구 연애전선의 이상을 이유로 댄다.

제 집 떠나 전세계를 유랑하는 고독 때문에 남자친구에게 의지하는 마음이 강해지다 보니 그리움도 커지는 마음이야 십분 이해된다. 그러나 유니폼을 입고 연애사로 훌쩍이는 주니어들을 보면 새로운 세계에 대한 도전과 탐험으로 들떠 있는 주니어들에게 괜히 미안해진다. 한 사람 안에 각기 다른 세상이 있는데, 성장하는 세계와 주저앉는 우울한 세계가 자칫 충돌하지는 않을지 우려될 뿐이다.

승무원의 자질은 뭘까? 무슨 일이 있어도 캔디처럼 웃는 미소천사? 진정한 승무원의 자질은 인생을 즐길 줄 아는 지혜라고 나는 생각한다. 우리가 사는 삶은 그리 길지 않다. 엊그제 입사해서 물 만난 고기처럼 비행에 빠져 지내는 사이 벌써 한 세월이 훌쩍 가고 있지만 나는 이 많은 시간들이 어디로 어떻게 나를 통과했는지 기억하지 못한다. 그만큼 하늘과 땅에서 만나는 모든 시간이 축복처럼 달디 달았다. 원하는 바가 있다면 도전하고, 마음을 온전히 전하고 싶은 이가 있다면 고백하라. 사랑한단 말 한 마디 하기 어려웠던 부모님, 형제자매, 그리고 당신을 마음을 흔드는 그 사람에게… Just be yourself and enjoy the moment!

Did you have any difficulties when you work in service industry? If yes, how did you handle it?

서비스업에서 일할 때 어려움을 겪은 적이 있습니까? 있다면 어떻게 해결했습니까?

∷ Yes. I did. when I worked in a hotel restaurant as an internship since I majored in hotel hospitality. I had a guest who kept on talking down to me. He even shouted at me because his request was not coming soon. I was very embarrassed and at a loss. Actually I was never talked down even by my parents. I was trying to be calm and professional. I approached to him with his request and put on his table. But I dropped down his teaspoon on the floor. Then he became more upset and almost yelling at me. I was about to burst into tears. However I thought if I cried in front of him, it looked very unprofessional. That would not be only my problem. It could bring dishonor to the hotel. So I held my breath for seconds and kept on smiling on him and picked up the dropped teaspoon and brought him a new one. I acted like I have known him for very long time and I treated him like my father. When he talked down to me I tried to think my father talked to me friendly. Then I did not feel embarrassed at all and became calm down. My colleague asked me to help and assist him.

I told her he was my customer so I had to serve him until the last minute he left. Later the customer smiled at me and became friendly. He even complimented my attitude on being professional. I realized that I won. And I was sure that he would come again.

네, 있습니다. 호텔관광학이 전공이라 호텔 식당에서 인턴으로 일한 적이 있었는데, 끊임없이 저에게 반말을 하는 손님이 있었습니다. 음식이 빨리 나오지 않는다며 고함을 치기도 했습니다. 부모님조차 저에게 막말을 하신 적이 없었기 때문에 당황해서 어쩔 줄 몰랐습니다. 하지만 침착하고 프로답게 마음을 다스리며 손님께 다가가 손님이 주문하신 음식을 앞에 놓아드렸습니다. 그런데 그만 실수로 티스푼을 바닥에 떨어뜨리고 말았습니다. 그 손님은 더욱 화가 나서 더 심하게 반말을 퍼붓기 시작했습니다. 저는 눈물이 쏟아질 것 같았지만 손님 앞에서 눈물을 터뜨린다는 것은 프로답지 못하다고 생각했습니다. 저뿐이 아니라 호텔의 이미지와도 연관된 문제였습니다. 저는 6초 동안 심호흡을 하고 미소를 머금은 얼굴로 다가가 바닥에 떨어진 티스푼을 주은 다음, 새 걸로 갖다드렸습니다. 마치 그 손님을 오래 전부터 알고 지낸 듯이 행동하며 제 아버지처럼 대했습니다. 반말을 하면 나는 아버지가 제게 다정하게 반말을 한다고 생각했습니다. 그러자 더 이상 당황하지 않고 침착할 수 있었습니다. 동료가 제 대신 그 손님을 상대하겠다고 했지만 손님이 식사를 마치고 돌아가실 때까지 제 손님이니 제게 맡겨달라고 했습니다. 나중에는 그 손님이 미소 지으며 다정하게 대해주셨고 제 프로다운 자세가 마음이 든다고 칭찬까지 해주셨습니다. 순간 제가 승자가 되었다는 것을 깨달았고, 그 손님이 나중에 다시 찾아주실 거라고 확신했습니다.

난감한 상황에 처했을 때 어떤 반응을 보이는지 지혜와 순발력을 발휘해야 하는 질문이다. 서비스산업의 꽃인 항공업을 시작으로 호텔, 관광, 의료, 행정 등 고객이 왕으로 군림하지 않는 산업은 없다. 그리하여 고객의 불만을 응대하고 적절히 처신하는 기술을 발휘하는 지혜는 사회진출을 앞둔 모든 이에게 필요한 자질이다.

외항사는 전세계의 다양한 인종을 고객으로 소화해야 하며, 어떤 영어 액센트를 쓰는지, 민족의 성향만 갖고도 상황에 따라 어떻게 접근해야 문제를 해결할 수 있는지 알 수 있다. 귀엽고 붙임성 있는 동양여성의 응대를 귀엽게 바라보는 미주승객들은 사소한 잘못이나 불만이 나와도 적절히 모른 척 넘어가주기도 한다. 승무원의 응대가 고압적이거나 다른 승객에 비해 자신이 덜 주목받는다고 생각하면 관심을 끌기 위해서 일부러 문제를 확대시키는 경우도 있다.

모든 고객을 소중히 여기고, 관심과 애정을 골고루 표현해야 오해의 소지를 줄일 수 있다. 어떤 일에서든 중요한 것은 프로의식이 아닐까 싶다. '공과 사'를 분명히 하고, 최대한 가족을 모시듯 극진히 대하려는 자세가 가장 기본적인 자질이다.

Could you please tell me about your team experiences?
팀원으로 일한 경력에 대해 말해주시겠습니까?

∷ Yes, I have worked as a part timer in a Korean traditional restaurant for 6 months. All the waitress worked as one team and we were assigned each section by the manager. I had to take care of all the guests in my section first. But most guests requested to me anything they want whenever they saw me. I couldn't say no at any point of time. I looked after the customers from other zone. I never complained on assisting them. Later I realized that my senior worker took for granted me working for her. I found myself little bit silly. I took some note in the small piece of paper about the things I did for her and showed her. Finally she appreciated my assistance and said 'thank you'. I also appreciated that she respected me about what I have done. She started to help me collecting empty plates or preparing the new table setting when I was busy. Then everything went on very smoothly so that we could enjoy the work everyday. Working in a team unites us like a family. I still remember her as a good sister and friend.

예, 저는 6개월간 전통한식당에서 웨이트리스로 일한 적이 있습니다. 모든 종업원들이 한 팀으로 일했는데, 지배인으로부터 각자 구역을 배정받았습니다. 저는 우선 제가 맡은 구역을 책임져야 했는데, 손님들은 저를 볼 때마다 여기저기서 무언가를 요청하셨습니다. 그러나 손님의 요구를 거절할 수 없어서 다른 구역의 일까지 도맡아 했습니다. 저는 신참이라 불평 없이 열심히 했는데, 나중에 알고 보니 다른 고참들이 그걸 당연하게 생각하고 있어서 제가 바보가 된 것 같았습니다. 그래서 고참을 대신해서 한 일들을 작은 종이에 메모해서 나중에 보여드렸더니 고참 종업원이 내 도움에 감사를 표했습니다. 저 역시 선배님이 제 노고를 인정해준 것이 고마웠습니다. 나중에 제가 빈 접시를 치우거나 테이블 세팅을 하느라 바쁠 때 저도 도움을 받을 수 있었습니다. 어떤 때는 사소한 다툼을 겪게 되지만 어려움을 겪을 때마다 대화를 통해 서로 힘이 되도록 풀어나갔습니다. 또한 일을 효과적으로 속도감 있게 하는 법과 다른 사람들과 조화를 이루는 법도 배웠습니다. 한 팀으로 일할 때는 강한 연대감을 느낍니다. 그래서인지 그 선배를 여전히 멋진 선배이자 좋은 언니로 기억하고 있습니다.

개인의 역량이 아무리 뛰어나다 할지라도 공동체에서 융화되지 못한다면 실패자라 할 수 있다. 자아도취에 빠져 있고, 오만방자해서 다른 팀원들이 함께 일하기 싫어하는 동료라면 상사도 달가워하지 않는다. 벼는 익을수록 고개를 숙인다. 가장 기본적인 인간의 예의를 소중히 여기는 인간다움이 공동체생활에서 필요하다.
불만이나 갈등은 고객으로부터만 받을 수 있는 것이 아니라 동료나 상사, 혹은 부하직원한테도 제기될 수 있다. 진정한 리더가 될 재목은 자신이 맡은 위치에서 주제에 맞게 본분을 다하고, 진정한 리더는 열성을 다 하는 팀원들을 격려하며 말이 아닌 행동과 처분으로 강력한 메시지를 전달한다.
여러 사람 앞에서 한 사람을 집중적으로 타박하거나 언성을 높이는 일은 리더로서 금물이다. 차분함과 페이스를 잃지 않고 반듯하고 세련된 리더의 매너가 추종자들에게 깊은 신뢰를 준다. 여성으로서 대형항공사에 취업해 일반석-프리미엄클래스-부매니저-매니저의 단계를 밟고 올라가 전세계를 꿰뚫어본다는 것은 다른 직장이나 조직에서 쉽게 얻을 수 없는 굉장한 기회다. 단계별로 성장하는 자아를 만나는 희열, 고비를 넘길 때마다 커지는 자신감과 책임, 그리고 자신을 믿고 따르는 팀원들이 많아질 때마다 삶의 경이로움까지 느끼는 건 비단 나만의 경험이 아니라고 믿는다.
특히나 항공서비스는 고부가가치산업으로 여성의 섬세함과 세련된 지혜가 빛을 발하는 분야이다. 여성이기 때문에 덕을 보는 일이 많으면 많았지, 여성이기 때문에 불공평한 대우를 받을 일은 없다. 반듯한 커리어우먼으로 멋지게 성장하며 세계적인 항공사의 멋진 승무원이 되기 위한 자질, 다시 한 번 Be yourself, don't take it so serious, just go for it and enjoy the moment! 하시라고 당부드린다.

Did you have any conflict with your colleagues before?
전에 동료와 갈등을 겪은 적이 있나요?

： ： Well. Actually yes. I had a colleague who just joined our team when I worked in a graphic design office. Most of the time I had to explain myself for something I didn't do just because my coworker didn't have the courage to say she made mistakes. I found out the situation I always had to apologize and solved the problem all the time. My colleague didn't say 'thank you' or 'sorry' and she just took for granted and sometimes made fun of me. Next time when she made a mistake again I didn't explained for her to my boss. She blamed me for what she did. I had no choice but to have an argument with her in front of my boss. My boss was a good listner and fair enough to understand both sides. I explained him what the problem was. My colleague also explained what made the situation like that. After talking out all the problems she apologized and appreciated my assistance. I felt much better. I believe that we human beings can make mistakes. Once we know, we have to deal with the consequences no matter what they are.

사실 그런 적이 있었습니다. 그래픽디자인연구소에서 일하던 시절, 막 입사한 신입사원이 있었는데, 그녀가 실수를 할 때마다 용기가 없어서 실수를 인정하지 않아서 제가 대신 누명을 쓰곤 했습니다. 문제가 발생할 때면, 제가 하지도 않은 일에 대해 자초지종을 설명해야 했습니다. 그 후배는 미안해하기는커녕 고맙다는 말도 없이 그 상황을 당연하게 여겼습니다. 나중에 그녀가 또 실수를 했을 때 저는 그녀 대신 상사에게 상황 설명을 해주지 않았습니다. 그러자 그녀가 저에게 책임을 전가했고, 상사가 보는 앞에서 그녀와 언쟁까지 벌이게 되었습니다. 사실 저희 상사는 양측의 입장을 이해하고 공정한 판단을 내릴 만큼 남의 말을 잘 경청하는 분이셨습니다. 저는 그분께 여태까지의 상황을 설명하고 그녀와 터놓고 대화하면서 마침내 그녀의 사과를 받아낼 수 있었습니다. 그녀는 그동안의 배려에 고마워하기까지 해서 저는 한결 기분이 나아졌습니다. 인간은 누구나 실수하기 마련이고, 어떤 실수나 상황이든 해결할 수 있다는 걸 깨달은 좋은 경험이었습니다.

If an economy passenger wants to have a meal from business class, how would you handle it?
이코노미클래스 승객이 비즈니스클래스 기내식을 원한다면 어떻게 처리하시겠습니까?

： ： First of all, I will ask the customer the reason why. If his meal is not available, definitely I apologize and check whether there is extra meal left in the business class.

However if the customer keeps insisting just because he doesn't want to have economy meal, I can't bring the business meal for him. All the economy passengers have to be served equally. But in order to make the customer happy I will offer the crew meal as an alternative. I think being aware of passenger's needs and serving them with friendly attitude is very important. If I would say 'no' the customer is very embarrassed. Trying to find an alternative and being flexible is the best way to solve the problem.

우선 어떤 연유로 승객이 비즈니스클래스 음식을 찾으시는지 확인하겠습니다. 승객의 식사가 없는 경우라면, 바로 사과드리고 여분의 식사가 비즈니스클래스에 남아 있는지 확인하겠습니다. 그러나 단지 일반석 음식이 마음에 들지 않는다는 이유로 억지를 부리는 것이라면 식사를 가져다 드릴 수 없습니다. 다른 이코노미 승객에게 공평하지 않은 처사이기 때문입니다. 그러나 입맛이 안 맞아 곤란을 겪고 계시다면 대안으로 승무원 식사 중에서 마땅한 게 있는지 확인해보겠습니다. 승객의 요구를 알아차리고 기분 좋게 응대하는 것이 중요하다고 생각합니다. 무조건 안 된다고 답하면 승객이 당황할 테니 대안을 찾아보고 유연하게 문제를 해결할 수 있도록 모색하겠습니다.

Why did you leave your previous job?
왜 이전 직장을 그만두었습니까?

∷ I have been working as a nurse in the emergency room for around 2 years. My major in college was nursing. I thought helping sick people was a very valuable job. But when I met one cancer patient given 6 months to live, my mind was whirling from big confusion. She said the days lived as a cabin crew was most blessing time in her life. She never regretted those days and still thanked for God. I asked myself if I am in the same situations as her, can I say like her? Do I really think my days blessed by God. Is the cabin crew's life really meaningful? I also wanted to go and explore the world I left the emergency room and I started to study English including group discussions, make-up skills to be a cabin crew. It was a totally new world for me to improve my appearance by grooming and to build extensive knowledge. I am happy and excited to be here with you because I am very close to the new world I have never experienced before.

저는 응급실 간호사로 2년간 근무했습니다. 대학전공이 간호학이었고 환자들을 돌보는 일을 매우 가치 있는 일이라고 여겼습니다. 그러나 암 선고를 받고 6개월 시한부 삶을 살던 전직승무원을 환자로 만나면서 승무원이라는 직업에 호기심을 갖게 되었습니다. 살 날이 얼마 남지 않았지만 승무원으로 일하던 시절을 신께 감사드린다고 말하는 그녀를 보고, 스스로에게 내가 만약 그녀와 같은 상황이라면 그렇게 말할 수 있을까를 물었습니다. 승무원이 그토록 즐겁고 가치 있는 일일까? 저는 직접 그 세계로 들어가 알아보고 싶었습니다. 그래서 병원을 그만 두고 영어공부, 그룹토의, 화장법을 배우기 시작했습니다. 제게 완전히 새로운 세계였습니다. 항상 단정하고 정숙한 자세로 새로운 지식을 받아들이며 열린 마음을 갖고 살았습니다. 오늘 여기 면접관님 앞에 서니 한 번도 경험한 적 없는 신비한 세계로 바짝 다가선 것 같아 무척 행복합니다.

: : I worked as a cabin crew for 2 years with ABC Airline. That was 2 years contract and I had to leave the company when the contract was expired.

저는 ABC항공사에서 2년간 승무원으로 일한 경험이 있습니다. 2년 계약이었고, 계약이 만료되면서 재계약이 되지 않아 회사를 떠나게 되었습니다.

: : I have worked as a ground staff in UFO Airline for 1 year and a half. The company and colleagues were very warm and nice to me. But my real dream was to be a cabin crew. I thought the ground staff job was pretty much helpful to understand the cabin crew job. So many documents and systems in the same industry based on my experiences, I think I will handle any situations very efficiently related to seating, reservation and upgrading seats.

저는 UFO항공사에서 공항 지상직으로 1년간 근무했습니다. 회사와 동료들이 언제나 따뜻하게 저를 대해주었지만 제가 정말 하고 싶었던 일은 항공승무원이었습니다. 저는 지상직원으로 일한 경험이 승무원 업무를 이해하는 데 많은 도움이 될 거라고 확신합니다. 이전 경험을 토대로 같은 분야의 수많은 비행자료와 시스템을 이해하기가 쉬울 것입니다. 좌석배정이나 예약, 상위클래스로 업그레이드 하는 일과 관련된 모든 기내상황을 능숙하게 처리할 수 있습니다.

다른 분야의 기업체에서 일한 경력이 있는 응시생들에게는 전 직장을 왜 그만두었는지 묻는다. 특히 전직승무원이었던 경우, 얼마나 일했는지, 왜 그만두게 되었는지, 어떤 점이 가장 힘들었는지를 꼭 확인한다. 답변 포인트는 자신은 비행을 정말 좋아했지만 인력으로 통제할 수 없는 상황이었음을 밝히는 것이 좋다. 회사가 부도가 나서 어쩔 수 없었다든지, 갑자기 가족 중에 거동을 못 할 정도로 아파 곁에서 보살펴줄 사람이 필요했다는 등의 자신이 통제할 수 없는 환경적인 요인을 이유로 제시한다. 전직승무원임에도 외항사 공채에서 번번이 낙방하는 사례의 대부분은 직장동료와 호흡이 안 맞거나, 서비스 카트를 혼자 책임지는 것이 힘들었다는 등 승무원업무에서 필수불가결한 요소가 결여된 사람이라는 인상을 주었기 때문이다. 어떤 조직에도 제대로 적응하지 못하는 사람이라고 판단할 수 있으므로 전 직장에 대해서 부정적인 언급은 자제하도록 한다.

Have you ever applied before? Why do you think that you failed last time?
전에 응시한 적이 있나요? 지난번에는 왜 불합격 했다고 생각하나요?

∶ ∶ Yes, I applied for the same position last time. But I had to wait about 6 months until new recruitment. During last 6 months, I have looked back myself and asked myself what was the reason I failed. I needed to be more confident. To be confident for myself, I had to know myself more clearly. Why I want to be a cabin crew? Can I leave my family and hometown and boyfriend without any regret? Do I have enough ability to work on the job? I got rid of all the negative ideas disturbed my mind for the future and became more focused on the study and interview skills. I came to know more about myself and how much I want to be a cabin crew. After 5 years and 10 years I want to be a confident supervisor who is always growing with the company.

네, 지난번에도 승무원직에 응시한 경험이 있습니다. 그러나 다음 공채 때까지 6개월을 기다려서 재도전해야 했습니다. 지난 6개월 동안 제 자신을 돌아보면서 불합격 이유에 대해 진지하게 고민했습니다. 더욱 자신감을 가져야 한다는 사실을 깨달았습니다. 자신감을 가지려면 스스로에 대해 정확하게 알아야 했습니다. 내가 왜 승무원이 되려고 하는지, 가족과 고향과 남자친구를 남겨놓고 홀로 떠나 후회 없이 살 수 있을 것인가 곰곰이 생각해보았습니다. 그리고 이 직업을 수행할 충분한 능력이 있는지도 점검해보았습니다. 저는 마음속의 부정적인 생각을 떨쳐버리고, 공부와 면접 전략에 집중했습니다. 제가 얼마나 이 직업을 원하는지에 대한 확신도 갖게 되었습니다. 5년, 10년 후 저는 자신감 넘치는 관리자로서 회사와 함께 성장하는 인물이 되고 싶습니다.

Have you ever got any feedback from your boss?
상사로부터 피드백을 받은 적이 있습니까?

∶ ∶ Obviously, I believe everybody gets feedbacks whether it is good or bad. At the end of the day, everyone need to be evaluated for the work they did. It is very helpful for workers to improve job skills and motivation.
물론이죠. 내용이 좋든 나쁘든 누구나 피드백을 받을 수 있습니다. 하루 업무가 끝나면 자신이 한 일에 대한 평가 받을 필요는 있습니다. 그래야 발전할 수 있고 업무능력과 동기부여를 계속 유지할 수 있을 것입니다.

Have you ever made your boss or coworkers disappointed?

상사나 동료를 실망시킨 적이 있습니까?

：：I don't think so. When it comes to work, everybody should do their best. That is what I do everyday at work.

그런 적은 없습니다. 일에 관한 한 사람들은 최선을 다해야 한다고 믿습니다. 저 또한 매일 일에 대해서는 최선을 다하고 있습니다.

Have you ever judged someone in wrong way at first and changed your mind afterwards?

처음에 다른 사람에 대해 잘못 판단했다가 나중에 생각을 바꾼 적이 있나요?

：：That happened when I was in school. I learned I should respect other people's reason why they choose to do. So I try not to judge people on my way.

학교 다닐 때 그런 적이 있습니다. 누구든지 어떤 행동을 할 때 반드시 이유가 있기 때문에 사람을 내 마음대로 판단해서는 안 된다는 것을 알게 되었습니다.

Have you ever suggested any creative opinions to your senior? Have you ever given any advice to your coworkers?

선배동료에게 창의적인 의견을 제안해본 적이 있습니까? 동료에게 조언을 해준 적이 있습니까?

：：Yes. No one is perfect. We always seek advice and better ideas from coworkers. Sometimes we give advice to enhance the work environment.

네, 세상에 완벽한 사람은 없기 때문에 우리는 동료에게 조언을 받습니다. 때로는 업무 환경을 개선하기 위해 조언을 하기도 합니다.

Have you ever accepted your(junior) coworker's suggestions?

동료(후배)의 제안을 받아들인 적이 있습니까?

：：Yes. of course. Why not? If I want to improve my skills I will accept it positively.

네, 물론 있습니다. 받아들이지 않을 이유가 없지요. 내 능력이 분명히 개선되기 때문에 저는 적극적으로 조언을 받아들입니다.

Have you ever had any trouble with your coworkers?
동료와 문제가 있었던 적이 있습니까?

：：Yes, because of miscommunications. After we had a long conversation we cleared up a misunderstanding.
네. 의사소통에 문제가 있었던 적이 있습니다. 우리는 서로 대화를 충분히 나눈 다음 오해한 부분을 말끔히 해소했습니다.

Have you ever convinced your coworkers when you had a conflict with them?
동료와 갈등을 겪고 나서 동료를 설득한 적이 있습니까?

：：Yes, we just needed to make sense after sharing our opinions with facts and evidences sincerely.
네. 우리는 사실과 증거를 갖고 각자의 의견을 보완하면서 대화를 하는 동안 서로 납득하게 되었습니다.

What is your own definition of best service? Have you ever offered that kind of service to your customers?
최상의 서비스를 당신은 어떻게 정의내리고 싶습니까? 고객에게 그런 서비스를 제공한 적이 있습니까?

：：Best service should be done from the heart. I thought customers were the guests visiting my house. I treated them with hospitality.
최상의 서비스는 마음에서 우러나는 서비스입니다. 고객을 내 집에 온 손님으로 생각하면 어떻게 하는 것이 좋은 접대가 될지 알 수 있습니다.

Doing yourself!
Group
Discussion

Practice **e**xamples

배려의 승무원: 나를 구원한 한 마디, Do you agree?

"Do you agree?"

당신 생각도 같은가요? 동의하나요? 라는 뜻이다. 지망생시절 학원대행 1,2차 면접을 통과하고 생애 처음 협지 면접관의 눈에 들 수 있는 3차 그룹 디스커션에 참가하게 되었다. 이만저만 긴장이 되는 게 아니었다. 학원대행 1,2차 면접은 스몰토크나 단답형 기출문제 위주의 연습으로 통과할 수 있었지만, 그룹 디스커션은 5~7분이란 짧은 시간 안에 미모의 지원자들 틈에서 무슨 수를 써서라도 존재감을 드러내지 않으면 안 되는 치열한 현장이다.

더구나 생전 처음 보는 현지면접관은 줄곧 보아오던 백인이 아니라 국적을 가늠하기 어려운 다국적multinational인종들이었다. 서너 명의 면접관이 동시에 토의실로 들어섰다. 한 분은 싱가포르나 말레이시아 출신으로 독특한 억양이 어찌나 강한지 면접 '초짜'였던 나는 강한 향신료를 맛보는 기분이었다. 그 분이 간간히 환하게 웃어주어서 마음이 편해지려는 차에, 새까만 피부에 배가 불룩하고 큰 눈으로 무섭게 내려다보던 다른 면접관이 무슨 말을 하는데 머릿속이 백지가 되어버렸다.

용케 '현지면접관'이라는 정거장까지 도착했지만 환승역을 못 찾고 방황하는 막막한 기분이었다. 다른 면접자들은 하나같이 전문가의 손길로 헤어와 화장을 말쑥하게 단장하고 왔다. 새벽에 공들여 화장을 했음에도 나만 면접 경험이 없는 아마추어 티가 나는 것 같아 의기소침해졌다. 다들 그룹 디스커션에 몇 번씩 떨어져본 경험이 있는지 질문이 떨어지자 속사포처럼 치고 들어왔다.

6명이 한 조가 되어 동그랗게 둘러앉았고, 면접관의 간단한 설명과 함께 질문이 공개되었다. 그러자 기다렸다는 듯이 먹이를 향해 달려드는 맹수처럼 한 마디씩 쏟아내기 시작했다. 제한시간 5~7분, 시간을 초과하면 가차없이 면접을 중단시키기 때문에 5분 안에 얼마나 존재감을 드러내느냐가 관건이다. 좌우 앞뒤에서 지원자들이 저마다 의견을 내놓을 때마다 어렵사리 쌓아온 자신감이 사라지는 것 같아 속이 탔다. 한 마디라도 거들어보려는 심산으로 끼어들려고 했지만 붕어처럼 입만 뻐끔거리는 모습이 내가 봐도 한심했다. 모의면접이든 실전이든 경험 많은 사람이 유리하다더니 빈말이 아니었다.

입을 열려고 할 때마다 기회를 뺏길까봐 한마디씩 치고 들어오는 경쟁자들에게 밀리고 말았다. 이번 판은 제대로 시작도 못해보고 끝나는구나 싶었다. 탈락을 예감하며 실패의 경험을 거울삼아 다음 면접에는 더 철저하게 임해야겠다고 마음을 다졌다. 화사하게 머리와 화장에다 멋지게 의견을 내놓는 응시자들의 얼굴이 하나하나 눈에 들어오기 시작하자 나도 모르게 울상이 지어졌다. 그때 면접관이 나를 가만히 들여다보더니 의미심장하게 입을 뗐다.

"왜 아무도 이 여성에게 발언권을 주지 않는 거죠?"

내가 얼마나 불쌍해 보였으면 면접관이 저런 말까지 해 줄까 싶어서 황송하고 민망했지만 그래도 애써 미소를 지어 보였다.

"Do you agree?"

그때 옆에 있던 응시생이 내게 말을 건넸다. 고맙게도 여간해서 얻지 못했던 발언권을 그녀가 내게 넘겨준 것이다. 밟고 일어서야 할 적군으로만 보였던 응시생들이 갑자기 동반자로 느껴졌다.

"Yes, I agree!"

이 한 마디가 떨어지자 무섭게 면접관 손에 들려 있던 펜이 바쁘게 움직이기 시작했다. 처절한 탈락을 눈앞에서 확인했다고 생각한 순간, 천장이 내려앉는 기분이었다. 면접장을 빠져나와 화장실로 갔다. 땀에 절었던 양손을 씻으며 세면대 위의 거울을 들여다보았다. 새벽에 어두운 불빛 아래 떡칠을 한 화장이 들떠 있었다. 헤어며 메이크업이며 면접에 임하는 순발력까지 '초짜'임이 분명하다고 말해주는 거울 앞에서 '그래도 감은 잡았어, 다음에 잘 하면 돼!' 라고 애써 나를 위로했다. 화장실에서 나오는데 학원면접을 주관하던 선생님께서 보다 못했는지 나를 불러 세웠다.

"다음 면접 땐 샵에 가서 화장 받고 와! 너무 뻘겋게 하지 말고."

메이크업 전문샵을 이용하라는 뜻이었다. 실제로 대부분의 현지, 파이널 면접을 앞둔 지망생들은 화장을 '받고' 온다. 화사하게 보인답시고 바른 자주색 아이새도우와 볼터치가 나만 '과유불급Too much is as bad as too little' 이라고 느낀 것이 아니었다. 덕분에 응시생들 가운데 뒤기도 했지만 면접의 달인으로 거듭나기 위해서는 단장을 잘 하는 것도 실력이었다. 경험삼아 발을 들인 승무원 면접의 세계가 만만치 않은 현실임을 절감하는 순간이었다. 순발력, 재치, 끼, 이미지, 메이크업, 헤어, 피부, 외국어실력, 성격 등 갖추어야할 자질이 그야말로 '종합선물세트'였다.

학창시절 독서실에서 혼자 공부하며 시험 준비를 하던 방법으로는 통과할 수 없는 게 승무원 면접이었다. 여러 명이 팀을 이루어 맡은 바 책임을 다하면서 팀워크를 발휘해야 승객의 안전과 서비스를 책임질 수 있으므로 그룹 디스커션에서 주안점을 두는 것도 배려심, 융화력이었던 것이다.

모든 것이 완벽해 보이는 응시자보다 소외되거나 뒤처진 사람을 챙기며 팀을 이끄는 부드러운 리더십과 배려심을 가진 응시생이 존재감을 드러내는 것이 그룹 디스커션이다. 그 덕분에 생애 첫 그룹 디스커션에 얼떨결에 들어섰다가 겨우 'I agree!' 한 마디 하고 다음을 기약한 나에게도 합격의 영광이 찾아올 수 있었던 것이다. 소외되었던 나를 따뜻하게 배려해준 친구도 나란히 합격했다. 나머지 응시생들은 다음을 기약했다.

물론, Do you agree? Yes, I agree. 이 말 하나로 적당히 묻어가라는 뜻은 아니다. 배려심에 주목하는 면접관을 만나는 행운이 따랐기에 가능했던 일이다. '배려심'을 늘 염두에 두고 그룹 디스커션에 필요한 표현과 기출문제를 바탕으로 그룹스터디를 하며 반복연습을 해야 순발력 있는 경쟁자들을 만났을 때 더 멋진 모습으로 면접을 치룰 수 있다.

If you are in desert after evacuation what would you like to find to survive? Please tell me five items and the reason why

A: well, I believe that you guys all understand the topic assigned. If the aircraft got crash landing on the ground and we were in desert, what we should find from aircraft to survive? Did I get the point?

자, 여러분들 모두 토의 주제 정확하게 이해하셨죠? 비행기가 만약 지상에 비상착륙해서 사막에 표류하게 되었을 때, 생존을 위해서 우리가 기내에서 가져와야 할 비상물품에 대해서 이야기해보겠습니다.

면접관이 발표한 주제를 응시생 A가 먼저 조원들에게 반복하며 정확하게 이해했는지를 확인하면서 토론을 개시했다. 이때 A는 정확하게 주제를 파악하고 있어야 한다. 엉뚱하게 이해해놓고 잘못된 가이드라인을 주면 감점 요인이다. 토의를 개시하고 싶으면, 면접관의 지시를 주의 깊게 경청하고 요점만 살려 조원들에게 확인한다. 혼자 너무 오랫동안 말을 하지 않는다. 이때 A가 시간점검과 다섯 가지 물품을 메모하는 노력을 덧붙이거나 도와줄 사람을 물색해도 좋다.

B: I will find some water bottle to drink. As you know human being can not survive without water.
전 마실 물병을 꺼내오겠습니다. 아시다시피 인간은 물 없이 생존이 어렵지 않습니까?

A에 이어 B가 바턴을 이어받는다. 그룹토의에서는 어려운 표현을 써서 길게 얘기하는 것보다 쉽고 간결한 영어로 자연스럽게 자신의 존재를 드러내야 한다.

C: You are right! Water is quite essential to survive. In addition to water, I would like to bring fire flame or some equipments which we can send a signal. So people can find our location and we can escape from the desert.
맞습니다. 물은 생존에 없어서는 안 될 요소죠. 여기에 전 불꽃을 연소시켜 구조를 요청할 수 있는 장치를 추가하겠습니다.

C는 B의 의견에 반대하지 않고 동의함으로써 긍정적인 분위기를 조성하고 있다. 거기에 추가 의견을 제시하고 간단한 부연설명을 덧붙임으로써 존재감 드러내는 데 성공하고 있다.

D: What about a knife? I think we need to find something to eat. I am sure we can reach some oasis in desert. And we can get plants and fruits from trees.
칼은 어떨까요? 사막에도 분명 오아시스가 있을 테고, 과일나무나 풀이라도 베어서 연명하려면 칼이 필요할 듯 싶습니다.

새로운 아이템을 제시한 D 역시 부연설명과 함께 작업에 적극 참여하고 있다.

E: We already have three items. Water, fire flame, and knife. Now we need to find two more items. So what else we can bring?
물, 불꽃장치, 칼! 벌써 세 가지 아이템이 선정되었습니다. 자, 이제 2가지 더 추가해보십시오. 어떤 게 좋겠습니까?

E는 지금까지 거론된 3개의 항목을 정리하면서 추가할 의견은 없는지를 묻는다. 제한된 시간을 염두에 두며 지금까지 토론한 내용을 중간에 한번 점검하고 있다.

A: I would like to bring first-aid kit. And extra blankets. Do you agree?
응급상자를 가져가고 싶습니다. 그리고 담요를 더 준비하는 게 어떨까요? 동의하십니까?

A는 응급상자와 담요를 가져오겠다고 의견을 제시하면서 작업 초반에 토의주제를 확인하느라 말하지못한 자신의 의견을 제시하면서 그때까지 토의에 참여하지 못

했던 F가 팀에서 도태되지 않도록 배려하고 있다.

F: Yes, I agree with you. First aid kit and blankets are also very important to save our life.
네, 동의합니다. 응급상자와 담요 역시 생명을 유지하는 데 매우 중요한 물건들입니다.

A 덕분에 마침내 존재감을 드러내게 된 F는 공감을 표하고 짧게 부연설명 한다.

A: So, now we have five items to survive in desert. Water bottle, fire flame, knife, first-aid kit, and blankets. Am I right?
그럼 다섯 가지가 모두 준비되었네요. 물병, 불꽃장치, 칼, 응급상자, 담요. 맞나요?

B, C, D, E, F: Yes!!

A가 5가지 항목을 정리하면서 미션이 완료되었음을 선언하고 동의를 구하자 남은 조원들이 모두 동의한다. 결과는 6명의 조원들 중에서, 굳이 2명만 뽑으라고 한다면, A와 F가 될 가능성이 크다.
그룹 디스커션이 요구하는 조건은 경청에서 비롯된 배려심consideration이다. 경청을 통해 나와 다른 상대방의 의견을 존중하는 태도를 보인다. 호응하는 자세로

본인의 배려심을 드러내는 것이 이 과정을 통과할 수 있는 무기이다. 토의에 참여를 하지 못하는 미숙한 응시자가 있다고 쾌재를 부를 것이 아니라 먼저 손을 내밀어 배려하려면 경청하는 태도가 앞서야 한다.
경청과 호응, 상대방을 배려하는 것만이 훌륭한 디스커션의 전부라고 말하기는 어렵다. 주제에 부합하는 의견을 제시함으로써 맥락에서 벗어나지 않고 함께 정상궤도를 달리고 있음을 입증해야 한다. 주제를 잘못 이해하고 동떨어진 답변을 하는 사람들이 간혹 있는데, 영어소통능력을 보는 토론이니만큼 의사전달력은 기본이다.
토론 주제는 이전에 공개되지 않았던 새로운 것을 주기보다 몇 차례 출제했던 문제를 조금 변형해서 제시하는 경우가 많다. 평소에 기출문제를 반복해서 이해하고, 스터디 그룹을 만들어 다른 응시생들은 어떤 답을 어떤 식으로 하는가 분석해서 자신만의 답변을 준비하는 스킬을 키워야 한다. 끊임없는 연습으로 배가 산으로 가지 않게 방향을 잡고 팀원들이 같은 방향으로 가고 있는지 누군가 나서서 중간점검을 하면서 돋보이는 리더십으로 존재를 부각시킬 수 있다.
그룹 디스커션은 5~7분이라는 제한된 시간 안에서 이루어진다. 의견을 제시하는 사람들의 눈과 얼굴을 응시하면서 경청하고, 긍정적으로 맞장구치며, 자신이 갖고 있는 책임감과 배려심, 리더십을 발휘한다. 이 모든 것을 효과적으로 해낼 수 있는 실질적인 영어표현을 익혀두는 일의 중요성은 아무리 강조해도 지나치지 않다.

Tell me the 3 things which you want to bring to Dubai after being hired

∶∶ I will bring cameras and take pictures of all beautiful sights in Dubai. 7-star hotel which is only one in the world, and palm islands which is made artificially. I want to see in my eyes and keep every moment in my camera.

전 두바이의 아름다운 장관을 담을 카메라를 가져가겠습니다. 세계에서 하나뿐인 멋진 칠성호텔, 인공섬, 팜아일랜드. 제 눈으로 직접 느끼며 카메라에 담고 싶습니다.

∶∶ I will bring some Korean spices and traditional sauces for cooking. Dubai is a multi-cultural place. So my colleagues are from different cultures and countries. If I show them Korean style barcacue to introduce my home country. They will be interested in Korea for sure. And I will also show them a famous Korean singer Psy's album 'Kangnam Style', along with a traditional Korean dress and iron chopsticks. It will be a good way to make friends.

전 한국음식 요리에 필요한 양념과 재료를 가져가 한국음식을 소개하고 싶습니다. 다문화가 공존하는 두바이 친구들에게 한국을 알릴 수 있는 음식을 소개하면 분명히 한국에 관심을 갖게 될 거라고 생각합니다. '강남스타일'로 유명한 싸이의 음반과, 전통한복, 쇠젓가락을 선물하면 친구사귀기가 훨씬 더 수월할 듯 합니다.

두바이로 떠날 날만 기다리고 있는 설렘 가득한 답변이다. 새로운 세계를 향한 두려움은 조금도 찾아볼 수 없고, 오히려 기대와 동경 어린 마음에 절로 미소가 지어진다. 내가 면접관이라면 마냥 사랑스럽고 귀엽게 보일 것 같다. 다국적 문화 안에서 한국을 알리고, 한국인으로서 행실과 처신에 각별히 예를 갖출 것으로 기대되는 민간외교관의 깊은 사려가 엿보인다. 당신이 면접관이라면 누구를 데려가고 싶겠는가? 유아기를 벗어나지 못한 듯 나약한 이미지를 주는 사람은 지금까지 살아왔던 세계와 다른 이슬람 문화권 안에서 버티기 힘들다. 가족과 고향을 떠나 타지 생활을 한다는 것 자체가 외로움인데, 이슬람 국가에서 여성이 성공적인 커리어를 쌓아나가려면 강한 정신력으로 무장해야 한다.

∶∶ If I leave to Dubai I will bring the photos of my family and my boyfriend. I never lived alone before. My mother always takes care of me since I am the only daughter in my family. I will bring my smart phone to talk to my mother when I miss her. And I will tell her what happened to me during the day so that she set her heart at rest because I am fine and happy in Dubai. I will post my family and boyfriend's pictures on the freezer and look at them whenever I feel lonely and homesick.

전 가족사진과 남자친구 사진을 가져가겠습니다. 전 한번도 혼자 살아본 적이 없습니다. 저희 어머니는 외동딸인 저를 금지옥엽으로 키워 저를 혼자 떠나보내는데 걱정이 많으십니다. 스마트폰도 가져가 매일 엄마와 연락하고, 제가 잘 지내고 있다는 걸 확인시켜드릴 겁니다. 가족사진과 남자친구 사진을 냉장고에 붙여놓고 집 생각이 날 때마다 보면 도움이 되리라 믿습니다.

반면, 이 답변은 꿈에도 그리던 승무원이 되었다는 설렘보다 생이별하게 될 가족과 남자친구에 대한 서운함이 더 애절하게 묻어난다. 곱게 자란 외동딸이라 엄마 손을 떠나 혼자 지내기 어려울 거라는 걱정까지 불러일으킨다. 엄마와 남자친구가 보고 싶어 힘들거나 향수병이 있을 때 사진을 꺼내보겠다는 말은 우울한 성격이거나 정서적으로 덜 성숙되었다는 느낌마저 준다.

Talk about the nationality who you want to stay together and who is not

A: I don't like to live with Americans. When I was staying in L.A I found out they are really crazy for making party almost every night. They usually drink and smoke a lot. I want to kick back and relax at home. I don't want to be disturbed by someone who has a different taste and hobby in the same place.

전 미국인과 함께 살고 싶지 않습니다. LA에 살 때, 미국인들이 파티광이란 걸 알았어요. 술도 많이 마시고 담배도 많이 피우죠. 집에서는 웬만하면 푹 쉬면서 재충전의 시간을 갖고 싶습니다. 같은 공간에서 취미와 성향이 다른 사람과 살면서 방해받고 싶지 않아요.

반복하고 싶지 않은 과거 경험을 근거로 함께 살기 싫은 국적을 얘기하면서 본의 아니게 다소 공격적인 이미지를 전하고 말았다.

B: For me, I don't have any problem with Americans. I think it depends on person. When I stayed in New York, my flat mate was a really hard working person and always doing her work in her desk all night. She never drink and smoke at home. She was very calm and quiet all the time. Actually I am the one who always make noises to open and close the doors.

전 미국인과 지내는 데 별 문제없어요. 미국인의 문제라기보다 사람에 따라 취향이 다르다고 보는게 나을 것 같아요. 제가 뉴욕에 있을 때 제 플랫메이트는 집에서도 정말로 열심히 일하는 친구였어요. 집에서 음주, 흡연을 즐기는 일은 전혀 없었는 걸요. 늘 침착하고 조용해서 제가 늘 그녀에게 방해가 되지는 않을까 걱정됐답니다.

B가 A의 의견을 부인함으로써 A가 말한 American은 이도 저도 아닌 애매한 위치에 머물게 되었다.

C: I want to stay with Arabics. Because we work in Islamic country so it will be very helpful to understand Arabic culture. Living with Arabic flat mate is a good chance I can learn Arabic culture. She might teach me how to cook Arabic food and how to speak Arabic language. I can show her how to cook Korean food as well. So we can be a good friends easily.

전 아랍사람들과 함께 살고 싶습니다. 이슬람국가에서 일하니까 현지인들과 함께 살면 아랍문화를 이해하는 데 더 많은 도움이 될거라고 믿어요. 플랫메이트가 아랍문화는 물론이고 아랍음식 만드는 법까지 알려준다면 저 역시 한국음식을 소개하면

서 좋은 친구가 될 수 있을 거라고 믿습니다.

다행히 C가 다른 국적을 제시함으로써 미션 수행의 길이 열리게 되었다.

D: For me I prefer to stay with asians rather than to stay with others. When I was studying in Canada, my flat mate was Japanese. She loves Miso soup. And I am really crazy about Korean soybean paste soup. Actually this soup tastes similar. It is because both dishes are made of soybean. So two different dishes smell similar and other people can feel uncomfortable with the strong smell. But we didn't have any problem with cooking smell. I quite understand that the smell might irritate another nationality because they never tasted before. I liked Japanese food and she liked Korean food, such as spicy Kimchi, Bulkoki, and Tukboki.

전 같은 동양인과 함께 사는 게 좋아요. 캐나다에 있을 때, 제 플랫메이트가 일본인이었거든요. 미소 스프를 정말 좋아했는데 저 역시 된장찌개를 좋아해서 둘은 정말 잘 맞았어요. 사실 두 가지 음식이 콩으로 만들어져 정말 비슷한 맛이잖아요. 다른 나라 사람들은 된장찌개 냄새가 너무 역해서 싫어하는데 우리는 요리 때문에 어떤 문제도 생기지 않았어요. 이전에 한 번도 맛보지 못한 음식냄새 때문에 서로 불편한 것보다 비슷한 식성을 가진 사람들끼리 사는 게 더 좋을 것 같아요. 저도 일본음식 좋

아하고, 그녀도 매운 김치, 불고기, 떡볶이 같은 한국음식을 아주 좋아했어요.

D가 몇 가지 의견을 추가하면서 조원들은 함께 살고 싶은 국적을 가려내는 데 힘을 모으는 분위기다.

E: I totally agree with you. Staying with same Asian people who is from China, Thailand, Philippines will be better. Much easier to talk and trust and understand each other. thanks to the similar cultural background. What about you?

전적으로 동의합니다. 중국, 태국, 필리핀과 같은 아시아 문화권 사람과 사는 것이 훨씬 나을 수 있어요. 문화적 정서가 비슷하기 때문에 서로 대화하고 신뢰하고 이해하는데 훨씬 편할 것 같아요. 당신 생각은 어떤가요?

E는 D의 의견에 동의하면서 존재감을 드러냄과 동시에 여태 발언권을 얻지 못한 F에게 자연스럽게 바턴을 넘기며 F가 소외되지 않도록 배려하고 있다.

F: Yes, I agree with you. I want to stay with Koreans. I think I feel at home even when I am staying at home in other country. That will be helpful to get rid of homesick and we can share any useful information and advice each other. We can make Korean food together and ask some

favor when she goes to Korea for vacation and I can do the same thing for her.

저도 동의합니다. 저는 그래서 같은 한국인과 살고 싶어요. 저는 비록 외국인이지만 집에 있을 때 고향을 느끼고 싶어요. 한국사람과 살다 보면 한국에 있는 기분이 들고, 향수병도 떨칠 수 있을 것 같아요. 서로에게 유용한 정보나 조언도 해주고요. 같이 한국음식도 만들어 먹고, 친구가 한국에 갈 때 교대로 필요한 물건을 부탁하기도 쉽고요.

마침내 발언권을 얻은 F는 함께 살고 싶은 국적을 하나 더 보탬으로써 절반의 미션을 완성한다.

C: For now we choose the nationality we want to stay are Arabic, Japanese, Korean, Philippines and Thai, am I right? And the nationality we don't want to stay are American, and…

그럼 아라빅, 일본, 한국, 필리핀, 태국, 이렇게 4개의 국적이 함께 살고 싶은 국적이고, 미국이 함께 살고 싶지 않은 국가로 의견이 모아졌네요.

B: I said that I don't have any problem with Americans.
전 미국인과 사는 거 찬성한다고 말했는데요.

A: But what I told you is general ideas about Americans.
제가 말씀드린 건 미국인에 대한 전반적인 생각일 뿐이에요.

B: I don't think so. Americans know how to enjoy their life. But when it comes to working they really work hard. 전 그렇게 생각하지 않아요. 미국인들은 놀 땐 놀고, 일할 땐 굉장히 불같이 열심히 해요.

C가 나서서 지금까지 논의한 미션을 정리하자 A와 B는 그들만의 이슈였던 American을 두고 끝까지 논쟁을 벌인다. 불필요한 논쟁으로 공연히 시간만 허비해서 이 팀은 미션을 완수하지 못한 채 제한시간 종료를 맞이하고 만다. 군이 합격자를 뽑는다면 D, E, F가 되겠지만, 냉정한 면접관을 만날 경우 전체 조원이 불합격을 당할 수밖에 없다.

면접은 인간이 결정하는 일이기 때문에 마음을 다하면 운이 따르기 마련이다. 운은 저절로 굴러들어오는 것이 아니라 노력이 따라야 열린다. 아쉽게도 논쟁을 일삼느라 시간만 잡아먹은 팀의 일원이었다고 하자. 형편없는 조원들 가운데서 자연스럽게 존재감을 드러내며 주제와 미션에서 벗어나지 않게 남을 배려하려고 노력한 E에게는 면접관의 취향과 상관없이 분명 운이 따를 것이다.

에티하드
항공
기출 문제

If your friend from the foreign country just has one day to spend in Seoul, where would like to recommend to go?

A: I would like to recommend him to go to Insadong. Insadong is not really far from the Incheon International Airport. He can get there by subway in about 1 and a half hour. Insadong has plenty of traditional souvenirs and cultural activities. And Insadong is quite close to royal palaces in downtown. 전 인사동을 권하고 싶습니다. 인사동은 인천공항에서 그렇게 멀지도 않아요. 지하털을 타고 한 시간 반 정도만 가면 되니까요. 인사동에 가면 전통기념품을 쉽게 구할 수 있고, 전통놀이도 체험할 수 있는데다 경복궁과도 아주 가까워요.

B: I agree with you. Foreigners can try to wear Korean traditional costumes and take pictures there. So many cute items are provided at a reasonable price. And there are plenty of Korean restaurants serving delicious Korean food. 동감입니다. 외국인들은 한국전통의상을 입어보고 사진을 찍을

수도 있죠. 저렴한 가격에 아기자기한 기념품들도 구할 수 있고, 맛난 한국음식도 맛볼 수 있죠.

C: I would like to recommend to go Korean dry saunas. We call it 'Jjimjilbang'. Actually this is very unique place in the world. They can bath, relax, eat and sleep in the dry sauna. Korean's popular resting place. I am sure it will be impressive experience for tourists.

전 한국대중목욕탕 체험을 권하고 싶습니다. '찜질방'은 전 세계에서 유례를 찾기 힘든 곳으로 샤워, 휴식은 물론 음식을 먹고 잠을 자는 일까지 가능하잖아요. 한국에서 가장 유명한 휴식 공간인 찜질방에서 시간을 보낸다는 건 아주 인상적인 경험이 되리라고 믿어요.

D: That sounds great! What about Kangnam streets? Foreign visitors are very curious about what's going on in Kangnam streets since Psy's song 'Kangnam style' is loved by people all around the world. There are a lot of exclusive restaurants and fancy shopping places.

멋진 생각이에요. 강남거리는 어떨까요? 외국인들은 싸이의 '강남스타일'이란 노래 때문에 강남이 어떤 곳인지 정말 궁금해해요. 강남거리엔 멋진 식당과 쇼핑몰들이 즐비하고, 아마 인상적인 추억이 될 거예요.

E: I agree with you. Kangnam area is also close to Lotte world. It takes about only 30 minutes by subway, he can have lots of fun and turn off his brain for a while there. What do you think?

동의합니다. 강남은 롯데월드와도 가까워서 지하철로 30분만 가면 한동안 즐거운 시간을 보내다 갈 수 있어요. 어떻게 생각하세요?

F: That's a good idea. I also recommend him to go to 'Hongdae'. It takes less than two hours from the airport. Lots of Korean barbecue restaurants and noraebang, or Korean karaoke which he can sing in the room. Many fancy places to shop. He can experience young Korean fashion trend.

좋은 생각이에요. 홍대는 괜찮을 것 같지 않나요? 공항에서 2시간 좀 덜 걸리고, 많은 불고기 식당과 노래방이 있어, 한국 음식과 노래방 문화를 체험하기 좋은 곳인 것 같아요. 아기자기한 옷가게에서 한국의 젊은 패션취향도 느껴볼 수 있구요.

정해진 주제에 관해 자유롭게 자신의 의견을 나열하면 되는 비교적 다루기 쉬운 질문이다. 6명의 조원 모두 각자의 의견을 발표했고, E가 발언권을 얻지 못하고 있던 F를 마지막에 참여시키기까지 했으므로, 시간분배, 배려심, 팀워크 모든 요소가 잘 어우러진 조라고 할 수 있다. 이럴 경우 승무원의 이미지와 품성에 가장 잘 부합하는 응시생이 낙점될 가능성이 크다.

그룹 디스커션에서 주로 쓰이는 표현

그룹 디스커션은 면접관이 정한 토의 주제라는 결론에서 출발하기 때문에 한 조를 이룬 응시생들은 제한시간 안에 미션을 달성하기 위해 순발력 있게 대처해야 한다. 디스커션을 이어가는 내내 미소를 띠고 상대방의 의견을 긍정적인 마음으로 경청하며 존중해주는 모습을 보이는 것도 잊지 말아야 한다. 누군가의 의견에 반대의견을 제시하거나 비교, 선호하면서 논쟁의 여지를 남기기보다는 적절한 시기에 맞장구를 치고 빠른 호응을 보이면서 다른 사람에게 발언권을 넘겨준다.

입이 닳도록 연습하면서 암기해야 할 표현들이 바로 호응, 수긍, 동의의 표현이다.

I agree with + 사람 / I agree to + 명사 /I agree that s+v

I agree with the decision of the customer.

나는 고객의 의견에 동의합니다.

I agree that little changes are needed in the whole service system.

전체 시스템에 약간의 변화가 필요하다는 의견에 동의합니다.

I agree that children should learn a second language as soon as they start school.

어린이가 학교에 들어가자마자 제2의 외국어를 배워야한다는데 동의합니다.

In support of this, s+v

이를 지지하여 ~한다.

In support of this, customer service department should be more opened to customers.

고객서비스 부서는 고객에게 좀더 개방적이어야 한다는 의견을 지지합니다.

That is what I want to tell you./ That is what I m saying.

그게 바로 제가 말하려던 것입니다.

Definitely!/Exactly!/ Right!/ Correct!

맞습니다.

like you said

말씀하신 것처럼

I am in favor of ~

나는 ~에 찬성한다.

I am in favor of reinforcing bicycle helmets should be mandatory.

자전거 탈 때 반드시 헬멧을 써야한다는 의견에 찬성합니다.

I agree on the point that s+v

나는 이런 점에서 동의한다.

I am strongly support the idea of~

~라는 의견을 강력히 지지한다.

There is no reason t oppose ~

~를 반대할 이유가 없다.

I content/ maintain that s+v

~라고 주장한다.

나의 의견을 제시할 때

I firmly believed that s+v

나는 ~라고 굳게 믿고 있다.

I firmly believe that you make your own destiny.

나는 우리 자신이 우리 운명을 만든다는 것을 굳게 믿습니다.

from my point of view,

내 생각에는, 내 관점으로는

in my opinion s+v

제 의견으로는 ~하다.

In my opinion, the quality of student services has steadily improved.

제 생각에는 학생서비스의 질은 꾸준히 향상되어 왔습니다.

personally, I think (that) s+v

개인적으로 나는 ~라고 생각한다.

It is evident that s+v / evidently, s+v

그것은 명백하다.

It is evident that the defendant is guilty.

피고가 유죄인 것은 명백합니다.

It seems to me that

나에게는 ~라고 여겨진다.

as far as I see it,

내가 알기로는

as far as I am concerned,

내가 아는 한

I just wanted to mention~

나는 단지 ~을 말하고 싶다.

I consider it to be~

나는 그것이 ~라고 생각한다.

Let me begin by saying that~

~라고 말하면서 시작하고 싶다.

Let me get a sentence.

저도 말 좀 할게요.

반대할 때

conversely, s+v

반대로 -이다.

Conversely, the lower the airline ticket price the greater the demand.

반대로 비행기 티켓가격이 싸질수록 매출이 늘어납니다.

in opposition to+v, s+v

~에 반대하여 ~하다.

Most customer are speaking out in opposition to unexpected delay.

대부분의 승객들이 예기치 않은 비행지연에 반대했습니다.

in contrast, s+v / on the contrary, s+v

대조적으로

In contrast, airline homepage are updated frequently.

반대로 항공사 홈페이지는 빈번히 업데이트됩니다.

I am very against the idea of ~

~의 의견에 반대한다.

I am very against the idea of you.

당신의 의견에 전적으로 반대합니다.

I object to / I object that s+v

나는 -에 반대한다.

I object that animals are being used to make fur coats.

나는 동물을 모피 코트를 만드는 데 이용하는 것에 반대합니다.

I entirely disagree with ~

나는 ~에 전적으로 반대한다.

I entirely disagree with corporal punishment in schools

나는 학교에서의 체벌에 반대합니다.

*corporal punishment(체벌)

I don't think it is right + to + v

나는 ~은 옳지 않다고 생각한다.

I don't think it is right to prohibit student from accessing school computer for personal use.

학생들이 개인 용도로 학교 컴퓨터를 사용하지 못하게 하는 것이 옳다고 생각합니다.

I can't accept the fact that s + v

나는 ~라는 사실을 인정할 수가 없다.

I can not accept the fact that watching television has replaced reading as a favored pastime.

TV 시청이 취미활동으로 독서를 대신한다는 사실을 인정할 수 없습니다.

상대의 의견을 물을 때

What is your opinion on this?

이것에 대한 당신의 의견은 무엇인가요?

What do you think about that point?

저런 의견에 대해 당신은 어떻게 생각합니까?

Let's see what everyone has to say about this topic.

이 주제에 대해 사람들이 얘기하는 것을 봅시다.

Why don't we get some opinions from everyone.

모두의 의견을 좀 들어봅시다.

What are some points you would like to make about this?

이 일에 대해 당신이 말하고자 하는 것은 무엇입니까?

Let's go around the table and hear everyone's opinion.

탁자로 가서 모두의 의견을 경청합시다.

Let me ask what all of you think.

모두 어떻게 생각하시는지 묻겠어요.

Who has an opinion on this?

누구 여기에 대한 의견 있나요?

Anyone else want to contribute?

누구 의견 발표하실 분 있나요?

Do you have any other idea?

다른 의견 있으세요?

Do you agree or disagree with this?

이에 동의하나요? 반대하나요?

Anyone else has to say something on your mind?

I would like to point out here that~.

여기서 ~을 언급하고 싶다.

If I may put in my two cents,

내 소견을 분명히 말하자면

Let me tell you what I think about~

~에 대해 내가 어떻게 생각하는지 말하겠다.

일반적인 견해나 다른 사람의 의견을 인용해 말할 때

by and large

대체로

by and large, it is better to work with others than alone.

대체로 혼자 일하는 것보다 여러 사람들과 함께 일하는 것이 낫습니다.

normally

일반적으로

typically

보통, 전형적으로

as a rule

대체로

on the whole

전반적으로

generally speaking

일반적으로 말해서

on the average

평균적으로, 통상적으로

experts say that

전문가들은 ~라고 말한다.

many people believe that~

많은 사람들은 ~라고 믿는다.

some people argue that~

어떤 사람들은 ~라고 주장한다.

research has actually shown that~

실제로 ~라는 연구결과가 있다.

I've been heard of cases where~

심지어 ~한 경우까지 들어본 적이 있다.

There have been many studies done on

~에 대해 많은 연구가 행해졌다.

예를 들어 설명할 때의 표현

for example, for instance

예를 들자면

for one thing

단지 한 가지 예로

just as an example~

이런 것만 봐도 알 수 있다. 그 증거로 ~을 보라.

for evidence, look at- /take this for example

이것을 예로 들어보다.

Let me give you some examples.

제가 몇 가지 예를 들어볼게요.

Let me give you an example to help you further

understand my point.

제 의견에 대한 이해를 돕고자 예를 들어보겠습니다.

Compose yourself,
Final Interview

Be confident! Be yourself!

3차 그룹 디스커션에서 살아남았다면, 89%의 성공을 이룬 셈이다. 이제 남은 관문은 파이널 인터뷰다. 이 마지막 관문은 면접관이 지정한 장소에서 1:1 혹은 1:2 개별적으로 만나는데, 대부분의 경우 비즈니스호텔의 미팅룸이다.

면접실로 들어서는 당신이 인적상품이라면 면접관은 이력서와 커버레터를 훑어보면서 어떤 사람인지 꼼꼼히 점검하는 구매결정권자다. 1차 서류전형 때 제출했던 이력서는 당신이 그룹 디스커션을 보는 동안에도 면접관의 손 안에서 이리저리 페이지가 넘어가며 재검토된다. 다시 한 번 선명하고 인상적인 사진의 이미지가 면접관의 뇌리에 강하게 각인되는 시간이다.

복장과 헤어스타일은 이력서에 부착된 사진과 너무 동떨어진 이미지를 주지 않는 선에서 약간의 변화를 주는 정도가 좋다. 그루밍이 얼마나 중요한지는 더 말할 필요도 없지만 파이널 면접은 각별히 신경 써서 준비해야 한다. 복장은 물론 헤어, 메이크업, 네일, 앉고 서며 웃고 인사하는 방법까지 정중한 예의를 갖추어야 한다.

특히 시간엄수는 매우 중요하다. 파이널 면접 때 예정 시간 보다 일찍 대기하다 보면 우연찮게 면접관과 화장실이나 엘리베이터에서 마주치는 행운을 잡을 수도 있다. 그 순간은 면접관과 안면을 트고 눈도장을 찍기에 더할 나위 없이 좋은 기회이다. 화장실을 쓰려고 들어선 면접관에게 순번을 양보한다든가 손을 씻고 있는 면접관에게 핸드크림이라도 건네면서 부담 없이 말을 걸어보는 것이다.

"How are you today?" or "Did you sleep well?"

전 세계에서 하루에도 수백, 수천 명의 응시생을 상대해야 하는 면접관은 사실 누가 누군지 정확하게 기억하기 쉽지 않다. 말을 나누며 음성과 눈빛으로 자신의 이미지를 상대방에게 각인시키고 여운을 남기는 것은 소통의 통로가 된다. 굳이 이름을 밝히거나 어제 당신에게서 면접을 봤었는데 어땠냐? 연봉은 어느 정도인가? 자극적인 질문을 던져서 화장실을 쓰러 온 면접관을 짜증나게 해서는 안 된다.

평소 열심히 연습한 스몰토크는 체중과 암리치 측정, 회사소개시간뿐 아니라 이런 순간에도 재치 있게 활용해야 한다. 눈이 마주치면 면접관이 먼저 "Hi, girl. How are you doing?" 하고 말을 붙여오는 수도 있다. 당신이 마음에 들면 귀여운 네일아트나 액세서리를 칭찬하기도 할 것이다.

이때도 단답형으로 대답하기보다 꼬리 질문을 유도해서 대화를 이어나가면서 음성과 눈빛으로 열정의 에너지를 전하도록 한다. 다음 사람을 위해서 화장실을 청결하게 사용하거나 다른 응시생들에게 양보와 배려의 미덕을 보이는 것도 습관화해야 한다. 파이널 면접에서 합격했느냐 아니냐는 직감으로 짐작할 수 있다. 화기애애한 분위기로 미소를 지으며 나왔거나 면접관이 몇 군데 흉터를 지적하면서 수정이 가능하겠냐고 묻는다면 합격의 신호다.

나는 카타르항공 파이널 면접을 두 번 경험했는데, 낙방했을 때는 두 면접관이 뭔가 미안한 얼굴로 나를 물끄러미 바라보았다. 합격하던 날은 면접실에 들어서면서부터 내 이름을 힘차게 불러주며 시종일관 화기애애한 분위기였다. 행복한 일이 곧 벌어질 것만 같은 기분 좋은 예감이 실업으로 눅눅해졌던 마음을 햇볕 아래서 말리는 기분이었다. 나를 향해 지어주던 면접관들의 미소가 새로운 세계의 시작이었다는 것을 지금도 잊지 못한다.

포인트

· 1:1 혹은 1:2 파이널 면접
· 당신은 시어머니의 최종 점검만을 앞두고 있습니다.
· 면접관은 이미 당신을 마음에 두고 있습니다.
· 자신감과 밝은 첫인상으로 입실
· 입실시 예의를 갖추어 인사하며 면접관의 이름을 불러드린다.

면접관 Where is Byung Lim?

　　병림, 어디 있나요?

본인의 이름이 호명되면 면접관이 찾게 만들어서는 안

된다. 재빨리 대답을 하고 손을 흔들어 자신의 위치를 알린다.

응시생 should be more opened to customers

　　안녕하세요? 바비 그리고 에릭 면접관님? 정말 좋은 아침입니다.

면접관에게 먼저 친근하게 안부의 말을 건네면서 미리 기억해둔 면접관들의 이름을 불러주는 것을 잊지 않는다.

면접관 Is there any special reason that you feel very good today?

　　오늘이 특별히 좋은 아침인 특별한 이유가 있나요?

예사로 넘길 수도 있는 'very good morning'이란 말에 이유를 묻는 예리한 면접관은 응시생이 이 순간을 얼마나 기다렸나 확인하고 싶어 한다. 일할 의지가 강한 사람이라는 확신을 주기 위해 면접의 성패와 연관 지어 답변한다.

응시생 Actually I have been waiting for 6 months to be here. I got a 6-month penalty from last interview so I have to wait another chance to come. Finally I am here with you again and I can show how much

I improved myself. Why not? It is a fantastic day I can come closer to my dream. Very nice to meet you!

실은 오늘 이 자리에 다시 오기까지 6개월을 더 기다렸어요. 지난 번 면접에서 탈락해서 6개월 패널티를 받고, 와신상담하며 오늘을 준비했습니다. 마침내 이 자리에 다시 서게 되어 기쁘고, 그 동안 제가 얼마나 성장했는지 꼭 보여드리고 싶습니다. 이렇게 제 꿈 앞으로 한 발짝 가까이 서게 되었으니 어찌 환상적인 아침이 아니겠어요? 만나서 정말 반갑습니다. 면접관님!

과거 실패 경험을 꿈을 위해 노력한 시간으로 만들었다는 말로 긍정적인 사고방식을 자연스레 보여준다.

면접관 Wow, That is so cool. I am also very happy to meet you again. Alright, let's start. Let us talk about yourself. What did you study in the university?

정말 멋지네요. 저도 병림씨를 다시 만나게 되어 정말 기뻐요. 자, 그럼, 이제 시작해볼까요? 병림씨에 대해서 얘기해주세요. 대학에선 뭘 공부했죠?

응시생 I majored in Korean language and literature in the university. I pored over Korean novels and essays and loved to imagine and explore the new world through books. I realized the world is quite huge and unexplored. So I wanted to go into the world to see more. I needed to study something practical to go abroad. I went to the graduate school to get license for social welfare. As a Catholic I thought my religion will be helpful to work in social welfare. When I found cabin crew job it is quite attractive for me to help and assist people in need, I thought I am cut out for this position.

전 대학에서 국어국문학을 전공했습니다. 전 어려서부터 소설책을 탐독하면서 새로운 세상을 상상하는 걸 정말 좋아했어요. 여러 책을 읽으면서 세상은 무한히 넓다는 것을 깨닫고, 더 많은 것을 보기 위해서 세상 밖으로 나가야 한다고 생각했습니다. 해외에 나가려면 좀 더 실용성 있는 공부를 추가해야 한다고 생각해서 '사회복지사' 자격증을 따기 위해 대학원에도 진학했습니다. 저는 가톨릭 신자이기 때문에 제 종교적 가치관이 사회복지계열에 종사하는 데 도움이 될 거라 생각했습니다. 저는 승무원이란 직업이 저의 도움을 필요로 하는 승객들의 마음을 헤아리는 일인 만큼 제가 대학원에서 배운 지식이 큰 도움이 될 거라고 생각합니다. 그런 면에서 저는 이 직업에 알맞은 사람이라고 자신합니다.

전공이 승무원직과 어떤 연관이 있는가를 묻는 것이라기보다 본인을 통해서 이력서에 기재된 내용이 사실과 다름없는지 간단하게 확인하는 과정으로 느껴진다. 답변도 취업준비과정의 노력과 실질적인 공부 내용을 구체적으로 답한다.

면접관 But the period you attended in the graduate school is the same period you worked for the previous company. Could you please explain the reason why?
잠깐, 그런데 대학원을 다닌 기간이 직장에 근무하던 시간이랑 겹치는데 어떻게 된 거죠? 이유를 설명해 줄 수 있나요?

나이 지긋한 신사가 갑자기 안경을 고쳐 쓰면서 유심히 이력서를 검토하기 시작했다. 나름 고학력인 것이 행여 날조된 거짓으로 의심받은 것은 아닐까 싶을 즈음 응시생은 차분하게 답을 이어나간다.

응시생 It was the evening course. I attended the graduate school in the evening after work for 2 years. I had to work and study at the same time. Since I was working in the same university as a staff so that I could get a scholarship for graduate school. Working and studying together was very hard but I knew it would be rewarded in some day.
아, 대학원은 직장이 끝나는 대로 2년간 야간에 출석했습니다. 일하던 곳이 대학교였고, 직장이 끝나는 대로 강의실로 건너가 직원장학금을 받으며 공부할 수 있었기 때문에 일과 학업을 병행했습니다. 일과 학업을 병행하는 것이 힘들었지만 언젠가 보람으로 돌아올 거라고 믿었습니다.

면접관 Oh, that's wonderful. Let me ask you how did you manage to work?
와우, 정말 훌륭해요. 그럼, 이번에는 어떻게 일과 학업을 병행했는지 좀 들어봅시다.

마침내 의혹이 풀리며 경이로운 시선으로 B를 바라보는 면접관님, 일순간의 침묵을 유리하게 해석해본다.

응시생 Actually It was not easy to study and work at the same time. But I thought that was an investment for my future. I studied and worked as much as I could. Only thing in my mind was my future life as a cabin crew which I never experienced before. I didn't have any regret to leave for that. I thougt I could focus on the new life and got used to working and living there. I prepared lots of thing. First of all I asked myself why I really want to be a cabin crew, and what kind of career woman should be. I know the new world would be tough but rewarding and exciting as well. If I am allowed to be the member of your company, that means I am allowed to live another life. I will do my best.

물론 일과 학업을 병행한다는 건 쉽지 않아요. 그러나 전 미래를 위한 투자라고 생각하고 매달렸어요. 한 가지 분명한 건, 먼 훗날 승무원이 되면 뒤늦게 공부에 대한 미련으로 비행을 중단하지 않아도 된다는 사실이었죠. 새로운 생활에 마음껏 적응하면서 더 새로운 세계를 준비할 수 있다고 믿어요. 공부는 할 만큼 했고, 한국에서 경험도 충분히 쌓았어요. 그래서 우선 제 자신에게 왜 승무원이 되고 싶은지, 커리어우먼이 되려면 무엇을 준비해야 하는지 물었어요. 새로운 세계가 고되기도 하겠지만 보람있고 흥미로울 거라는 사실을 알았으니까요. 제가 귀사의 승무원으로 입사하는 영광을 얻게 된다면, 그건 새로운 삶을 얻는 것이나 다름없죠. 전 그 무엇에도 미련을 두지 않고 최선을 다 할 수 있어요.

미래를 위해 얼마나 단단히 각오하면서 프로정신으로 무장하고 여기까지 왔는지 설명하자 면접관이 과거 불합격의 이유를 알고 있는지 묻는다.

면접관 Why do you think you failed last time?

그럼, 지난 번엔 왜 떨어졌다고 생각해요?

응시생 Because I was not confident. I was not really sure about myself.

지금처럼 자신감이 없었어요. 제 자신에 대해서 확신이 없었어요.

자신감은 승무원에게 결정적인 요소이기 때문에 그 부분에 대한 자세한 설명을 요구한다.

면접관 Could you please tell me more what you mean by that?

어떤 말인지 좀 더 구체적으로 설명해줄 수 있나요?

응시생 I meant I didn't know enough about what kind of person I am. What I really can do and what I really want to. To figure out the difference between these two questions, I asked myself looking in the mirror everyday. But I was not sure about it. That made myself nervous. Other people, like an interviewer could tell that obviously.

당시엔 제가 어떤 사람인지, 제가 무엇을 할 수 있고, 무엇을 원하는지 잘 몰랐어요. 두 가지 문제 사이의 간극을 좁히기 위해서 시간이 필요했어요. 매일매일 거울을 들여다보면서 스스로에게 물었지만 알 수 없었죠. 그런 부분이 절 불안하게 만들었고, 면접관님들도 그것을 쉽게 파악하셨지 않았나 싶어요.

나의 꿈과 능력 사이의 괴리를 알고 그 간극을 좁히기

위해 거울을 보며 노력했다는 말을 듣고 이제는 완벽하게 준비되었다고 생각하느냐고 물었다.

면접관 Now do you think that you are ready for that position?

그럼, 지금은 확실히 준비가 됐나요?

응시생 Yes, I do. I am sure that what I am and what I can do. I am not confused about my future any more. I think I am cut out for this position.

물론입니다. 전 제가 원하는 바를 정확히 알고 있습니다. 제 미래에 대해서도 혼란스럽지 않습니다. 전 제가 승무원에 적임자라고 굳게 확신합니다.

무조건 자신감 있게 밀고 나가야 한다. 기회는 이때다, 하고 자신의 확고한 의지를 피력한다.

면접관 Very good. Lim, I want to see if our uniform fits on you. Could you please change this uniform and come and show me?

그래, 좋아요! 그럼, 우리 회사 유니폼이 얼마나 잘 어울리는지 좀 볼까요? 잠깐 탈의실로 가서 유니폼을 갈아입고 와서 내게 보여줄래요?

응시생 Sure.

물론입니다.

함박미소를 머금고 건네주신 유니폼을 받아들고는 탈의실로 간다. 광고와 사진으로만 보던 유니폼을 직접 받아드니, 손가락 사이로 밀려오는 촉감이 사막의 모래알처럼 눈부시고 부드럽다. 유니폼을 입고 면접실로 돌아오자, 면접관님이 전신과 정면, 측면 사진을 찍으며 한 마디 덧붙인다.

면접관 Could you please remove this little scar on your skin?

그런데, 이 정강이에 난 작은 멍을 없앨 수 있을까요?

정강이에 난 엷은 멍 자국을 염려하신 듯 제거할 수 있느냐고 물었다.

응시생 Sure. I need only few days. I will take a picture and send to you when it is removed.

물론입니다. 며칠이면 충분히 없앨 수 있습니다. 멍 제거 후 사진으로 찍어서 보내드리겠습니다.

면접관 Alright.

좋아요!

20여분 진행되었던 최종면접이 넘실대는 구름 위를 걷

는 듯 황홀하기만 하다. 마지막으로 엷은 상처를 가리 거나 제거할 수 있는지 물으면 99% 성공이다. 신체검사 와 떠날 준비를 위해서 알코올 섭취를 자제하고 최상의 컨디션을 유지하면서 짐 챙길 준비를 한다.

울음보를 터뜨리면 영원히 OUT!

응시생 A가 파이널 면접에서 인생에서 가장 보람된 순 간을 말해보라는 질문을 받고 해외자원봉사 경험을 얘 기하다 눈물을 글썽인다. 먹을 것이 남아돌아 버리는 세상에 아직도 필리핀의 쓰레기마을에 사는 아이들은 음식물 쓰레기로 연명하다 결국 병에 걸려 죽는다는 이 야기를 전해준다. 면접관은 묻는다.

면접관 Is that true? Where is that happened, by the way?
그게 실제로 일어난 일인가요? 도대체 어디서 그런 일이 일어난 거죠?

응시생 A는 필리핀의 작은 쓰레기마을의 이름을 대고, 인디아나 자카르타 오지에서는 어린이들이 노동현장에 서 고통 받고 있다고 말한다. 어른들의 보호를 받으며 학교나 유치원에서 공부할 아이들이 쓰레기를 파헤치 고, 돌을 깨며 가난한 살림을 돕는 것을 보고 가슴 아팠 다면서 차마 말을 잇지 못하고 울먹인다. 필리핀의 수 도 마닐라에서 유명 대학을 졸업하고 필리핀항공을 거 쳐 아랍항공사에서 탄탄한 경력을 쌓은 면접관은 차분 하게 한 마디 건넨다.

응시생 That's is quite miserable. Those children should be treated very well and saved by people. That is not their fault at all.

정말 일어나서는 안 되는 일이에요. 아무 죄 없고 나약한 어린이들은 어른들로부터 보호받아야 돼요.

상냥한 면접관은 화장지를 건네며 응시생 A의 눈물을 닦아주기까지 한다. 가슴 뭉클한 면접을 마쳤다고 자신한 응시생은 면접관들과 일일이 허그하면서 다음 만남을 기약하고 자리를 떠난다.

그러나 감정이 동요해서 아무 때나 수도꼭지처럼 눈물을 흘리는 사람은 서비스 현장에 적당하지 않다는 사실을 명심해야 한다. 면접은 어디까지나 성공을 확인하고 서로의 결정이 틀림없다는 것을 확인하는 과정이지 장황한 감정드라마를 펼치는 곳이 아니다. 파이널 면접에서 눈물로 호소하는 것은 절대 금물이다.

아랍항공사에는 인도나 필리핀 등지에서 선발되어 오랜 경력을 자랑하는 스마트한 승무원들이 많다. 창립 당시부터 역사를 함께해온 사람들이다. 면접관이 어느 국적인지 미리 알고 출신국가의 기아 난민 등 어두운 주제는 피해야 한다. 밝고 긍정적인 화제를 불러와 시종일관 유쾌한 분위기를 만들어 면접관을 웃게 만드는 것이 전략이다. 하루 종일 면접을 진행하느라 지쳐 있을 면접관에게 피로회복제 같은 미소와 멘트를 날린다면 환해진 면접관의 마음을 합격 레터로 확인할 수 있다.

I want to grow with your company

파이널 면접은 신체검사나 서류에서 이상이 발견되지 않는 한 그토록 소원하던 글로벌형 승무원이 될 수 있다. 이 고비를 잘 넘기지 못하면 6개월에서 1년에 이르는 패널티를 받아 숨이 넘어가도록 달려온 과정을 처음부터 다시 시작해야 한다. 최대한 긴장을 풀고 자연스러운 자세로 임해야 한다.

면접관 Come in, please. Are you Miss. Choi, right? Please have a seat.

자! 어서 와요, 최아람씨 맞죠? 자리에 앉으세요.

면접실로 들어서면 면접관이 자리를 안내하면서 이력서에 적힌 이름과 수험번호 등 응시자의 신원을 확인한다.

응시생 Yes, I am. Here is my resume.

네, 맞습니다. 여기 제가 준비한 이력서가 있습니다.

면접관 Oh! Thank you. Alright. Now let us go through your resume and we will give you a couple of questions? Alright? Your email address is oooo.

오, 고마워요. 그럼, 이제 본격적으로 한 번 시작해볼까요? 몇 가지 확인할 게 있어요. 이메일 주소가 이게 맞나요?

응시생 Yes. It is correct!

네, 맞습니다.

면접관 How much time do you need to join us if you are the successful candidate?

만약 합격한다면, 준비하는 데 얼마나 시간이 필요한가요?

응시생 Well, I think around one month will be fine.

대략, 한 달 정도면 충분할 것 같습니다.

면접관 Good. Is this your first interview with us?

좋아요, 이번이 우리 회사와는 첫 번째 인터뷰인가요?

응시생 Yes, this is my first apply for your company.

네, 이번이 처음입니다.

면접관 Are you working now?

현재 직장에 다니고 있나요?

응시생 I am just working as a part timer because I am a college student. My last semester will be finished in coming December so I don't have any problem to start to work with you after one month.

현재는 대학생 신분이기 때문에 아르바이트 정도만 하고 있습니다. 하지만 마지막 학기는 12월에 끝나니 합격 후 입사하는 데 지장이 없습니다.

면접관 That's very good. well. Str...

정말요, 잘 됐군요. 근데. 이 호텔 이름이..

응시생 Oh. that is Strahcona Hotel which I worked as an intern in sales department.

아, 제가 인턴으로 일했던 Strahcona 호텔이에요.

면접관 Could you please tell me what you are exactly doing in that department?

그 호텔에서 구체적으로 어떤 일을 하셨어요?

응시생 Although I worked as an intern in sales department my manager wanted me to go though all the works and learn the basic structure of the hotel business. Writing a contract, dealing with customers on the phone and taking part in a business meeting. He taught me so many things.

전 세일즈 팀의 인턴이었는데 매니저는 제가 여러 경험을 하기 바라는 마음에서 호텔의 모든 일을 두루 시키셨어요. 계약서 작성뿐만 아니라 고객을 응대하고 미팅에

참석하는 것, 클라이언트와의 만남 등 모든 걸 가르쳐주
셨죠.

면접관 Wow, did you say that you dealt with customers? Then have you ever got a complaint from your customer?

고객 응대도 하셨다구요? 그럼 혹시 고객 컴플레인을 받은 적이 있나요?

응시생 Of course not, I just worked for 4 months. But I got a complaint when I worked in wedding dress cafe. The cafe was providing an opportunity to take a picture in wedding dress and tuxedo like couples. Actually that was quite interesting cafe so dating couple can experience a marriage event. But one day one customer asked me to discount the price too much. At that time I was just a part timer so I did not have any responsibility or authority to do that. I told him that I could give him a chance to take a polaroid picture instead.

호텔에서는 4달 일했어요. 짧은 기간이라 그런 적은 없었죠. 하지만 제가 드레스 카페에 일했을 때 컴플레인을 받은 적이 있었어요. 그 카페는 손님이 웨딩드레스와 턱시도를 입고 신랑과 신부처럼 사진을 찍을 수 있는 특이한 카페였는데 하루는 어떤 손님이 무리하게 디스카운트

를 요구했어요. 당시에 저는 일개 직원이어서 규정상 그렇게 해줄 수가 없었죠. 그래서 이렇게 말씀드렸어요. 손님, 진심으로 죄송합니다. 규정상 그 점은 어렵고, 그래도 자주 오시는 손님이니 폴라로이드 사진을 예쁘게 찍어드릴게요, 라고 했습니다.

면접관 Then what he said?

그랬더니 손님의 반응은 어땠나요?

응시생 Well, actually he was very satisfied for that. It costed about 2 dollars. He was happy it was free. As a cafe staff, I was able to do that enough. And he was pleased with the way I treated him.

폴라로이드 가격이 이천 원 정도였는데 그걸 무료로 찍어드리겠다고 하니 만족하셨어요. 그 정도는 제가 해드릴 수 있는 부분이었으니까요. 제가 응대하는 태도에 만족해하셨어요.

면접관 Alright, you have a very nice hobby, belly dance. Are you serious?

벨리댄스를 취미로 가졌군요. 정말로 할 줄 알아요?

응시생 Yes, I do!

그럼요!

면접관 And you did Taekwondo as well!

태권도도 할 줄 알아요?

응시생 Yes. I have a black belt!

네, 검은 띠예요!

면접관 Wow, so you are really good at fighting! but don't fight with passengers.

와, 그럼 정말 잘 싸우겠네요. 근데 승객들과는 싸우면 절대 안 돼요!

응시생 (Laughing) Of course not.

하하, 물론입니다.

면접관 Let me ask you about teamwork. Have you ever met colleague who disturbed teamwork?

그럼, 이제 팀워크에 대해서 질문을 좀 할게요. 팀워크를 해치는 동료를 만나본 적 있나요?

응시생 Well, when I was working in a wedding dress cafe, there was one staff always late for work. I approached to her nicely not to be late but she was still the same. So I firmly spoke to her since I was a little bit senior to her by the time.

드레스카페에서 일할 때, 직원 한 명이 자꾸 지각을 하더라구요. 처음에는 웃으면서 얘기했지만 나중에는 내가 약간 선배여서 일찍 다녔으면 좋겠다고 단호하게 얘기했죠.

면접관 Then she appreciated your advice?

그러니 그녀가 받아들였나요?

응시생 She told me that she did not mean at all. She could not stop waking up late. So I gave her a wake-up call everyday.

그 친구가 그러더라고요. 지각하려는 건 아닌데 매번 늦게 일어난대요. 그래서 그 친구를 매일 깨워줬죠.

면접관 Everyday? Are you serious?

매일이요?! 대단한데요.

응시생 Well. I just woke her up only for 2 weeks.

겨우 이주일동안 그녀를 깨워준걸요.

면접관 And then what happened to her?

그 후에는 어떻게 됐나요?

응시생 She was able to wake up early without my help.

그 친구 혼자 스스로 일찍 일어날 수 있었어요.

파이널 인터뷰는 약 20분 동안 대화하듯이 진행된다.

응시생이 마음에 들면 웃고 수다 떨 듯이 자연스러웠던 분위기가 연출된다. 면접관도 인터뷰 중이었다는 걸 잠시 잊고 깔깔대며 웃을 정도다. 질문이 있으면 이메일로 보내달라는 말을 마지막으로 면접관들과 악수하고 방을 나온다.

면접관은 이력서에 기재된 사실을 바탕으로 취미 같은 가벼운 소재로 시작해 팀워크, 고객응대 경험으로 주제를 넓혀가며 서비스인의 자질을 점검한다. 위 응시생의 경우 면접관의 질문 방향과 의도에서 벗어나는 일 없이 맥을 잘 잡아나갔다. 본격적인 면접에 들어가기 전, 합격하면 준비하는 데 시간이 얼마나 필요한가를 묻는 것으로 보아 마음에 들어 한다는 것을 알 수 있다.

여기에 탄력을 받은 응시생은 곧 떠날 수 있는 여건임을 의욕적으로 전하고 있다. 남자친구나 가족이 눈에 밟혀 망설이는 모습을 보이거나 가족과 여행을 마치고 갈 수 있게 해달라고 유아적인 청을 넣는 응시생들과 달리 독립적인 모습이다. 이렇게 화기애애하고 막힘없이 이루어진 파이널 면접은 면접관의 선택이 옳다는 것을 확인하는 과정이라 빠른 속도로 다음 프로세스가 진행된다.

Final
interview
기출 4

유쾌한 공감대로 대화 유도

면접관 Hi, good morning? How are you today?
좋은 아침입니다. 오늘 기분은 어떠세요?

응시생 I am good. Nice to meet to you again!
좋아요. 만나서 반갑습니다.

면접관 Yea, it is great. Alright, let me go through your resume.
좋아요. 그럼 이력서를 한 번 볼까요?

응시생 Here you are.
여기 있습니다.

면접관 Alright, I found that you have a certificate for laugh therapy. Could you please tell me what it is?
이력서 보니까 웃음치료사 자격증 있던데 그게 뭐죠?

응시생 Well, that was actually 3-day program in college. We can laugh and take lectures for 3 days and then we could get a certificate.

학교에서 하는 프로그램이었는데, 3일 동안 웃고 수업 들으면 주는 거예요.

면접관 It is interesting. Could you please explain more in detail?
흥미로운데 좀 더 자세히 설명해주실래요?

응시생 Just keep laughing for 3 days. Do you want me to show you now?
진짜 3일 동안 계속 웃으면 되는 건데 한번 보여드릴까요?

면접관 Why not!
그러세요.

응시생 Are you ready? Let's go!
준비되셨죠? 그럼 웃습니다.(말이 끝나자마자 미친 듯이 웃는다)

면접관 (함께 따라 웃으며) So what did you learn from that?
그 수업을 통해 무얼 배웠죠?

응시생 Well. Laughing makes people happy and healthy. We can be happy by laughing even though we face difficulties in life.
웃음은 사람을 행복하고 건강하게 해주는 것 같아요. 아

무리 슬픈 일이 있어도 웃음을 통해 행복해질 수 있으니 까요.

면접관 Oh, I see. You went to Cambodia as overseas volunteer. What did you do there?
캄보디아로 해외봉사 갔다 왔던데 거기서 무얼 했나요?

응시생 I painted an old elementary school wall.
낡은 초등학교 벽을 페인트칠 해줬어요.

면접관 Do you prefer working alone to working as a team?
다른 사람들과 함께 일하는 것보다 혼자 일하는 걸 더 좋아하나요?

응시생 I prefer working as a team.
다른 사람들과 함께 일하는 것을 더 좋아합니다.

면접관 Could you please tell me why?
이유가 뭐죠?

응시생 When I worked in Cambodia as a volunteer, many male friends were there to work with. We had done our work so quickly thanks to teamwork. People told me that I was strong like a man.
내가 캄보디아에서 페인트칠 할 때 남자들도 같이 일을

했는데 일이 정말 빨리 끝났어요. 그때 사람들이 나더러 남자처럼 힘이 세다고 했었지요.

면접관 By the way, how did you communicate with them?
근데 캄보디아에서 의사소통은 어떻게 했나요?

응시생 There was a local student who majored in Korean. He helped us to translate between Cambodian and Korean. Also we could talk each other in English.
거기에 한국어 전공하는 남자애가 있어서 통역도 해주고 우리는 서로 영어로도 대화를 나누었어요.

면접관 Do you want to say anything before we close?
면접을 마치기 전에 또 하고 싶은 말 있어요?

응시생 I want to be a recruiter like you in the future. Can I?
다음에 승무원 되고 나서 당신처럼 면접관이 될 수 있을까요?

면접관 Yes, you can. You can apply for the position after a certain period of flying experience.
할 수 있어요. 비행경력을 몇 년 쌓은 뒤에 지원하면 돼요.

응시생 Oh, thank you. Can I hug you before I go? I want to cherish this moment with you.

마지막으로 당신들 안아 봐도 될까요? 이런 소중한 순간을 잊고 싶지 않아요.

면접관 Alright. Let's hug each other.
물론이죠. 같이 허그해요.

응시생 Thank you so much. Hope to see you again.
감사합니다. 꼭 다시 만나기를 바랍니다.

이 응시생은 '웃음치료사' 자격증에 호기심을 보이는 면접관에게 뜻밖의 웃음을 선사함으로써 즐거운 분위기로 시작을 열었다. 긴장하지 않고 실수 없이 첫 단추를 잘 끼었기 때문에 다음 질문에서도 면접관의 주의를 흩트리지 않고 적절한 답변을 제시할 수 있었다.

파이널 면접 기출문제들을 정리해보면 이력서 기재사항 본인 확인, 자격증, 해외봉사, 서비스 경력, 팀워크, 떠날 준비하는 데 걸리는 시간에 대한 질문이 대부분이다. 면접관은 하루에도 수십 명한테 같은 질문을 던져야 한다. 가장 중요한 것은 긍정적인 에너지를 전달하는 것이다. 가식 없이 있는 그대로의 모습을 보여주고, 동문서답하지 않으면서 승무원으로 일하고 싶은 간절한 마음을 전달하는 것이다.

파이널 면접의 핵심은 꼬리 질문이다

면접관 Hi. Did you have your lunch? What did you eat?

점심 먹었어요? 뭘 먹었나요?

먼저 질문을 던지며 응시생에게 관심을 보이는 경우, 적극적인 자세로 화답해서 호흡을 맞춰준다.

면접관 Have you ever been to other country? How long have you been there?

어느 나라 가봤어요? 얼마 동안이나 있었나요?

응시생 I have been lived in New York for few years when I was young. I studied in New Zealand for 8 months and I traveled to Japan and Thailand.

어릴 때 뉴욕에 몇 년 살았고 8개월 동안 뉴질랜드로 유학 간 적 있고 그 이후로 일본, 태국에 여행 갔었어요.

면접관 Where did you learn Japanese?

그런데 일본어 어디서 배웠어요?

응시생 I learn Japanese as a second language in high school and learn again in college.

고등학교 때 제2외국어로 배웠고 대학교 때도 항공일본어를 배웠어요.

면접관 Alright! Which country do you like the most?

좋아요, 어떤 나라를 가장 좋아해요?

응시생 New Zealand.

뉴질랜드요.

면접관 Wow, I also lived in New Zealand before!

정말요? 나도 예전에 뉴질랜드에 살았어요.

응시생 Really? Where did you live?

정말요? 뉴질랜드 어디요?

면접관 Aukland.

오클랜드요.

응시생 Wow! Me too! It is really beautiful, isn't it?

어머, 저두요, 진짜 아름답지 않아요?

면접관 Right, Such a beautiful city. I want to go there again. Who lived with you?

정말 아름답지요. 나도 다시 가고 싶어요. 거기서는 누구랑 살았어요?

응시생 I stayed with home stay family for 8 months. Grandfather was so warm hearted and grandmother was a good cook. House was so cozy and nice. I was a lucky girl.

홈스테이 가족들이랑 8개월 내내 같이 살았어요. 할아버지는 너무 따뜻한 사람이었고 할머니는 요리도 잘하셨어요. 집도 예쁘게 꾸며서 정말 편했어요! 나는 행운아였지요.

면접관 Were there any rules you need to follow?

홈스테이에 어떤 규율같은 건 없었어요?

응시생 Grandmother was so neat and tidy so she did not allowed me to have my meal in my room.

할머니가 너무 깔끔하셔서 방에서는 음식을 먹을 수 없었어요.

면접관 So did you follow?

그래서 잘 따랐나요?

응시생 Actually I didn't understand it well in the beginning but I tried to follow because it was a rule. But I had some cup of tea or coffee in my room.

사실 첨에는 이해가 좀 안 갔지만 룰이니까 따르려고 노

력했지요. 그래도 차 한잔 정도는 마셨어요.

면접관 What was the difference from Korean?

한국인이랑 다른 점이 뭐였어?

응시생 Well, I think Koreans have a warm heart even though they don't express and show well. In my opinion, Koreans are so shy that they don't really say hi to strangers. However I found people in New Zealand very friendly and willing to say hi even to strangers. That was so touching and impressive to me.

내 생각에 한국인들은 굉장히 따뜻한 마음을 가졌지만 그걸 잘 표현하지 못하는 것 같아요. 수줍음도 많아서 모르는 사람한테는 인사도 잘 안 하거든요. 근데 뉴질랜드 사람들은 처음 보는 사람들한테도 너무 밝고 기분 좋게 인사해주고 친근하게 잘 대해주는 것 같아서 감동받은 적 많았어요.

면접관 Alright, when you worked in Italian restaurant, normally did you deal with Italian customers or Korean customers?

이탈리안 레스토랑 일할 때 고객이 한국인이었나요, 아니면 외국인이었나요?

응시생 Both.

둘 다요.

면접관 Who do you prefer?

어느 쪽을 더 선호해요?

응시생 To be honest, I preferred Italian customers. Because they always tried to be gentle and nice to me.

나는 솔직히 외국인들이 더 좋았어요. 왜냐면, 그 사람들은 항상 예의바르고 친절했거든요.

면접관 So have you ever been doing better service to them?

그럼 외국고객을 위해 더 세심하게 서비스 했나요?

응시생 Yes, I have. You know Arabiata, which is very spicy spaghetti.

아라비아따 알죠? 엄청 매운 스파게티요.

면접관 Yes, I know.

네, 알아요!

응시생 That is pretty spicy dish. But the customer did not know that. He was about to order it. So kindly I explained to him it would be really spicy if he did

not like spicy food. Actually I said to him "don't order it."

알다시피 굉장히 매운 음식이잖아요. 근데 그걸 모르고 시키려고 하는 거예요. 그때 내가 친절하게 설명했어요. 정말 매운 음식이니까 만약 매운 음식 못 먹으면 주문하지 말라고요.

면접관 Really? So what did you do then?

정말요? 그러고 나서 어떻게 했어요? (흥미진진해 하는 면접관)

응시생 I just recommended Cream spaghetti.

까르보나라 추천해줬어요. (이 답이 끝나자 면접관과 응시생이 화기애애하게 웃음)

면접관 Hahaha, alright. Do you prefer working alone or as a team?

팀으로 일하는 게 좋아요 아니면 혼자 하는 게 좋아요?

응시생 Of course, I like to work as a team.

당연히 팀에서 일하는 게 좋지요.

면접관 Why?

왜죠?

응시생 Because we can enjoy working and save time when

we work together. And I think all the colleagues will be good role models to learn something.

왜냐하면, 일이 힘들더라도 같이 하면 즐겁게 할 수 있고 시간도 절약되니까요. 그리고 동료들이 나에게 좋은 롤모델이 돼서 매일 새로운 걸 배울 수 있거든요.

면접관 Have you ever given any negative feedback to your colleagues?

동료에게 듣기 싫은 피드백 한 적 있나요?

응시생 Well. Yes. When I worked in pizza restaurant I was really busy. One of my colleague always disappeared whenever she was about to clean up the table. That was quite important work for us. She always went to the toilet whenever I needed her help. Other colleagues also did not like her. So I spoke to her in a nice way that we had to work as a team to achieve the same goal. Then she was getting better a little bit.

네. 피자가게에서 일한 적이 있었는데 매일 정말 바빴어요. 근데 동료 중 한명이 손님들이 식사를 마친 테이블을 치워야 할 때 사라지는 거예요. 그때마다 화장실에 갔어요. 그 일이 가장 힘들고 중요한 일이었거든요. 다른 동료들도 그걸 알고 기분이 좋지 않았어요. 그래서 나중에 내가 따로 얘기를 했어요. 우리가 고객들에게 좋은 서비스를 제공하기 위해서는 서로 도우면서 기분 좋게 일해야 된다고 최대한 나이스하게 얘기를 했어요. 그랬더니 그 동료도 조금씩 나아졌어요.

면접관 Have you ever got any complaint from your customers?

고객에게 컴플레인 받은 적 있나요?

응시생 Yes. I have. When I worked in the fitness center, one customer did not collect his personal belongings. So I kept it for him for a while but later he came and shouted at me saying that I took his stuff in my own way. He was younger than me, but he shouted and cursed as well.

헬스클럽에서 일할 때였는데 라커에 개인 물품을 보관하는 기간이 정해져 있는데 그 기간이 끝나도 찾으러 오질 않는 고객이 있었어요. 그래서 소지품을 따로 보관을 해뒀는데 한참 후에 와서는 자기 물건에 맘대로 손댔다고 나한테 소리 지르고 심지어 욕까지 했어요. 저보다 어렸거든요. (이 말이 끝나자 면접관이 웃음)

면접관 And how did you handle the angry customer?

그럼 고객이 화를 낼 때 어떻게 대처하나요?

응시생 Actually I listened to him first of all. Most people

are calm down when somebody just listen to them with sympathy. I told him "I do really understand you." Then most customers smiled and cleared up misunderstanding in the end.

우선 고객의 얘기를 들어줍니다. 대부분의 사람들은 진심으로 그 상황에 대해 공감을 갖고 들어주면 화가 가라앉아요. 나중에는 오해가 풀려서 웃으며 돌아갑니다.

면접관 Good. Do you have any friends who work with us?

좋아요. 지인 중에 카타르항공에서 일하는 사람 있어요?

응시생 So many. That's why I need to join as soon as possible.

엄청 많아요. 그래서 나도 빨리 가야 해요.

면접관 Have you read about our rules? Can you follow well if you join with us?

우리 룰 읽어봤나요? 회사에 들어오면 잘 지킬 수 있지요?

응시생 Absolutely yes!

그야 물론입니다.

면접관 Alright. Our interview is almost done. By the way, can you change your gold tooth into white in the upper side? I want you to show me by email after you change it. If you do it in a local clinic in Doha, it is quite expensive. And make sure you change your hair in one color as well. Can you do it?

우리 이제 거의 끝났어요. 근데 아까 보니까 윗니에 금니 두 개 있던데 그거 하얀색으로 바꾸고 사진 찍어서 이메일로 보내줄 수 있나요? 꼭 미리 하고 와야 해요. 도하는 치과 치료비가 정말 비싸거든요. 그리고 우리는 머리색도 한 컬러로 염색하고, 알았죠?

응시생 Of course. I will do it immediately.

그럼요, 당장 하겠습니다.

면접관 Do you want to say anything else?

뭐 궁금한 거나 할 말 더 있어요?

응시생 Yes. I really want to say something. May I?

꼭 하고 싶은 말 있어요.

면접관 Sure. What is that?

물론이에요. 하고 싶은 말이 뭐죠?

응시생 Actually I had a really hard time to be here. I failed several times when most of my friends passed and joined your company. I really appreciated this opportunity you gave me. And you are really popular to all candidates because of your lovely smile.

사실 그동안 많이 힘들었어요. 같이 준비하던 친구들이 거의 다 승무원 돼서 일하고 있는데 나는 계속 떨어졌어요. 나한테 이렇게 소중한 기회를 줘서 감사하다는 말 꼭 전하고 싶어요. 그리고 면접관님이 지원자들 사이에서 인기 정말 많아요. 미소가 너무 매력적이라고요!

면접관 캄쌰함미다앙! (한국말로 답변해주는 면접관)

이 경우는 면접관이 응시생을 아주 마음에 들어해, 이미 합격을 결정한 후 여러 가지 제반사항들을 점검하는 자리나 마찬가지다. '캄사합니다'하고 어설픈 한국어로 친절하게 대하는 것만 봐도 응시생을 얼마나 마음에 들어하는지 알 수 있다. 응시생이 솔직하고 순발력 있게 답을 하는 내내 웃음을 잃지 않고 유쾌한 분위기가 끝까지 유지되었다. 묻는 말에만 답변하는 데 그치지 않고, 여기까지 오기 위해서 얼마나 열심히 달려왔는지 얘기하는 간절한 모습도 좋게 보였을 것이다. 서비스 경력과 관련된 질문을 계속 했지만 응시생은 면접관의 꼬리 질문을 자신에게 유리한 방향으로 자연스럽게 이끌어갔다.

So what did you say?
So how did you handle that situation?

Then what the customer said?
So how did you feel?
So what did you learn from that experience?
Why did you do that?

이 경우에도 파이널 면접의 핵심인 꼬리 질문이 배제되지 않았다. 응시생은 질문의 맥이 끊어지지 않도록 대화의 흐름이 잘 이끌어야 한다. 꼬리 질문을 유도해서 면접관이 지속적인 관심을 갖도록 한다. 질문과 질문 사이에 웃음을 연발할 수 있도록 재치 있게 답변한다. 지루하거나 건조하지 않은 표정과 몸짓, 아이컨택을 유지하는 것도 잊지 말자.

아랍항공사 기출문제

01. What have you learned from your past jobs?

02. What were your biggest responsibilities?

03. What specific skills acquired or used in previous jobs related to this position?

04. What did you like most/least about your last job?

05. Why did you choose your major?

06. What was your favorite classes/activities at school?

07. How do you think your education has prepared you for this position?

08. How did your previous experience related to this position?

09. How many hours can you work?

10. Can you travel?

11. Do you have a location preference?

12. What do you expect from this job?

13. How will this job fit in your career plans?

14. What type of position are you interested in?

15. How would you achieve the success in life?

16. What would you like to do for five years from now on?

17. Do you smoke?

면접에 자주 나오는 질문

01. What is your minimum salary requirement this time?

02. Are you willing to take a series of personality tests?

03. Why do you want to work for this company?

04. What did you learn from last position?

05. What do you consider to be your strong points?

06. How do you feel about working overtime?

07. How do you work under pressure?

08. Why are you unemployed?

09. How do you spend your leisure time?

10. How do you get along with your peers?

11. What is your ambition in life?

12. What did you enjoy most about your last position?

13. What is your definition of success?

14. What motivated you?

15. What do you consider to be your weak points?

16. How do you feel about working for a woman or a younger person?

17. What kinds of problems do you enjoy solving?

18. Have you ever been fired? If yes, why?

19. How ambitious are you?

20. What do you consider your outstanding achievements?

21. What are your short-term career goals?

22. Why do you want to change your job?

23. Are you active in community affairs? If so, describe them?

24. Will you feel sad if you fail this time?

25. Will you feel happy if your friend pass this time?

26. Where did you go to school?

27. What subject did you major in?

28. What school did you graduate from?

29. What is your hobby?

30. What is your favorite food?

31. How tall are you?

32. What do you usually do with your pocket money?

33. How is your health?

34. Do you have any license?

35. Do you cook yourself?

36. How many are there in your family?

37. Tell me about your hometown.

38. Do your parents have any objections about becoming a CA?

39. Where were you born?

40. What is your favorite subject?

41. How did you spend your last birthday?

42. Can you speak English well?

43. Where did you learn English?

44. How are you today?

45. Why did you late for this interview?

46. Do you have any special skills?

47. How many languages can you speak?

48. Can you speak any other language besides English?

49. Do you have a boyfriend?

50. How did you spend your vacations while you were in school?

51. Do you exercise often? How often do you exercise?

52. What sports do you like most?

53. Which country would like to go in the future?

54. What did you do with the money you earned?

55. How would you cooperate with others as a member of this company?

56. What point do you like about this job?

57. What would like to do after quitting this job?

58. What is the most difficult thing in crew life?

59. Can you do this well even though it is very hard?

60. How can I let you know the result of the interview?

61. Do you think you can pass?

62. If we hire you, can you work in a month?

63. Do you have any particular conditions that you would like the company to take into consideration?

64. Why do you think you couldn't pass?

65. What do you think about this job?

66. Why do you want to be with us instead of two Korean airlines?

67. What made you choose this airline?

68. How long are you planning to stay with us?

69. When can you start working?

70. What do you think is the best airline?

승무원과 승객 사이, 기내 롤플레이

1. If a passenger smokes on the airplane, how can you handle him/her?

: : As far as I am concerned, safety always comes first. I will politely ask him to stop it and get his details and immediately informed to my supervisor.

2. If a baby keeps crying, what would you do?

: : If a baby is keep crying, that is a sign of hunger or discomfort. Babies express their feeling by crying. At the same time it might disturb other passenger's rest. So I will ask the mother if she need any assistance. If she needs baby food or more diapers, I will provide them immediately.

3. How can you recognize a passenger who is angry?

: : I think I can find it from their facial expression. Sometimes we can tell by his shouting or complaining. But most of time, passenger's facial expression reflects what they feel.

4. If a drunken passenger keeps requesting more alcohol, what would you do?

: : Although passenger definitely looks so drunken, I

might not say to him that he is drunken. Because that makes him more insisting. For his good rest and wellbeing, I will try to slow down and offer some water. I will also inform other colleagues to refrain him from being intoxicated. Everyone keeps monitoring him until he gets sobered up.

5. If you knew you were dying in a month, what would you do?

：： I will spend most time with my family. Because I came to this world through my family.

6. If there is a bomb threat, how would you feel? How would you handle yourself?

：： I must be very scared. But I will try to be calm and inform other colleagues and captains. So we follow the procedure as long as time permitted.

7. If a passenger wants to change his/her seat to first class, what would you do?

：： I think I don't have authority to upgrade his seat as he wants. That will not be allowed even if he is willing to pay to me. Once he was allowed to seat in first class with any reason, it is not fair to other passenger in EY and FC. So I will politely refused his request and promise to treat

him in EY with all my sincere heart.

8. If a passenger asks you on a date, what would you do?

：： If the reason why he asked my number is he got a good impression as a person, and he wants to see me outside as a friend. However I know that I work as a crew not as his friend. Also I am a representative of my company. If I give my personal number to whomever asked, that will be unprofessional. I will refuse politely. If he keeps insisting I will ask him to leave his name card instead.

9. If you have some tension with your senior, how can you handle it?

：： I know it can happen. But if I show my senior that I got stressed by her, it will be an argument. For most cases, all the conflicts or difficulties come from misunderstanding. And sometimes using magic word, smile and addressing colleague's name nicely will be a very easy way to solve the problem. I will keep calm and try to find a chance to assist or speak to her friendly. Soon she will understand that I am not against her. I am there to support her.

10. If a passenger takes a blanket, what would you do?

：： Actually, that always happens. I also took one blanket

for souvenir when I travelled as a passenger in ABC Airline. But it belongs to company, so I will politely speak to a passenger to leave it in original location.

12. What would be your reaction toward an angry passenger?

：：First of all, I will listen showing sympathy to him until he finishes. Normally an angry passenger wants to express his anger and somebody to listen to him. I will also find out what makes him angry and do something to make him feel better.

13. If a passenger speaks strange language to you, how will you handle?

：：I know there are some people who are not able to speak English at all. They only can speak their own language and I am not able to understand it. Still I won't ignore them I will use my smile and try to understand and help them. Fortunately we have a language speaker on board I will ask her some assistance. I will take care of that passenger to be treated well.

『서른 살 승무원』추천사에서 드러난 아랍항공사 명문장

승무원 도전 소설『서른 살 승무원』을 발표할 때 카타르항공 시니어 매니지먼트에서 한국인 예비승무원들을 위한 격려의 글을 직접 써주셨다. 당시 받았던 추천사를 의역을 달아 소개하고, 주요어휘에 설명을 곁들였다. 면접을 통과했다 하더라도 현지의 임원이나 동료가 구사하는 영어수준을 따라잡지 못하면 힘든 세월을 겪고 만다.

영어가 모국어가 아닌 나라에서 꿈을 좇아 먼 사막으로 온 사람들은 한국인만이 아니다. 전 세계 80여 나라에서 인종, 종교, 민족, 이념을 넘어 오로지 꿈을 이루기 위해 고향을 떠나온 사람들은 열정만큼 유창한 영어를 구사한다. 반듯하고 다부진 자세가 돋보이는 고급스러운 언어와 처신으로 난관을 극복하는 장면을 목격할 때마다 실로 많은 것을 배운다.

아래 추천사 전문에 나타난 주요표현들은 쉽게 쓰였지만 글을 통해 드러난 글쓴이의 인품에 고개를 끄덕이게 만드는 멋진 글이다. 회사를 대표해서 글을 쓰거나 전갈을 보낼 때 지키는 격식으로 글쓴이는 물론 출신국과 회사의 수준을 가늠할 수 있다. 세계적인 수준을 자랑하는 아랍항공사에서 직원을 뽑을 때도 회사 이미지에 잘 맞는 사람인가가 중요하나. 경박한 어휘는 삼가고,

간결하면서도 예의바르게 말하는 연습을 부단히 해야한다.

∷ At about age seven, I remember seeing my aunt off to flight at the airport. She was immaculately groomed, donned a smart uniform and I wondered how elegant and important she looked working on the airplane. Ever since that moment was seared in my memory which inspired me to realize my dream of becoming cabin crew. To me, it wasn't just a job-it was a life!

The mere mention of the cabin crew job conjures up images of jetting away to an exotic Maldivian Island or skiing in the majestic Alps. Of course the job itself is not always glamorous, but most people do not possess the mobility of the cabin crew to see the world while they are still young enough to enjoy it.

see off 배웅하다/ immaculately 오점 없는, 결점 없는 / mere 단순한, 단지~에 불과한 / conjures up 주문을 외어 상상으로 나타나게 하다/glamorous 매력에 찬, 황홀한/ immaculately groomed =well-behaved, well-mannered 티없이 말쑥하고 단정한 차림새 / conjures something up - 을 떠올리게 하다.   을 상기시키다

제 나이 일곱 살 무렵, 공항에서 비행을 떠나던 이모를 배웅하던 기억이 지금도 생생합니다. 티 하나 없이 말쑥하고 단정한

승무원 유니폼을 차려입고 비행기에 오를 때 우아하고 멋진 광채가 이모의 모습을 눈부시게 만들었습니다. 그 날 이후로 승무원이란 직업은 제 마음 속에 직업 이상의 어떤 숙명으로 다가왔습니다.

승무원이란 단어를 떠올리는 것만으로도 이국적인 매력이 철철 넘쳐흐르는 몰디브의 멋진 섬이나 장대한 알프스 산등성이에 달려 있었습니다. 물론 승무원의 일이 우리의 환상처럼 언제나 황홀하지만은 않습니다. 그러나 많은 사람들이 승무원이란 직업을 단순히 젊은 시절에 전 세계를 두루 여행하면서 즐기는 것으로만 이해하지는 않습니다.

∷ What is about a cabin crew that makes little kids longingly stare and adults charmed and envious? Could it be the lifestyle and freedom to jet away to faraway places? The uniform? The star quality of these chosen few? The cabin crew job holds wide appeal and it is commonplace for cabin crew to be male or female, younger or older, married or single, any race, even parents. Anyone who has never experienced a cabin crew career will never comprehend just how powerful it is. Cabin crews are very close comrades as a result of having this unique passion in common. There is a wide belief that the job is a daring and unusual dream experience Cabin crews are considered to be gusty individuals who regard the world as their playground.

comrades 동무, 전우, 동료애 / as a result of ~의 결과로/ gusty 거센, 돌풍이 부는/ unique passion 독특한 열정

그렇다면 승무원이란 직업의 무엇이 일곱 살 난 어린 아이의 가슴에 동경과 열정을 불러일으켰을까요? 전 세계 방방곡곡을 마음껏 여행할 수 있는 생활과 자유로움이었을까요? 아니면 단지 그럴듯한 유니폼 덕분이었을까요? 승무원이라는 직업의 몇 가지 스타성 때문이었을까요? 승무원을 향한 선망과 매력은 남녀노소를 구분하지 않고 폭넓은 팬층을 확보하고 있습니다. 기혼이든 미혼이든, 인종을 불문하고 심지어 부모님 세대에서도 환호가 대단합니다. 그러나 승무원의 세계를 직접 경험해 보지 않고는 이 직업의 매력과 장점을 제대로 이해하기 어렵습니다. 이 직업의 성취와 열정을 공통적으로 경험한 승무원들의 동료애는 매우 두텁습니다. 승무원들은 스스로를 세계를 무대로 기운차고 활발하게 활동하는 세계인으로 생각합니다. 자신을 재발견하게 해주는 대담무쌍하며 특별한, 꿈의 직업임에 틀림없습니다.

∶ ∶ Many seem to think the job is glamorous. For instance walking through the terminal in a large group of other crew is quite fun. I used to travel to and from work in my uniform and get looks and questions. It is always a talking point when people ask you what you do for a living. Of course, those who fly know that in reality the job is hard work, sometimes with long hours and grouchy customers. It is difficult to find the glamour in your job when you are down on your hands and knees in the galley, going through meal carts looking for someone's lower dentures they left on a tray! Or working 14-hours a day due to a mechanical delay. Or dealing with a planeload passengers during heavy turbulence. These things are all part and parcel of the job. But the fun and excitement far outweighs these things.

glamorous 황홀한, 화려한, 매력적인 / For instance 예를 들면/ in a large group of 무리로, 떼 지어/ do for a living 생계를 위해서 무엇을 하다/ grouchy 불평불만 많은, 투덜대는/ down on your hands and knees 손과 무릎으로 꿇어앉아/ galley 기내주방, 부엌/ look for ~을 찾다/ due to ~ 때문에/ deal with ~을 다루다, 처리하다/ heavy turbulence 극심한 기류변화/ part and parcel 주요부분, 본질적인 부분/ far outweigh 훨씬 더 중요하다

많은 사람들이 막연히 승무원이라는 직업이 화려할 것이라고 생각합니다. 예를 들자면, 공항에서 모델을 능가하는 당당한 워킹으로 무리지어 걸어가는 승무원들을 보면서 사람들은 동경과 선망을 갖습니다. 저는 유니폼을 입고 출근과 여행을 동시에 합니다. 사람들의 시선과 질문을 한 몸에 받곤 합니다. 생활을 유지해야 하는 방편의 의미로써 '승무원'이라는 직업을 이야기할 때는 이 직업이 매력적이기만 할까 묻지 않을 수 없습니다. 비행을 해보신 분들은 알겠지만 이 직업은 굉장히 고되며, 때로 다리가 퉁퉁 붓도록 장시간 서 있기도 합니다. 까다로운 승객

때문에 애를 먹을 때도 있습니다. 기내 주방에서 손과 무릎이 바닥에 닿도록 엎드리고 일어나는 일을 반복하면서 직업의 황홀감을 느끼기는 어렵습니다. 식사카트를 끌고 캐빈으로 힘차게 나가야만 하고, 승객의 잃어버린 틀니를 찾기 위해 동분서주하다 승객의 식사쟁반에 있었다는 것을 알았을 때의 기분은 어떻겠습니까? 혹은 기계적인 결함으로 하루에 무려 14시간 동안 연착되거나 혹독한 이상기류 속에서 승객을 일일이 돌보는 일 역시 황홀하다고만 할 수는 없을 것입니다. 실제로 현장에서 자주 벌어지는 일들이지만 일에서 느끼는 보람과 즐거움과 자부심은 모든 고생을 넘어섭니다.

∷ The charisma has so much to do with the look of the cabin crew as the places they travel. These sharply dressed men and women who serve you meals or beverages in the air seem to be the epitome of romance; what will they do when they are off duty? Shop in Rome? Party in Frankfurt? Catch a Broadway show in New York? Tour the Pyramids or Catacombs? What celebrities do they commonly meet and what interesting stories could they tell about these people? Each airline has a unique uniform, smartly tailored, completed with the airline logo. Training is sometimes long and arduous. Trainees must not only be strong and resourceful but intelligent, healthy and energetic to graduate.

charisma 카리스마, 군중을 휘어잡는 매력/ epitome 완벽한 본보기, 전형/ celebrities 명사, 유명인사/ arduous 고되다, 힘든/ not only A but also B A 뿐만 아니라 B 역시도 = B as well as A/ resourceful 지략있는, 슬기와 계략있는

사람들이 여행을 할 때 기내에서 만나는 승무원의 매력은 굉장합니다. 단정하고 맵시 나게 유니폼을 차려 입은 남녀 승무원들이 식사 서비스를 하는 모습 하나만으로도 승객들은 나름의 로맨스를 꿈꿉니다. 승무원들은 비행이 없는 날 뭘 하면서 보낼까? 로마에서 쇼핑을 할까? 프랑크푸르트에서 파티를 즐길까? 아니면 뉴욕에서 브로드웨이 공연을 관람할까? 이집트의 피라미드나 로마의 지하동굴을 찾아 나설까? 어떤 유명 인사들과 어울리며 사교활동을 하는지, 또 어떤 흥미진진한 얘깃거리를 감추고 있을지 많은 궁금증과 환상을 갖고 있습니다. 승무원들은 항공사 로고가 새겨진 멋지게 재단된 고유의 유니폼을 입습니다. 처음 입사해 받는 신입 승무원들의 훈련은 고될 뿐만 아니라 쉽게 끝나지 않습니다. 훈련기간 내내 승무원들에게는 강한 정신력과 풍부한 기지와 총명한 두뇌가 요구됩니다. 건강하고 열정적으로 훈련에 임해야만 무사히 트레이닝을 마치고 실제 비행에 투입될 수 있습니다.

∷ Possibly the most important component of the aura of mystery surrounding the cabin crew is the fact that which is difficult to obtain is often the most coveted. Not just anyone can become a cabin crew; thousand of cabin crew wannabes apply for these jobs every month, but few are chosen. Statistics show that on average, less than 10% of those who apply are selected for the job. What separates the people chosen from the ones left behind? That is part of the magic, and sometimes it is not something that can be even put into words. After meeting the requirements, applicants must convey a certain persona to the recruiters, and the recruiters are adept in discovering those who have what it takes.

component 구성요소, 부품/ aura 어떤 인물이나 장소가 풍기는 독특한 기운, 에너지/difficult to obtain 얻기 어려운, 달성하기 힘든/ apply for 에 지원하다, 응모하다/ put into words 말로 형언하다/ convey 감정을 싣다, 운반하다/ requirements 자격조건/ be adept in -에 전문가인

사실 승무원이란 직업을 향한 동경과 선망을 만드는 가장 중요한 요소는 누구나 쉽게 꿈꾸는 직업이면서 성취하기가 어렵다는 사실일 겁니다. 아무나 승무원이 되지는 않습니다. 매달 수천 명의 지원자들이 응시하지만 합격하는 사람은 소수에 불과합니다. 통계에 따르면 전체 응시생의 10%만이 기회를 얻습니다. 그렇다면 선택된 자와 그렇지 못한 자를 가르는 차이는 어디에서 오는 걸까요? 그것은 마법이라고 말할 수 있습니다. 말로 설명할 수 없는 어떤 힘입니다. 자격요건에 합당한 사람들을 일단 걸러낸 후 응시생들은 면접관들에게 자신의 자질을 보여주는

데, 숙련된 면접관들은 오랜 경험과 기준을 토대로 누가 적임자인지를 판가름합니다.

：：Some cabin crews are in the job for life and stay till retirement or take up management position at the airline. Some cabin crews do it after university for a couple of years. But whatever you choose to do, enjoy the great experience! Walt Disney once said "All our dreams can come true-if we have the courage to pursue them." It could be tough for starters to break into the career but keep trying and don't give up. So prepare to take on one of the most rewarding jobs in the world and realize your dream of becoming a cabin crew. Best of luck!

take up management position 관리자의 위치까지 오르다/for a couple of 1-2년 동안/ keep trying 계속해서 노력하다, 도전하다/ give up 포기하다/rewarding 보람된, 수익있는

어떤 승무원들은 은퇴하는 날까지 비행을 평생의 업으로 삼거나, 항공사의 경영관리직으로 전환하기도 합니다. 대학을 졸업하고 1~2년 경험삼아 하다가 그만두는 승무원도 있습니다. 어떤 선택과 결정을 하든지 항공승무원으로 살았던 시절만큼은 굉장한 축복이 아닐 수 없습니다. 월트 디즈니는 "꿈을 얻으려고 애쓰는 용기만 있다면 우리가 꾸는 모든 꿈은 이루어진다"고 말했습니다. 승무원이라는 멋진 직업을 갖는 과정이 고되고 어

렵더라도 포기하지 마십시오. 이 세상에서 가장 보람되고 매력적인 직업 중의 하나인 항공승무원의 꿈을 위해 준비하고 노력해서 꼭 이루시기 바랍니다. 합격의 영광이 꿈을 사랑하는 여러분 모두에게 있기를 바랍니다.

추천사 말미에 쓴 매니지먼트의 바람과 염려가 눈길을 끈다. 생면부지의 타국살이에 지쳐 끝까지 적응하지 못하고 낙오되는 사람들과의 인연에 안타까움이 담겨 있다. 되도록 오래 회사와 함께 성장할 사람을 찾고 있다. 그러기 위해서는 회사가 정해준 가이드라인에 순응하면서도 자신의 역량을 발휘하는 지혜가 필요하다. 실수를 통해 배우고 성장하며 회사와의 인연의 깊이를 더해가는 현숙함이 외항사 승무원의 자질임을 다시 한 번 되새기게 하는 훌륭한 글이다.

승무원이 되고 나면 개인 이메일과 전용사이트를 통해 하루가 다르게 업데이트되는 모든 서비스와 안전에 대한 새로운 소식을 영어로 받아본다. 항공사 자체에서 통용되는 영어는 굉장히 고급이다. 글로 표현하는 언어예절에서 그 사람의 교육수준과 인성과 자질까지도 훤히 들여다볼 수 있다. 오성항공사의 품격에 맞는 복장과 용모, 언어습관을 글을 통해서도 생활화한다. 카타르항공뿐 아니라 세계적인 수준의 서비스와 안전을 자랑하는 중동의 메이저급 항공사와 유럽, 미주, 아시아의 이름만 들으면 대번에 알 수 있는 항공사도 마찬가지다.

카타르항공은 2011년, 2012년 그리고 2015년 세 차례에 걸쳐 세계최고항공사로 선정되었다. 파이브스타 항공사로 거듭난 것은 1993년 설립 이후 불과 5년여 만의 일이다. 수년전에 터를 잡고 명성을 날리던 메이저급 경쟁사들을 단숨에 따라잡은 데는 오일머니의 막강한 힘과 더불어 카타르항공만의 정신이 있었기 때문이다. 카타르항공의 모토인 "world's 5-star airline"은 모든 분야에서 세계 최고의 명품을 추구한다.

승무원도 예외가 아니다. 2013년 '세계최고승무원상'을 수상해서 프리미엄클래스 승무원의 품격을 명실 공히 인정받았다. 그렇다면 명품승무원의 자질은 무엇일까? 카타르항공에서 추구하는 승무원의 이미지는 태양에서 찾을 수 있다. 예를 갖출 줄 알면서도 자기주관이 뚜렷한 사람을 원한다. 강인하면서도 언제나 화사하고 유쾌한 사람과 함께 하고 싶어 한다.

My Interview
Story

합격: 지병림 멘토링의 열매

김혜주(K-move 멘토링 1기)
2014 에미레이트항공 합격

2012년 12월말, 외국 항공사에서 일하며 해외 취업의 꿈을 이루겠다고 가슴 한 켠에 품어왔던 꿈을 꺼내 세상 앞에 내놓았다. 때로는 불안해하며 남들 하는 것처럼 학원에도 등록을 하고 몇 달 간을 나름의 노력으로 채웠다. 공고가 나면 끊임없이 지원을 했으나 꿈은 쉽게 다가오지 않았다. 이력서, 면접 시뮬레이션, 스터디. 어느 정도 궤도에 오른 것은 아닐까 생각했지만 계속된 실패 앞에 마음 속 물음표는 지워지지 않았다.

"정말 이게 내 길일까?"

그렇게 슬럼프가 찾아왔다. 혹시 내 목소리가 너무 낮은 것은 아닐까? 아니면 내 미간에 있는 흉터가 문제가 되는 걸까? 내 피부가 너무 까맣기 때문일까? 면접에서 떨어질 때면, 부족한 부분을 생각하며 한없이 가라앉기만 했다. 어느 순간부터 의욕을 잃게 되면서 승무원에 대한 꿈은 흐지부지 아련해지는 것 같았다.

그러던 어느 날, 운명처럼 '한국산업인력공단'에서 주관하는 K-Move 멘토링 프로그램을 만나게 되었다. 카타르 항공의 사무장으로 재직 중임과 동시에 소설가의 이름을 가진 지병림 멘토님! 이 프로그램에 꼭 참여해야만 한다는 생각이 강하게 들었다. 멘토님을 만나며 다가오지 않을 것 같던 꿈은 이렇게 현실로 다가오기 시작했다.

멘토링 프로그램 안에서, 좌절하던 마음을 버리고 멘토님이 주신 긍정적인 마음만을 남겼다. 피그말리온 효과를 믿으며 함께하는 멘티님들과 소중한 꿈을 더욱 키워나갈 수 있는 시간을 만나게 된 것이다. 누군가의 합격 소식에 상처부터 받던 모습은 더 이상 없었다. 할 수 있다는 나에 대한 믿음과, 멘토링과 스터디 모임 속에서 커져가는 기본 역량은 물론이요, 긍정적인 에너지가 점점 커져갔다. 멘토님이 전해주시는 알찬 팁들은 물론, 스터디를 함께한 멘티님들이 주시는 애정 어린 조언들을 받아들여 하나하나 개선해 나갔다.

때마침 에미레이트 채용 공고가 나면서 그동안 닦아온 기량을 살려 재도전을 하게 되었다. 다소 떨리는 마음을 감출 수는 없었지만, 멘토링을 함께 하며 지켜온 자신감과 긍정적인 에너지가 면접관들에게도 분명히 전달될 수 있었던 것 같다. 그토록 열리지 않던 관문을 하나하나 통과하며, 그동안 어렵게만 보이던 파이널을 통과하고, 이제 조이닝을 앞두게 되었다. 지병림 멘토링과 함께 성장하는 멘티님들의 보다 많은 합격을 위해 학원 대행사 면접-CV Drop-Assesment Day-Final Interview에 이어지는 면접과정을 독자여러분들과 공유한다.

1. 학원대행사 면접

학원 면접은 사전에 공지된 시간대에 방문하여 이루어졌다. 한 번에 8명 정도가 입실해 봉투에 담긴 사진을 받아서 장면에 대해 묘사를 하고, 꼬리질문 등에 답하는 형태였다.

- 컴퓨터가 놓여진 강의실에 앉아있는 대학생들
- 기숙사 공용 부엌으로 보이는 장소에 앉아있거나 한 사람들,
- 냇가(?)에 앉은 뒷모습의 남녀
- 겨울이고 시장처럼 매대가 놓여 있고 물건을 파는 사람이 있는 풍경
- 나이 많은 여성이 굵은 뿔테에 턱을 괸 마치 책 표지 같은 상반신 사진
- 남녀가 싸운 것 같은 모습
- 의사와 면담하고 있는 환자가 있는 병원 풍경

이런 다양한 사진들이 등장했는데, 나는 불행(?)하게도 '세월호'를 연상 시키는 여객선이 바다 위 덩그러니 놓인 사진을 뽑았다. 당황도 했고, 내용 자체가 우울해질까봐 걱정이 많이 됐지만 무엇이 떠오르느냐?는 말에 떠올리기도 마음 아픈 '세월호'라는 안타까운 사건이 있었다고 언급했다. 이에 대해서 꼬리질문이 이어졌다.

- 왜 그런 일이 생겼고, 어떻게 방지할 수 있을까?
- 당신이 그 배에 승선한 승무원이라면 어떻게 했겠는가?
- 지시를 따랐기 때문에 많은 사람들이 사고를 당했습니다. 앞으로 어떻게 지시를 해야 승객이 신뢰하게 할 수 있을까?

처음에는 횡설수설한 부분이 있지만, 샌프란시스코 공항에서 아시아나 여객기가 충돌했을 때 승무원의 대응으로 참사 규모를 줄일 수 있었다고 비교해서 설명했다. 단순히 안내지침을 방송으로만 떠들 것이 아니라, 직접 행동하는 모습으로 신뢰를 얻을 수 있을 거라고 말했다. 이날 전반적으로 느낀 점은 생각보다 당황하여 충분히 참신하게 해석할 수 있는 부분에서 막힌다는 점이었다.

예를 들면, 남녀가 사진 속에 있으면 대부분 애정관계로만 해석을 하는 경향이 있다. 때문에 당시 면접관은 이미 그 사진을 연인으로 해석한 사람이 너무 많았다, 참신한 것 없나? 이런 형태로 코멘트가 날아간 경우들도 많았던 기억이 난다. 이 관문에서는 영어실력과 주관적이긴 하지만 말할 때의 태도(이미지)가 중요했다.

2. CV Drop

8시까지 면접 장소인 역삼동, 르네상스 호텔에 집합했다. CV와 여권사진, 전신사진을 준비했고 기타 요구하는 서류들을 챙겼다. 원래 샵에서 메이크업이랑 헤어를 잘 받지 않는데 이 날은 친구와 함께 예약해서 가서 받았다. 나는 남색 재킷에 톤다운 된 오렌지색 원피스를 입었는데, 다른 지원자들의 의상은 색깔부터 아주 화려

했다. 주로 밝은 계열의 주황색이나 하얀색 옷이 많이 보였고, 원피스나 투피스 차림도 있었다.

현지 면접관은 9시에 모습을 드러냈다. '크리스티나'와 '미라'라는 이름의 두 여성이었다. 크리스티나는 그리스 출신에 승무원에서 전직한 케이스였고, 미라는 전직 승무원 여부는 알 수 없고 불가리아인이었다.

나는 앞에서 1/3쯤 되는 지점에 앉아 있었고, 두 면접관은 1시간 반 가량 '회사 소개'에 해당하는 프레젠테이션을 진행했다. 당시 의자가 크게 두 그룹으로 정렬되어 있었는데, 왼쪽 그룹은 크리스티나에게, 오른쪽 그룹은 미라에게 CV Drop을 하게 되었다. 앞에서부터 걸어 나가 면접관에게 준비해 온 서류를 제출하면, 간단한 스몰토크 개념의 대화가 이루어지고, 역시 사진을 보여주고 설명하도록 한다. 이것이 CV Drop의 모든 절차로 저는 12시 전에 하고 나왔는데, 하루 동안 약 300명의 인원을 상대로 오후 3시까지 진행되었다.

면접 내내 최대한 상냥하고 좋은 인상을 전달하기 위해서 앉아서 계속 무슨 말을 할지 되뇌었다. 앞에 서면, 밝게 인사 나누고 바로, "The presentation was so inspiring!"이라고 말하려고 했다. 막상 서류를 들고 서자, 바로 미라가 "How are you?"라고 물어서, 자동적으로 "I'm very good, and you?"라는 메아리만 남겼다. 그 대목에서 약간 위축됐는데 "What are you doing now?"라고 물었다. 회사를 다니고 있기 때문에 지금 하고 있는 일에 대해 설명을 좀 장황하게 하게 되었다.

지금 이런저런 일을 담당하는데 이게 내가 승무원 하고 싶은 열정을 더욱 불 지폈다. 이 경험들이 EK의 승무원

이 된다면 꼭 도움이 될 것이라고 믿는다는 사족까지 달았다. 면접관은 거의 나를 쳐다보지도 않고, 나는 혼자 말하는 상황이라 그때부터 어쩐지 더 작아지고, 긴장이 되기 시작했다. 그러자 면접관 미라는 덤덤하게 A4에 출력된 사진, 총 3컷이 담긴 종이를 건네며, 그 중 2컷을 손가락으로 짚으며 제게 설명해 보라고 했다.

앉아서 앞에 몇몇 분들이 하고 가는 걸 보니, 어떤 사람은 면접관 앞에 아주 바른 정자세로 서서 약간 내려다보듯 대화를 하고, 어떤 사람은 상체를 숙여 면접관과 눈높이를 어느 정도 맞추려는 상태에서 대화를 했다. 각각 어떤 평가를 받았는지는 알 수 없지만 신체의 제스처도 중요하다고 느꼈다. 자세를 낮춰 눈높이를 맞추고, 받은 사진도 설명할 때는 면접관이 볼 수 있도록 잡았다. 설명하고 있는 부분은 기상캐스터처럼 펼친 손으로 짚으며 이야기했다.

나는 솔직히 지금도 내게 주어진 사진이 무엇이었는지 잘 모르겠다. 사막 근처 국가의 관광지역이랄까? 첫 번째 사진은 사람 키의 두 배는 될 듯한 두 개의 큰 기둥이 서 있는 장면에 관광객들이 보이는 풍경이었다. 두 번째 사진은 관람대가 가로로 놓여 있고 관람대 너머에 적색 흙벽을 바라보도록 된 역사관광지 같았다.

"음… 첫 번째는 지금 여기 큰 기둥처럼 된 부분, 이것은 어떤 신전 같아요. 관광지인 것처럼 보입니다. 관광객들이 이것을 보기 위해서 찾아간 것 같네요. 여기 관광객들이 여러 명 있어요. 두 번째 그림도 역시 관광지 같아요. 여기 가로로 된 곳에서 뭔가를 바라볼 수 있도록

되어 있네요. 뒤쪽에 있는 이 절벽 부분을 보려고 하는 것 같습니다."

그러자 미라는 "That's it?"이라고 해서, 더 이상 상상력을 발휘할 수 없을 것 같아, "Yes"라고 답했다. 그것이 끝이었다. 손에 든 종이가 떨리도록 떨기도 너무 떨었고, 설명도 부족하다 여겼기에 사실 기대를 하지 않았었다. 그런데 합격 전화를 받게 되어서 다시 용기를 내어 마지막 관문을 준비했다.

3. Assesment Day

CV Drop할 때 받은 메이크업이 마음에 들지 않아 직접하고 가게 되었다. 옷은 그대로 똑같은 것을 입었고, 11시까지 현장에 도착했다. 8시 그룹 분들이 첫 번째 관문을 넘고 대기 중인 상태였다.

1) 암리치 & 스몰그룹토크

70명 정도의 지원자들은 큰 원 2개로 앉았다. 30명 정도가 한 원을 이뤘다. 암리치는 발레리나처럼 발꿈치를 치켜드는 것이 절대 허용되지 않는다. 보통 가장 높게 닿을 수 있도록 왼쪽 발부터 오른쪽 손끝까지 이어 대각선으로 몸을 기울여 팔을 뻗는 것도 인정되지 않는다. 양쪽 어깨 수평 상태에서, 그대로 엄지발가락은 바닥에 지탱한 채로 까치발을 들어 팔을 그대로 뻗어야 한다. 아깝게 되지 않는 사람은 옷을 갈아입거나 스트레칭을 한 다음 다시 도전했다.

그 사이 한 사람씩 불려가 3명씩 그룹 지어 사진을 한 장씩 받았다. 사진은 사물과 도시였다. 사물의 경우 보편적으로 그 사물이 쓰이는 것이 아닌 창의적 다른 쓰임을 고민하는 것이었다. 도시의 경우 내 친구에게 이곳을 여행지로 추천하고 어트랙션을 설명하라는 상황을 주었다. 암리치를 한 사람씩 재기 때문에 함께 이야기하고, 할 말을 연습할 시간이 충분하다. 암리치가 모두 끝나고, 각 조는 순서대로 일어나 자신의 사진에 대해 프레젠테이션을 진행했다.

나는 부에노스아이레스(아르헨티나)를 설명하는 조였다. 도시 사진이 크게 하나 있으면 귀퉁이에 추가적인 이미지가 2개 정도 삽입되어 참고할 수 있다. 비록 탱고를 살사라고 설명하긴 했지만 무난하게 잘 설명한 것 같았다. 발언하는 태도에서 주는 전체적인 느낌을 판단한다는 생각이 많이 들었다. 특히, 디렉션을 제대로 따르는 부분이 굉장히 중요하다고 느껴졌다.

친구에게 설명하듯 여행지를 추천해야 하는데 어떤 팀은 아예 사진을 설명하는 형태로 프레젠테이션을 했다. 면접관이 중간에 사진을 설명하라는 지시가 아니라고 말하자 당황하는 모습을 보였다. 시간도 다른 팀들과 대비해서 길게 지체했다. 면접 전반을 통틀어 면접관의 지시에 조금이라도 벗어나는 부분은 삼가는 것이 좋다.

2) 필기시험 & 아티클 요약

긴 지문에 딸린 여러 객관식 질문으로 내용 확인, 단어의 쓰임 등을 묻는 것이 2개 지문 정도 나왔다. 문법에 맞게 단어를 선택하는 질문들이 여럿 나왔고, 표지판을 보고 가장 알맞게 상황을 기술한 답을 고르는 것도 나왔다. 1시간 조금 넘게 준 것 같은데 문제 풀기에 부족하지 않았다. 모든 사람들이 문제를 풀고 있는 동안, 번호를 불러서 앞으로 따로 나와 면접관 앞에 앉고 A4 종이에 적힌 아티클을 받게 된다. 이것을 소리 내어 읽은 후에, 면접관에게 읽은 내용을 요약해서 설명해야 한다.

내용은 중동 문화에 관련된 에티켓, 라마단 등이었다고 들었다. 내가 받은 내용은 라마단이었는데, 멘토님과의 멘토링 시간 때 자세히 설명 들은 부분이 바로 라마단이었기 때문에 누구보다도 자신이 있었다. 다만, 실제 아티클을 읽을 때에는 어려운 단어들이 중간중간 섞여 있어, 내용을 이해하고 읽기 어려웠다. 그래서 생각 없이 읽는 데만 집중하면 내용이 머리에 하나도 남지 않는 것 같았다. 한참 읽다가 기억해야 된다는 생각이 퍼뜩 들어, 끝 부분에 나왔던 단어를 기억해서 요약하며 언급해주는 방법을 썼다.

탈락한 사람들 가운데, 영어실력이 출중하신 분들도 있다는 얘기를 듣게 되어 아티클 요약선발과정에 다른 기준이 있었던 것은 아닐까 생각했다. 빛이 잘 드는 가까운 곳에서 피부 상태를 체크하기 위함이라는 이야기도 있고, 말하고 설명하는 태도에 연관된 부분도 크리라는 판단이 들었다.

3) 그룹디스커션

평소에 내가 약하다고 생각하는 부분이, 대략 15명 안팎의 인원이 하는 대형 그룹디스커션이다. 6-8명 안팎이 가장 무난한 인원 구성인데 인원수가 많아지면 아무래도 쉽지 않았다. 몰입하는 모습을 보여주는 것도, 또 말할 틈을 찾는 것도 만만찮은 도전이었다. 그런데 마지막 관문인 이 그룹디스커션은 거의 20명 정도의 인원이 진행하게 되었다.

옆의 그룹은 배관이 터진 건지, water가 flooded 된 상황이었던 것 같은데 자세히 알 수가 없었다. 내가 속한 그룹은 여객선이 overbooking 되어서 accommodation을 2명에게 제공할 수 있는 상황일 때, 보기에 주어진 후보군(?)들 중 어떤 사람에게 혜택을 제공할 것인가에 대한 내용이었다.

처음 5분여의 시간 동안 2명 당 하나씩의 상황 설명지를 제공하고 준비하게 했다. 다같이 디스커션 하는 시간을 대략 10분 정도 준 것으로 기억한다. 사실 나는 아예 배에 '태울' 수 있는 인원이 2명이라고 이해해서 완벽히 situation을 이해하지 못한 상태였는데 다행히 디스커션 방향에서 멀어지지는 않았다.

후보는, 아들이 효도여행 보내준 할머니, 신혼부부, 충성고객, 비즈니스 상 관계가 있는 여행사 에이전트의 휴가, 도로교통부 장관, 여행 잡지 기자 등등이었다. 중간중간 디렉션 주는 역할을 하려고 약간 오버하려는 노력도 했다. 아무래도 욕심이 나다보니 평소 내가 하던 것보다 많이 오버해서 디스커션에 참여했다.

Assesement Day 전에 이 대형 그룹 디스커션을 하면서 받은 코멘트가, 너무 involved 되어 있지 않은 듯한 태도, 생각하는 것처럼 보이는 태도 등을 지적받았기 때문인 것 같다. 이 단계에서는 면접관들 두 사람 다 디스커션 자체에 집중한다는 느낌은 못 받았다. 거의 우리가 어떤 말을 하거나, 어떻게 말을 하는 형태를 체크한다기보다 이미 어느 정도 마음을 정한 상태에서 서로 합의가 이뤄지지 않은 사람들에 대해 의견 조율을 한다는 느낌이었다. 누군가를 보며 귓속말을 나누기도 했다.

스터디 할 때 그룹디스커션을 시켜놓고 면접관이 되어보는 경험도 중요하다. 막상 해보면, 아 얘가 이런 말을 했네? 쟤는 저런 말을 했구나, 이런 내용은 귀에 잘 들어오지 않는다. 전체적인 이야기 진행에 대해서 귀에 들어오고, 전달력이 좋은 사람, 몰입되어 있는 사람들이 눈에 들어온다. 그래서 분명한 톤으로 이야기해야 하고, 말하는 태도에 신경을 써야 된다는 것 같다.

그리고 눈에 띌 만한 '역할'을 디스커션 안에서 해야 한다고 생각한다. 디스커션이 끝난 다음에도, 각 그룹에서 요약할 사람을 자원 받고 요약해봐~ 하고 요약을 들은 것이 질문의 전부였다. 우리는 2명을 선택하고 그 이유는 달았는데, 몇몇 후보에 대해 아닌 이유들을 정하지 못해 걱정했다. 디스커션한 내용의 디테일을 파고들지 않아서 다행이었다.

이 그룹 디스커션 자체가 당락에 영향을 크게 미치지는 않는 것 같다고 느꼈다. 전반적으로, 각 프로세스마다 엑셀 작업을 통해 점수화를 하는 것 같았고, 그런 부분들이 각 스테이지마다 누적되면서 진행하는 듯 했다. 사람을 떨어뜨리려고 하는 것이 아니라 최대한 데려가려고 한다는 느낌도 받았다.

4. Final Interview

매를 먼저 맞는 것이 차라리 나았을까? 번호 자체가 뒤

에 위치하다 보니 1차 채용 파이널 스케쥴링에서도 가장 마지막 날에 잡혔다. 면접꽙인 크리스티나랑 이틀을 보면서 나름 감정적으로 가까워졌다고 여겨서 다른 면접관에게 파이널을 봐야 한다는 것이 아쉽기도 했다. 게다가 화수목을 보던 면접관 중에서 한 명이 두바이로 일찍 돌아가게 되었다. 그래서 금토는 또 다른 면접관이 왔는데, 그녀가 바로 로라이다.

이 날도 그냥 똑같이 오렌지색 원피스에 남색 재킷을 입었다. 다만 이전에 입던 원피스는 이전에 톤다운 된 가을 느낌 옷인지라 쨍한 오렌지색의 여름 원피스를 새로 구매해 입고 갔다. 메이크업도 직접 했다. 파이널에서 EK는 요구한 서류와 캐주얼 사진(전신/반신)을 가져가야 한다.

약속된 시간이 되었고, 아르헨티나 국적이라고 알려진 로라가 내 이름을 불렀다.

"Hello, how are you?"

"I'm good, and you?"

그렇게 면접실의 문을 함께 열고 들어갔고, 자리에 앉았다.

"So what did you bring for me?"

구비해야 하는 서류들을 꺼내 로라에게 전달했다. 캐주얼 사진 찍느라 스트레스 많이 받았는데, 전신 3장, 반신 3장 정도를 가져가서 보여주고 마음에 드는 것을 고르라고 말했다. 그리고 작성해 간 Pre-joining form에 기재한 제 History에 대해 체크한다. 레쥬메와 별도로 이력과 정보 등을 기재하게 된 EK가 주는 form인데, 이것만 보고 면접 진행했다. 사실 이 대목에서 대학 졸업 후

에 학교를 반수한 내용이 있다 보니 1년여 공백이 있었다. 이에 대해 로라가 질문을 했다.

"After graduation, what did you do for this one year?"

외국인에게는 무리였을까. 구체적이고 친절하게 설명하겠다는 욕심과는 달리 이해를 못 하는 것 같았다. 왜 군이 전공도 같은데 학교를 옮겼는지, 전에 다닌 학교의 학점도 인정해주지 않는데 왜 옮겼는지 등등 재차 물었다.

"한국에는 대학내 서열이 분명하고 나는 내가 목표한 학교를 가기 위해서 쉽게 포기하고 싶지 않았어요"가 내 말의 요지인데 이해가 가지 않았는지 두 번 정도 비슷한 말을 반복한 것 같다.

"That doesn't make any sense to me."

여기서부터 좀 꼬이기 시작했는데, 최대한 다시 설명을 차근차근 해서, "Okay"로 끝나는 대화를 마무리 짓긴 했지만 시작이 영 찝찝했다. 로라가 이때부터 나랑 대화가 잘 통하지 않는다고 생각했던 것 같다. 이후 서로 말을 잘 이해하지 못하는 상황이 자꾸 발생해서 동문서답도 했다.

로라는 뭔가 내 말에 신빙성이 없다고 느꼈는지, 내가 설명하는 경험에 대해 '사실' 검증을 하는 꼬리 질문을 많이 던졌다. 질의응답 이전에는, 현재 하는 일의 Duties는 뭔지, 고객은 누구로 정의할 수 있는지를 물었다. 몇 가지 이력서에 있는 경험에 대해서 좀 더 상술하기를 원하는 질문도 있었다.

"So from now on, I'm going to ask you a few questions. You just need to answer it based on your past work experiences and please give me as much details as you can give. Do not generalize. And I'm going to type while you are talking, but doesn't mean that I'm not listening. Okay?"

내 답변에 대해 구체적으로 내가 어떻게 말을 했는지, 상황이 어땠는지 약간 취조하듯이 물었다. 보통 면접 시간이 긴 게 좋은지 짧은 게 좋은지 궁금해 하는데, 잘못 알아들어서 말이 길어지게 되면 면접이 길고, 원하는 답을 딱딱 주면 짧단 말이 있다.

이후 내가 받은 일반적인 질문들은 아래와 같다. 그밖에 이력서에 관한 질문이 2, 3개 정도 있었다. 그리고 인터뷰 전에 Psychological test 같은 것을 보게 되는데, 그것에 관한 질문도 있다고 한다.

- Tell me about your experience that you go extra miles to make your customer satisfied.
- Any time that you corrected your coworker's mistakes?
- Have you ever spotted your colleague's mistakes?
- Do you have any experience that you need to work in..... (under pressure? rushed? something difficult situation?)
- Have you ever made any actual action to respect cultural differences?
- What was the biggest change in your life?

인생 다 뒤져서 좋은 에피소드도 많이 찾아놓고, 답변

연습도 정말 많이 했는데, 그런 것들을 다 보여주지 못해서 아쉬움이 많이 남는 면접이었다. 끝으로 로라는 두 달 정도 걸려야 결과를 받을 수 있다고 설명을 해줬다. 추가적으로 질문 없냐고 하길래, 노라가 아르헨티나 사람이라는 얘기를 바로 직전에 들어서, 당시 아르헨티나가 네덜란드와 4강전을 마치고 결승에 올라간 이야기를 꺼내면서 친한 척을 마구 했다. 그렇게 긴 면접 일정은 끝을 맺었다.

결과 받기까지 약 3주 동안 수없이 파이널 면접을 리플레이 했다. 좀 더 잘할 걸 싶은 생각도 들고, 골든콜 받는 사람들 소식 들으면 가슴이 철렁하고, 잘 못 봤다는 생각에 기대는 접어야겠다고 생각할 때쯤 골든콜을 받게 되었다.

파이널 인터뷰의 첫 단계는, 자신의 인생을 면밀히 들여다보는 일이었다. 100문 100답에 대해 답변을 달다 보면 문제와 답의 1:1 매칭을 하게 되는데, 막상 유사한 질문이 나오게 되어서 설명할 에피소드가 바닥나는 경험을 하게 된다. 고등학교 졸업 이후 연도를 종이에 쭉 적고, 각 해마다 골똘히 고민해서 서비스, 팀워크 등으로 연결할 수 있는 경험을 모조리 뒤져놓길 권장한다.

"당신에게도 가슴 뛰는 꿈이 있나요?"

참 식상한 문구일지도 모르겠다. 꿈이라는 것. 꿈을 향해 달려가는 사람들이 있는가 하면, 때로는 그 꿈 앞에 좌절하는 사람도 많다. 분명한 것은 좌절의 시간을 겪어야 더 단단한 꿈 앞에 서게 된다는 점이다. 승무원으로서 갖춰야 할 준비를 하며 하루하루를 성장하는 시간으로 노력한다면, 그 결과는 언젠가 반드시 돌아온다고 믿는다. 혹자가 말하듯, 꽃은 반드시 피게 마련이다. 꽃을 피우기 위해 부단히 노력한다면 겨울이 가고, 드디어 나의 봄이 찾아왔을 때 그 누구보다 화사한 꽃을 피우게 될 것임을 믿어 의심치 않는다.

1년 반이 넘게 승무원의 꿈을 키워왔지만 조금씩 실망과 좌절로 기울어 가던 내게 K-move, 그리고 지병림 멘토님과의 만남은 운명과도 같았다. 사소한 팁에서부터, 정신적인 지주로서 자리매김 해준 멘토님 덕분에 지난하게만 느껴지던 도전도 더 이상 무모하지 않은 행복한 도전이 되었다. 피그말리온의 전설과 스스로를 믿는 긍정적인 마음가짐을 북돋아주셨기에 좋은 결과가 따라올 수밖에 없었다고 생각한다.

멘토님은 온라인 카페, 단체 카톡방을 통해 멀리 계시지만 항상 곁에 있는 것처럼 응원과 조언을 아끼시지 않는다. '한국산업인력공단'이 마련해 준 이 프로그램은 세계를 꿈꾸는 젊은이들에게 나침반이 되어주었다. 스터디 모임을 하며 같은 꿈을 키워온 멘티분들과도 경험과 성공담을 공유하여 다 같이 더 큰 미래를 기약할 수 있는 멘토링이 될 수 있게끔 기여하고 싶다. 단순한 '잡 매칭job matching'을 초월해 평생 멘토-멘티의 인연으로 이어나가, 세계 속에서 더욱 성장하여 멘토님이 내게 해주신 것처럼 나도 경험을 나눌 수 있는 선순환을 이뤄나가고 싶다.

지병림 멘토링 안에서 참 무엇보다도 마음으로 의지된다는 힘을 느꼈다. 지병림 멘토님, 함께 꿈을 키워가는 멘티님들 그리고 이러한 프로그램을 준비하고 후원해

준 '한국산업인력공단' 관계자분들께 감사를 전한다. 지병림 멘토님은 늘 더 챙겨주지 못해 안타까워하시지만 언제나 넘치는 사랑을 많이 주셨다. 그 애정을 담아 중동항공사를 준비하는 분들이 꼭 알아야 할 이야기들이 책 속에 가득 담겨 있으리라 생각한다. 중동 항공사를 향한 소중한 바이블이 될 수 있기를 기원한다. 많은 응원과 소망을 나눠주신 멘토님과 멘티님들께 다시 한 번 감사의 마음을 전한다. 지병림 멘토링, 화이팅!

꿈을 이루는 원동력, 감사함

이선진
카타르항공 승무원

지금 나는 여기 중동의 작은 나라 카타르에서 카타르항공 승무원으로 일하고 있는, 아직은 9개월 차 비행 중이고 배울 게 많은 25살의 주니어 승무원이다. 얼마 안 있으면 카타르항공에 입사한 지 어느덧 1년이 된다. 1년이라는 시간은 세계 이곳저곳 날아다니는 승무원들에게는 특히 빨리 지나간다는데 나도 마찬가지다. 돌이켜보면 한 번의 면접으로 합격하고, 9개월 동안 원하던 회사에서 일하며, 서비스 전문가의 자세를 배우고 수많은 나라에서 멋진 경험을 쌓았다는 게 참 감사하다.

학창시절 이야기부터 시작해야겠다. 중학생 때 나쁘

지 않은 성적을 유지한 덕에 서울 시내 공부 잘 하는 학생들이 많이 가 취업 잘 하기로 유명한 특성화고에 진학하게 되었다. 잘해야겠다는 의지가 보통이 아니었다. 입학 전 오리엔테이션 때 학교에서 공부하라고 준, 한 학기동안 다룰 영어교과서에 나오는 단어장을 받았다.

영어 첫 시간에 '학교에서 나눠준 단어장 외운 사람 있나요?' 라는 선생님의 질문에 손 든 사람은 나 혼자였다. 학교에서 하라는 대로 외운 거였는데 좋은 출발이었던 셈이다. 나는 영어교과서만 읽을 뿐, 말도 할 줄 모르고 이름 물어보는 정도도 겨우 하는 사람인데 그것을 계기로 수업을 따라가며 열심히 공부했다. 난생 처음으로 1학기 전교 영어성적 1등을 하게 되었다. 그 후로 친구들과 선생님의 기대를 받으며 영어를 더 열정적으로 공부했다. 영어만큼은 전교권을 벗어난 적이 없었다.

3학년이 될 무렵 대학은 가고 싶은데 모의고사 성적이 좋지 않았다. 내신영어, 즉 교과서 영어는 잘하지만 영어로 문장을 쓰는 것도 말하는 것도 듣는 것도 힘든 상태였기 때문에 대학 진학은 무리였다. 노량진에 유명한 단과 선생님한테 영어를 배워서 모의고사 성적이 날로 오르는 친구의 소개로 10개월 동안 꾸준히 다녔다.

그 선생님은 단순히 수능문제를 잘 찍게 해주는 게 아니라, 고맙게도 내가 하고 싶은 표현을 영어로 말하고 쓰고 듣게 해주는 진짜 영어를 가르쳐주었다. 여태 아무도 가르쳐준 적이 없어서 답답했는데 그 계기로 선생님 말씀대로 따라하면서 남들 보기에 좀 과하게 영어공부를 했다.

지금 생각해보면 그때 나의 열정을 온 몸으로 쏟아 부었던 것 같다. 왜냐하면 단순히 영어시험 점수만 잘 받는 게 아니라, 누구나 바라듯이 영어를 잘하는 사람이 되고 싶었기 때문이다. 수능공부와 실제로 쓸 수 있는 영어도 스스로 공부했다. 마침내 수능에서 영어만큼은 전국 상위권 점수를 받았다. 부족하지만 내가 하고 싶은 말을 영어로 막힘없이 표현할 수 있었다.

하지만 다른 과목 성적과 합산하면 기준이 낮아져서 마케팅 담당 회사원의 꿈을 이루기 위해 경영학과를 입학하지는 못했다. 서울의 한 대학 영어과에 진학했고 내가 좋아하는 영어를 전공한 거라 결과적으로는 만족한다. 좋아하고 잘하는 것을 스스로 알고 수업시간에 열심히 공부하니 흥미도 성적도 높았다. 당연히 교수님들과도 좋은 친분을 쌓고 친구들하고 즐거운 대학생활을 할 수 있었다.

대학 2학년 때의 일이다. 한 전공과목에서 들어가고 싶은 회사의 인터뷰를 보는 것이 중간고사 시험이었다. 그때 내가 하고 싶은 일을 정말 많이 고민했다. 어쨌든 대학을 들어간 이유는 취업을 잘하고 싶기 때문이 아닌가. 그래서 취업준비생의 마음으로 현실을 직시했을 때 잘해낼 수 있는 일을 고민했다. 전공도 살리면서 늘 마음속에 품었던 꿈을 생각해보니 외국계 항공사 승무원이었다.

나는 영어 잘하는 사람, 여행을 다니면서 다양한 사람을 만나고 많은 경험을 하는 사람이 되는 것이 꿈이었다. 한국에서 승무원을 하는 것보다 더 다양한 취항지를 갈 수 있고 이국적인 환경에서 사는 외국계 승무원의 삶이 흥미로워 보였다. 주변 사람들의 의견도 그랬고, 내가 아는 나 자신도 외국계 회사가 잘 맞을 것 같았다.

당시 아랍에미레이트항공이 화제가 되던 터라 그 쪽만 생각했었는데, 관심을 가지고 정보를 찾아보니 새로이 떠오르는 항공사가 카타르항공이었다. 그때 지병림 사무장님께서 중동 회사의 승무원으로 커리어를 쌓는 모습에 많은 영향을 받았다. 사무장님의 직업 활동에 관한 신문기사, TV 프로그램 인터뷰 동영상, 싸이월드 등을 찾아보다가 모교 선배라는 것을 알게 되었다. 더욱 존경하는 마음에 도서관에서 책도 찾아 읽어보았다. 사무장님의 자부심, 열정, 프로정신을 느끼며 추상적이었던 승무원에 대한 그림이 조금씩 현실로 다가왔다.

3학년 2학기 때부터 취업에 대해 진지하게 고민하면서 부모님도 나의 진로에 어느 때보다 관심이 높으셨다. 내가 무역회사에 들어가 평범한 회사원이 되길 바란 부모님은 승무원이 되겠다는 말을 꺼내자마자 반대가 심하셨다. 경영학을 부전공으로 취업을 준비하겠다고 말씀드리고, 내심으로는 승무원 면접 준비를 위해 내가 쌓아야할 경험과 공부가 무엇인지 고민했다.

꼭 해야겠다고 결심한 것은 교환학생 프로그램에 참가하는 것이었다. 해외에서 공부해본 적이 없었기 때문에 한국에서 쌓은 영어실력만으로는 부족하다고 느꼈고 나 자신을 검증해보고 싶었다. 외국계 항공사 승무원이 되려면 무엇보다 여러 국가에서 온 동료들과 외국생활

에 잘 적응하기 위해 교환학생 프로그램에 참가했다. 장학금 프로그램이고 경영학 부전공으로 학점을 인정받을 수 있다고 부모님을 설득해서 한 학기 동안 호주의 대학에서 공부하게 되었다. 4학년 1학기 짧은 시간 동안 대학 댄스동아리에도 가입해 취미도 살리면서 현지 친구들과 다른 나라에서 온 교환학생들과도 어울리면서 매일 영어만 사용했다.

어학 프로그램뿐만 아니라 부전공인 경영학 공부도 열심히 하면서 도전적인 과제도 해나갔다. 나 자신이 진심으로 원하는 것은 무엇인지 다시 고민하는 시기에 접어들었다. 이 공부하던 경영학과 친구들은 대부분 회계나 마케팅 쪽을 염두에 두고 수업을 들었다. 몇몇 친구들은 자신이 뭘 원하는지도 모르면서 학교에 다녔다.

그런 모습을 지켜보면서 남에게 등 떠밀려 하는 취업이 아닌, 내가 진짜 하고 싶어 하는 일을 하는 것이 행복한 인생이라는 확신이 들었다. 내가 무엇을 좋아하고 잘하는지를 알아야 직장생활도 만족스럽게 할 거라는 생각이 들었다. '이 일이라면 잘 해낼 수 있을 것 같다'는 확신이 드는 경우가 얼마나 되겠는가. 그런 점에서, 사람들에게 친절을 베풀고 뒤에서 묵묵히 일하고 도와주는 서비스직이, 정확히 말하자면 승무원이 나에게 딱 맞는 직업이었다.

교환학생 기간이 끝나자마자 나는 목표와 꿈이 있어 더욱 달콤했던 유학생활을 접고 미련 없이 귀국했다. 인터넷에서 카타르항공이 한국인 승무원을 거의 한 달에 한 번 채용한다는 정보를 얻고 여름방학 두 달 동안 운

동과 식단관리로 호주에서 찐 7kg을 감량했다. 호주에서 향상시킨 영어실력^{자신감}을 증명해줄 스피킹 시험을 준비했고 두 개 시험 모두 고득점을 따냈다.

나는 학교 다니면서 면접 준비하고 합격한 뒤 졸업과 동시에 취업을 하겠다는 목표를 세웠다. 하루의 시간을 쪼개어 부지런히 인터뷰 준비를 했다. 4학년 마지막 학기에 영어회화 관련 과목과 항공 호텔 서비스 연수 과목을 신청했다. 영어회화 실력을 계속 유지하면서 서비스 산업, 특히 항공사에 대한 더 많은 지식을 얻었다.

일상에서도 승무원처럼 학교 갈 때 세미정장을 입고, 항상 풀었던 머리도 정갈하게 묶고, 교수님과 친구들도 밝은 미소와 긍정적인 태도로 대했다. 매일 인터뷰 질문 답변을 하루에 1~2개씩 많으면 3개씩 준비하고 온라인 스터디를 통해 피드백을 받는 것을 거르지 않았다.

동기부여를 위해 지병림 사무장님의 블로그를 방문하고 기사문, 동영상들을 되풀이해서 보기도 했다. 지병림 사무장님이 특별히 북카페 형식의 멘토링 강의를 한 날은 수업시간 끝나자마자 부랴부랴 뛰어가 참여했다. 방송매체나 책으로만 뵙던 분을 만나서 직접 그 곳의 일과 생활 이야기를 생생히 듣는 것만으로도 엄청난 동기부여가 되었다. 대단한 분이고 너무 쑥스러워 나서지는 못했지만 용기내서 사인을 해달라고 부탁했다. 그 사인은 준비기간 내내 부적 같은 역할을 했다.

7월 말부터 본격적으로 면접 준비가 빛을 발한 것은 10월 말 오픈데이였다. 내가 마음의 준비가 되었을 때였고 철저하게 그루밍 준비를 하고 가방 안에 매일 수정해 둔 이력서를 넣고 면접장에 갔다. 그게 내 인생의 최초의 회사 면접 자리였다. 서류를 제출하고 면접장 안에 10명씩 들어가 제비뽑기로 질문을 받았다.

나에게는 엉뚱하게도 싸이의 강남스타일이 세계적으로 인기 있는 이유를 말하라는 것이었다. 당황했지만 내가 느낀 점과 다른 사람도 느꼈을 감정을 핵심 삼아 대답했고, 결과는 오픈데이 통과였다. 2주 후 비디오 면접 일정이 잡혔다. 면접 대행 학원에서 5일 동안 비디오 면접 스터디를 하였다.

처음 사람들 앞에서 면접을 보는 나와 달리, 다른 준비생들은 경험이 많아서 그런지 답변도 좋고 표정도 자연스럽게 잘해서 많이 비교가 되었다. 나는 답변은 괜찮아도 말할 때 사라지는 미소와 긴장한 모습이 가장 큰 문제로 지적을 받았다. 비디오에 찍힌 자신의 못난 모습을 다른 사람들과 함께 보면서 민망하고 부끄러웠지만 그 시간을 버티고 최선을 다했다.

웃는 연습도 더 많이 하고 혼자 비디오도 수없이 찍으면서 많은 노력을 했다. 심지어는 너무 불안한 나머지 잠을 자면서도 계속 입꼬리 올리며 웃는 연습을 했는지 잠에서 깼을 때 웃고 있을 정도다. 직전까지 많은 걱정을 했지만, 막상 비디오 인터뷰 초대를 받아 보는 자리에서 컴퓨터를 마주하고 내 얼굴을 직접 보면서 다행히 밝은 모습으로 답변을 촬영할 수 있었다. 결과는 합격이었다.

다음은 스크리닝 면접이었다. 예쁘고 날씬한 지원자들

사이에서 처음으로 두 관문을 통과한 평범한 내가 꼭 살아남기를 바랄 뿐이었다. 카타르항공 면접관들은 피부와 치아 상태를 굉장히 신경 쓴다고 들었다. 나는 손에 있는 잔 흉터와 1년 전 계단에서 굴러 생긴 종아리의 긴 상처가 아킬레스건이었다.

꾸준한 레이저 치료로 옅어졌지만 완전히 없어지지는 않아서 걱정스러웠지만 흉터 부위에 파운데이션을 덧발라 감쪽같이 숨기고 스타킹을 신었다. 면접관들이 직접 체크했을 때는 자연스러워 보였다. 필기시험을 치루면서 지원자들이 그렇게 체크를 받고 생각보다 많은 사람들이 떨어졌다.

남은 사람들끼리 그룹 디스커션을 했다. 나는 디스커션 연습이라고는 외국인 친구들과 대학 강의 때 했던 디스커션이 전부였지만 면접이라고 크게 다를 것 같지는 않았다. 우리의 미션은 팀원의 경험을 대신 요약해서 말해주는 것이었다. 내 얘기가 남들에게 잘 전달됨으로써 나의 대처능력을 보이는 것도 중요하지만, 내가 팀원의 얘기를 어떻게 잘 풀어나가며 돋보이게 해주느냐가 디스커션의 핵심이었다.

세 명이 한 사람처럼 서로 귀 기울여 듣고 의견을 나누며 주제였던 위기의 순간과 극복한 방법을 얘기했다. 나의 경험담은 대학교 대표단으로 대만 타이페이 국제회의에 참가해 한국대학 팀 대표로 프로젝트를 발표했을 때 실수의 위기를 유연하게 대처해 극복한 내용이었다. 그 경험을 바탕으로 훗날 대학 내 영어스피치 경연대회에서 실수 없이 당당하게 금상을 수상하기도 했다. 나 또한 팀원의 임기응변 능력이 돋보일 수 있도록 내

용 전달에 충실했다. 그런 덕에 모두 다 파이널 면접에 통과한 윈윈 게임이 되었다. 지금도 생각하지만 면접을 준비하는 동시에 경연대회를 대비해 한 달간 영어스피치를 공부해서 상을 받은 나의 열정을 높이 평가했을 거라고 믿는다.

파이널 면접에 준비할 게 많았다. 카타르항공의 서류에 모든 내용을 꼼꼼하게 기입하고 전신사진도 준비해야 했다. 원어민 교수님에게 오류가 있는지 검사 받고 감사하게도 그 교수님께 뜻밖의 추천서를 받았다. 나를 1학년 때부터 지켜봐온 소감을 정성스레 작성하여 카타르항공 CEO에게 보내는 추천서였다. 수많은 이력서에 밀려 CEO가 읽지 못하더라도 교수님의 정성이 내게 큰 동기부여가 됐다.

드디어 파이널 면접날이 다가왔다. 나는 마지막에서 두 번째 순서였는데 막상 두 면접관들과 1:1로 만나자니 무척 떨렸다. 하지만 긴장된 모습을 감추고 친한 외국인 교수님을 대하듯이 차분하고 겸손하게 면접에 임했다. 내가 받은 질문은 이력서에 적은 취미생활, 고등학생 때부터 받은 성실상과 모범상, 대학생 때 받은 성적 장학금 등 평소 생활상에 대한 것들뿐이었다. 특별하게 대답할 것들이 많지는 않았다.

면접시간은 5분 정도였다. 긴 시간은 아니었지만 면접관들도 이력서와 나의 태도를 좋게 본 것으로 기억한다. 짧은 일본어와 스페인어로 언어구사력을 표현했고, 나의 면접 소감과 감사하다는 말로 마무리했다. 11월 말 모든 관문을 통과해서 2013년 1월 초에 최종합격

레터를 받았다. 2013년 2월에 대학을 졸업하고 4개월을 더 기다려 마침내 6월 초 입사했다.

입사 후 두 달 동안 일주일에 하루만 쉬며 서비스 교육과 안전 및 응급 처치 교육을 받았다. 최고의 항공사라는 수식어에 걸맞은 회사의 규칙을 준수하고 회사에서 원하는 기대치의 점수를 충족해야 했기 때문에 매일 밤 동기 언니들이랑 책과 씨름하며 모든 사항을 다 외웠다. 사실 그 기간은 가장 더운 여름과 이슬람교의 라마단이 겹쳐 돌파구를 찾기 힘들었지만 면접 준비할 때의 마음가짐으로 힘들어도 평정심과 긍정의 마음을 유지하려고 노력했다. 사소한 일도 감사하게 생각하며 감사일지를 적어나갔다.

두 달이 지나가고 교육 졸업식을 할 때 공식적으로 유니폼과 그루밍을 갖춘 동기 언니들과 외국인 동기들과 함께 기쁨을 나눴다. 뜻밖에도 나는 인스트럭터들이 선정한 오후반 최고 학생으로 선정되었다. 모든 사람들 앞에서 상을 받았는데 기대하지 않았던 상이라 얼마나 놀랐는지 눈물이 왈칵 나왔다. 그 상은 앞으로 겸손하고 즐거운 마음으로 승객들에게 최고의 서비스를 제공하고 안전을 지키라는 뜻으로 준 것 같다.

최근 평생 동안 기억에 남을 비행을 하게 되었다. 참 세상은 아름답고 놀랍게도 꼭 만나야 할 사람은 운명처럼 만난다. 휴스턴 비행에서 내가 멘토로 여겼던 지병림 사무장님을 이제는 한 회사에서 일하는 상사로 브리핑에서 1년 8개월 만에 다시 만나게 된 것이다. 나는 설레고 떨려서 어쩔 줄을 몰랐다. 마치 존경하는 스타를 만

나면 어떻게 할 줄 모르듯이, 전에 받았던 사인이 담긴 종이를 들고서 말이다.

특별한 재회에 첫 미국 비행의 '비행 평가'까지 겹쳐 잘 하고자 하는 의욕은 산으로 가고 나답지 않게 덤벙거리는 실수를 많이 했다. 정말 감사한 건 사무장님의 진심 어린 조언과 격려였다. 다른 사무장님이라면 절대로 베풀어줄 수 없는 것들을 받아 감격스러웠다. 이번 비행이 인생의 전환점이자 운명처럼 다가왔다는 생각도 들었다.

내 감사일지에 적은 독서감상문 중 기억에 남는 구절이 있다.

"일하는 사람에는 네 가지 유형이 있다. D급: 시키니까 할 수 없이 하는 사람, C급: 시키면 하는 사람, B급: 일 잘하는 사람, A급: 자신이 할 일을 스스로 찾아서 하는 사람. 누가 시키지 않아도 일하고 예측가능한 변수에 대한 대책까지 세울 수 있는 사람."

사무장님은 A급에 들어맞는 분이셨다. 쉬지 않고 주니어 크루들보다 더 일하시며 승객들과 소통하는 사무장님의 모습을 직접 보고 A급 승무원이 되겠다는 나의 다짐을 지금까지 잘 실천하고 있나 성찰하는 계기가 되었다.

나는 '감사'가 인생에서 무척 가치 있고 아름다운 일을 이뤄낼 수 있다고 믿는다. 돌이켜보면 내가 무조건 잘나서 된 것은 하나도 없었다. 나보다 잘나고 멋지고 다양한 스펙을 갖춘 사람들이 많은 세상에서 진심으로 감사하며 살았기 때문에 꿈을 빠르게 이룰 수 있었다고 생각한다.

평범한 고등학생이었던 나에게 학교는 영어성적우수자라는 타이틀을 주었고, 성실상, 모범상이 나를 면접에서 유리하게 해주었다. 영어를 잘 할 수 있게 도와주신 선생님은 평생 잊을 수 없다. 특출 나게 예쁘지 않은 나의 매력을 찾아줘서 외국 항공사 승무원이 될 수 있도록 자신감을 불어넣어준 주변 사람들의 칭찬, 무엇보다 지원 자격에 거스르는 게 없다는 것만으로도 감사한 일이다. 여자는 꾸미면 얼마든지 예뻐 보일 수 있다. 그보다도 더 중요한 건 내면의 아름다움과 가치, 나 자신을 믿는 노력이었다. 못하는 것에 집중하기보다는 잘하는 것을 더 부각하려고 노력했다. 내가 가진 모든 요소들에 감사하며 매일을 준비하였다.

부모님이 겉으로는 승무원을 반대하셨지만 나는 원망하지 않고 감사한 마음을 더 표현했다. 부모님 속마음은 내가 잘 되길 바라서라는 걸 알았기 때문이다. 하늘에 뜻이 닿았는지, 나의 감사함이 통했는지 나중에는 그 누구보다도 나를 지지해주셨다. 어느 때보다 부모님과의 관계가 돈독해지고 지금은 어딜 가도 내 자랑을 아끼시지 않는 나의 아버지 어머니의 자랑스러운 맏딸이 되었다.

그 뿐인가. 내가 카타르항공에 꼭 입사할 수 있도록 힘을 불어넣어주신 지병림 사무장님, 친구들, 교수님들 말고도 많은 조언자들이 계셨다. 내게 뜻 깊고 다양한 대학생 시절을 선사해준 교환학생 프로그램, 봉사활동, 아르바이트 경험, 길거리 힙합 댄스 공연, 영어 스피치 경연대회 참가 경험 등 결코 화려하지는 않지만 이력서에 적을 내용이 있다는 것만도 참 감사한 일이었다.

시기적절했던 면접 공채 기간과 부족함에도 불구하고 좋은 점만을 봐주신 면접관들도 내가 합격하는 데 큰 도움이 되었다. 멋진 취항지들과 다양한 볼거리도 좋지만, 카타르항공에 입사했기에 만날 수 있었던 사람들, 즉 승객들, 동기언니들, 카타르 집 식구들, 동료들, 사무장 및 부사무장님들이 내게는 큰 보물이다. 이런 점은 보고 배워야 하겠구나, 하는 것을 느끼며 그들과 함께 어울릴 수 있다는 사실에 감사드린다. 현재까지도 그렇고 앞으로도 나는 안전하고 즐거운 비행을 할 것이다.

꿈꾸는 대로 이루어지는 세상

박하영

카타르항공 승무원

안녕하세요. 카타르항공에 합격해 즐겁고 신나게 비행하고 있는 8개월차 병아리 승무원 박하영 인사드립니다. 최종발표를 기다리며 2012년 11월 18일 우연히 강연에서 만나게 된 지병림 작가님과의 인연으로 저의 준비과정과 드리고 싶은 말씀, 그리고 이곳의 생활에 대해 이야기를 하려고 합니다.

2012년 10월 23일 오전 9시30분 내 인생의 첫 최종면접이 있던 날. 저는 아직도 이 날을 잊지 못합니다. 항상 1차, 2차에서 떨어지던 내가 최종면접이라니. 카타르항공 면접을 통해 비행을 할 수 있는 기회를 허락해 주신 하나님께 감사를 전하며 승무원을 준비하는 여러분에게 저의 부족한 이야기가 조금이나마 도움이 되었으면 좋겠습니다.

저는 고등학교 3학년 때부터 승무원이 되려고 대학교도 승무원 관련 학과를 가고자 했습니다. 남들이 수능공부를 할 때 저는 야간자율학습을 1시간 일찍 마치고 학교 운동장을 돌고 줄넘기를 하며 승무원관련학과 면접을 준비했습니다. 마침내 항공관련학과에 입학하게 되었습니다.

하지만 내가 생각한 대학생활과 실제 환경은 너무 달라서 슬럼프에 빠지게 되었고, 심한 우울증까지 겪으며 입학한 지 2달 만에 자퇴했습니다. 내가 생각하고 있는 승무원이 내가 진짜하고 싶은 일일까를 고민하며 20살에 인생에 대해 처음으로 진지하게 고민했습니다.

진정으로 내가 원하는 일을 찾기 위해 혼자 서울로 올라가 종로에 고시원을 잡고, 종각에 있는 큰 서점에서 하루 종일 책만 읽기도 하고 유명하다는 토익수업도 들으며 하루하루 방황하는 시간을 보냈습니다. 학생도 아니고 직장인도 아닌 유령 같은 제 모습은 저를 더 우울하게 했고, 평범하고 당연한 것을 하지 못하는 내 모습에 실망했습니다. 대학교에 다니는 친구들이 부러웠고 사람이 그리웠고 학교가 그리웠습니다.

우선은 대학생이 되어 내가 하고 싶은 일을 찾자고 결심하고 노량진으로 고시원을 옮겨 수능 준비를 다시 시작하였습니다. 수능점수가 작년보다 좋지 못해 서울에 있는 대학교는 가지 못했지만 부산에서 대학을 다니며 행복한 대학생활을 했습니다. 전에는 느끼지 못했던 소속감과 친구들, 나에게 할 일이 있다는 것, 평범한 하루하루가 얼마나 귀하고 감사한 것인지를 깨달았습니다. 한국인이 국내 항공사뿐만 아니라 외국에서도 승무원으로 일할 수 있다는 것을 알게 되면서부터 저의 꿈은 외국항공사 승무원이 되었습니다.

한국회사의 특수한 문화, 위아래가 분명한seniority 근무환경이 아닌, 다른 환경에서 일해보고 싶었습니다. 그렇다고 외항사가 전혀 시니어리티가 없다는 건 아닙니다. 나보다 오래 일을 했다는 건 분명 배울 점이 있으니까요. 비행마다 새로운 동료들과 일하며 비행이 힘들더라도 비행 후 check-out을 하고 나면 모든 것을 잊어버릴 수 있다. 다음 비행의 check-in으로 새로운 마음으로 새롭게 시작할 수 있는 근무환경이 참으로 매력적인 외국항공사. 저는 성격상 '외국항공사와 더 잘 맞겠다'는 생각을 많이 했습니다.

대학교에 입학 한 후, 1년이 늦었다는 생각에 한살 어린 동기들보다 더 열심히 하루하루를 귀하게 쓰려고 노력했습니다. 그래서 전액장학금도 받았습니다. 다양한 동아리활동학교 홍보대사, 국내외 봉사활동, 환경연합동아리, 취업동아리, 국제학부 복수전공을 하면서 만나는 사람들에게 '저는 외국항공사 승무원이 될 거예요' 라고 말하고 다녔습니다. 그래서 저를 아는 모든 사람들은 저를 '승무원 준비하는 아이'라고 인식했습니다.

주변에는 승무원을 준비하지만 주위에 알리지 않고 조용히 공부하는 사람도 많이 있습니다. 하지만 저는 남한테 얘기하라고 권해드리고 싶습니다. 내가 간절히 원하고 꿈꾸는 것은 이 우주가 듣고 있고 그 방향으로 나를 인도한다고 믿기 때문입니다. 나에 대한 '믿음', 누가 뭐라 해도 흔들리지 않는 나만의 '신념'이 중요하다고 생각합니다.

"When you really want something, all the universe conspires in helping you to achieve it."(자네가 무언가를 간절히 원할 때, 온 우주는 자네의 소망이 실현되도록 도와준다네)

〈연금술사〉라는 책에도 이런 구절이 나옵니다. 이 세상에서 가장 중요한 것(어쩌면 면접에서 가장 중요한 것)은 눈에 보이는 것이 아닌 내가 어떻게 생각하고 어떻게 삶을 바라보며 어느 정도의 열정으로 달려가는가 라고 생각합니다. 합격과 불합격의 차이는 열정의 강도와 자신의 모습을 어떻게 면접관에서 잘 전달하느냐의 차이라고 재작년 대구 강연회 때 지병림 작가님이 하신 말씀도 생각납니다.

평소에 승무원을 준비한다고 말하고 다닌 덕분에 승무원 관련 카페인 다음카페전현채도 알게 되었고, 그곳에서 정말 많은 정보를 얻었습니다. 매일 하루에 10번 씩 일기장에 '박하영은 대한민국의 자랑스러운 항공승무원이다'라고 적으며, 승무원이 된 것처럼 버스에서 내릴 때도 '아, 나는 지금 landing을 하고 있어.' 라고 생각했습니다. 만나는 사람들도 비행기에서 만나게 될 승객으로 생각하며 대하려고 노력했습니다. 먼저 인사하고 웃어주며 승무원으로 살아가듯 행동했습니다.

승무원 카페의 합격수기를 모두 프린트해서 합격수기

파일을 만들어 합격생들의 준비과정을 따라해 보기도 하고 지칠 때면 합격수기를 읽고 또 읽고 밑줄을 그어가며 나의 면접장면을 상상했습니다. '이런 질문을 하면 나는 이렇게 대답해야지' 하며 내 삶이 면접을 위한 하나의 스토리처럼 생각하고 하루하루를 승무원을 위한 준비로 채우며 대학생활을 했습니다.

3학년 2학기까지 많은 경험과 준비를 하고 4학년부터 본격적으로 면접을 봐야겠다고 생각했습니다. 면접을 보기 전에 겉으로 보이는 그루밍을 위해 다이어트가 필요하다고 판단해서 4학년이 되기 전 겨울방학 때 아침에 일어나서 잠이 들 때까지 다이어트에 집중했습니다. 정말 힘든 시간이었습니다. 저의 키 170cm에 65kg이 나갔는데 2달 동안 트레이너 선생님과 식단조절과 근력운동, 유산소운동을 하면서 60kg으로 만들었습니다. 저는 근육량이 많은 편이고 뼈대가 굵습니다.

중요한 것은 몸무게가 아니라 비율입니다. 외적인 부분은 아름다우면 아름다울수록 강점이 된다고 생각합니다. 아무래도 많은 사람을 만나는 직업이니 더 밝고 기분 좋은 느낌을 가진 사람에게 끌리고 서비스 받고 싶은 것은 당연한 마음이니까요. 보건소에 가면 무료로 체지방과 근육을 측정할 수 있는데, 체지방관리를 위해 2주에 한 번씩 몸무게를 기록하며 체지방을 줄이고 근육을 늘리는 식의 관리를 하면서 건강하게 다이어트를 하였습니다.

4학년이 되어 본격적으로 면접을 보며 국내항공사 네 곳 모두 1차 탈락, 외국항공 1차 탈락. 딱 한번 2차 면접에 간 것 말고는 8번 모두 1차에서 탈락했습니다. 변화가 필요하다고 생각하여 여름방학 때 커피숍 아르바이트를 시작했습니다. 내가 서비스업에 합당한 사람인가를 스스로에게 물어보고 싶었고 꿈에 대한 확신을 갖고 싶었습니다.

짧은 아르바이트였지만 나는 꼭 승무원이 되어야겠다, 포기하면 안 되겠다는 생각을 많이 했습니다. 다이어트도 더 해서 58kg까지 빼며 다음 면접을 준비했습니다. 결국 하반기 카타르항공 면접에서 최종합격의 기쁨을 느낄 수 있었습니다. 올백 쪽머리를 깻잎 쪽머리로, 스타킹도 살색에서 커피색으로 바꾸고 블라우스와 치마도 스타일을 다르게 했습니다. 화장도 샵에서 받다가 1차부터 최종까지 직접 했습니다.

말씀드리고 싶은 것은 면접을 무조건 많이 보라는 것입니다. 면접을 통해 많은 것을 배울 수 있습니다. 어떤 사람은 준비가 안 되었다고 다음에 잘 준비해서 완벽하게 볼게요, 라고 하지만 그렇다고 다음에 완벽하게 합격할까요? 각 항공사마다 원하는 이미지와 인재상이 다르기 때문에 내가 어떤 항공사에 어울리는지 많은 면접을 보면서 찾아가야 한다고 생각합니다. 탈락을 하면 왜 탈락을 했을까를 생각해 볼 수 있고 다음 면접에 보완해서 새로운 모습을 보여줄 수 있기 때문에 면접 탈락이 또 다른 기회가 될 수도 있다고 생각합니다.

1차 면접(그룹 디스커션)

10~15명이 면접장에 들어가 먼저 암리치를 잽니다. 외항사는 키를 보지 않고, 벽에 손을 높이 뻗어 적정수준 212cm에 손이 닿으면 됩니다. 일을 하면서 느끼는 건데

키가 크면 확실히 일하기 편합니다. 그리고 면접실에서 둥그런 원으로 앉아 면접을 보았습니다. 면접관님께서 과제를 주셨습니다.

"추석을 맞이해 한국문화에 대한 이야기를 해보자. 한국은 여자들이 추석 때 일을 많이 하고 남자들은 놀고 그러잖아요. 이런 문화를 어떻게 생각하는지 토론해보세요."

저는 그 의견에 수긍하며 차츰 변화하고 있다는 식으로 몇 마디 보탰습니다.

"우리 집은 아버지가 방도 닦고 쓸고 엄마를 많이 도와주기 때문에 요즘에는 과거의 그런 문화가 많이 변하고 있는 것 같습니다."

내 의견도 말하고 옆 친구가 말하면 동의도 해주었습니다. 저희 조에서 말을 좀 많이 했던 2명 포함 3명이 2차에서도 얼굴을 볼 수 있었습니다.

2차 면접(회사소개 프레젠테이션, 암리치, 영어필기시험, 영어에세이, small talk)

2차에서 떨어진 적이 있기 때문에 이번에는 마음을 비웠습니다. 계속되는 탈락에 그냥 면접 연습을 한다는 생각으로 임했습니다. 현지면접관이 들어왔습니다. 매일 글로만 읽던 면접후기를 제가 직접 체험하고 있다는 것이 신기했습니다. 진짜 내 눈 앞에서 외국인이 카타르항공 프레젠테이션을 하고 있습니다. 그저 신기하고 재밌어서 면접이라는 생각 안 하고 빠져들었습니다. 재미있을 때는 웃기도 하고 재미없으면 메모 하는 척 끄적이기도 하다 면접관과 눈도 마주쳤습니다. 느낌이 나쁘지 않았습니다.

7월 면접 때는 무조건 잘 보이고 싶어서 미친 듯이 억지미소를 지었던 것 같습니다. 웃기지 않으면서 입이 찢어져라 웃는다는 것을 면접관도 느꼈을 것 같습니다. 이번에는 최대한 자연스럽고 편안하게 면접을 보았습니다. 어차피 떨어질 테니까요. 그냥 경험 삼아 보자고 마음을 비웠지만 제 면접번호가 4번이었습니다. 이건 또 뭐지? 그래, 럭키 4번이다!! 긍정적으로 생각하기로 했습니다.

회사에 관련된 프레젠테이션이 끝나고 영어필기시험 종이를 나눠주셨습니다. 토익 part 5와 part 7형식의 문제를 풀고 나면 뒷장에 영어에세이 쓰는 공간이 있습니다. 주제는 문화충격에 관한 경험이었습니다. 저는 캄보디아 해외봉사활동 갔을 때의 경험을 썼습니다. 복수전공이 영어로만 진행되고 모든 과제가 영어에세이 형식이었기 때문에 해외어학연수를 받아 본 적 없어도 어렵지 않게 쓸 수 있었습니다.

필기시험을 치고 있으면 한명씩 번호를 불러서 암리치를 잽니다. 카타르항공에서 오신 외국인 면접관님이 저에게 묻습니다.

"Do you have any scar?"

나는 흉터는 없지만 며칠 전에 팔에 모기 물렸는데 괜찮냐고 물었습니다. 괜찮다면서 팔을 뻗어서 암치리를 재라고 하셨습니다. 저는 키가 커서 암리치가 충분하지만 열심히 손을 뻗어 최선을 다하는 모습을 보여주었습니다. 예쁜 리본큐빅이 박힌 손톱도 보여주고 싶어서 그만할 때까지 계속 손을 뻗고 있었습니다.

그리고 나서 다시 제자리로 돌아가 문제를 풀었습니다. 30분 정도 필기시험을 보고 면접관에게 시험지와 답안지를 제출합니다. 30분을 대기실에서 기다렸습니다. 30분 뒤 다시 모여 2차를 본 약 60명의 지원자가 둥그렇게 서 있습니다. 면접관이 합격한 사람 번호를 부릅니다.

"Number 4!"

내가 합격이라니 믿을 수가 없었습니다. 연습이라고 생각했고 '만약 떨어지더라도 큰 경험을 한 것이라 생각해야지' 라며 마음을 비웠는데 합격한 것입니다.

3차면접(디스커션, 종이탑 쌓기)

외국항공사는 결과가 바로바로 나오고 금방 다음 전형이 시작됩니다. 번호가 불린 약 20명의 지원자가 10분 뒤 바로 3차 면접을 봅니다. 떨어진 사람은 쓸쓸히 집으로 돌아갑니다. 제가 올라간 것이 믿겨지지 않았습니다. 꿈만 같았습니다.

10명씩 2조로 나누고 PPT로 주제를 띄워주시며 이슬람 문화와 서비스 관련해서 디스커션 주제 5개를 놓고 토론을 합니다. 저는 그때 말을 많이 하지는 않고 서포트를 하면서 한번 요약을 했습니다.

디스커션을 하고 면접관이 종이와 테이프를 주시며 두 팀 중 빨리 높게 종이탑을 쌓는 팀이 이기는 거라고 하셨습니다. 저는 타임체커를 하겠다고 해서 종이는 만져보지도 못했지만 '1분 남았어, 침착하자!' 라고 말해주었습니다. 30분 뒤에 또 합격자를 부릅니다.

Number 4!!

내가 최종면접이라니. 믿겨지지 않아서 다시 한 번 물어봤습니다. 내일 아침9시 30분 최종면접이라는 말이 실감나지 않았습니다. 마음을 비우자고 했지만 막상 최종면접에 간다고 생각하니 욕심이 생겨 꼭 합격하고 싶었습니다.

4차 (파이널-현지면접관 2: 1 심층면접 20분)

제 인생 첫 최종면접. 서류준비 때문에 3시간밖에 못 잤지만 화장을 하면서 면접을 보러 가는 길이 너무나 행복했습니다. 면접은 이력서를 훑어보고 몇 가지 특징적인 사항에 대해 대화를 나누는 식으로 진행되었습니다. 웃음치료사 자격증에 흥미를 보이며 설명해달라고 했습니다. 나는 3일 동안 계속 웃는 거라고 답하면서 실제로 박장대소하는 모습을 보여주었습니다.

그 수업을 통해 무얼 배웠냐고 또 물어서 웃음은 사람을 건강하게 해주는 것 같다, 아무리 슬픈 일이 있어도 웃음을 통해 행복해질 수 있다고 믿는다고 대답했습니다. 캄보디아 자원봉사 경험에 대해서는 팀워크를 얼마나 잘하는지 알아보려고 묻는 것 같았습니다. 즐겁게 일할 수 있고 성과도 더 좋아서 팀워크를 선호한다고 대답하며 면접을 끝마쳤습니다. 나오면서 기회를 주어 고맙다고 허그하자고 했더니 흔쾌히 허그를 해주며 조만간 다시 봤으면 좋겠다고 했습니다.

최종 면접 때 못 알아들은 질문도 있었고 말을 잘 못한 것도 있었지만 진심으로 이야기했고 웃음치료사 자격증 때문에 분위기가 좋았기 때문에 약간 기대가 되기도 했습니다. 항상 1차에서 떨어져서 파이널 연습은 해본 적이 없었지만 나를 있는 그대로 보여주었고, 나의 간절했던 마음을 면접관이 알아봐주어서 합격하지 않았나 싶습니다. 평소에 합격수기를 많이 읽어서 어떤 질문이 나올까는 예상했기에 편안한 마음으로 면접을 볼 수 있었습니다.

누군가 저에게 승무원 면접에서 중요한 것이 무엇이냐고 물어본다면 많은 요소 적정수준 이상의 영어회화실력, 미소, 다이어트, 마음가짐, 꿈에 대한 열정, 나만의 재밌는 삶의 스토리 들이 있겠지만 피부와 치아라고 말씀드리고 싶습니다. 이곳에서 생활하면서 날씬한 승무원도 만나고 통통한 승무원도 많이 봤지만 모두들 피부와 치아는 참 예쁘다는 생각을 많이 했습니다. 저도 고등학교 때 치아교정을 했고 저희 동기들의 절반 정도는 치아교정을 했습니다. 그래서 치아교정을 고민하는 분에게 적극적으로 추천해드리고 싶습니다.

그리고 환한 미소도 중요합니다. 저는 아침, 저녁으로 페이스 요가를 하며 자연스러운 미소를 만들기 위해 노력했습니다. 거울을 보고 눈썹을 올렸다 내렸다 눈을 떴다가 감았다가, 코도 킁킁거리고 '아에이오우'를 발음하며 바람을 넣기도 하고, 빨대를 입꼬리 끝까지 끼워서 10분 이상 물고 침이 질질 새어 나올 때까지 입꼬리 올리기 연습을 했습니다. 가장 중요한 것은 내 내면에 즐거움과 평안함이 있어야 미소도 자연스럽게 아름다워진다는 사실입니다. 남을 미워하지 않고 긍정적인 기운을 가지고 내면을 가꾸는 것이 일상이 되어야 한다고 생각합니다.

8번째까지 계속 1차 면접에 떨어질 때 승무원에 대한 확신도 자신감도 없어지면서 승무원이 아닌 다른 기업에 면접을 봐야 하나 고민을 많이 했습니다. 제가 너무 못나고 뚱뚱해 보이기까지 했습니다. 딸처럼 아껴주던 지인이 말씀하셨습니다.

"하영아, 네가 너 자신을 사랑하지 못하고 이쁘다고 생각하지 않는데 면접관은 그런 너를 믿고 뽑아줄 수 있을까? 자신을 사랑하지 않고 못생겼다고 하는데 면접관이 뽑아줄 이유가 없지."

그때 정말 많은 것을 배우고 깨달았습니다. 나 자신을 사랑하자. 나는 매력이 정말 많은데 왜 나를 싫어하고 미워하고 있을까? 나를 사랑하기에도 아까운 시간이었습니다. 운동도, 페이스 요가도, 기도도 열심히 하다 보니 마음에 평안이 찾아오기 시작했습니다. 자존감 정말 중요합니다. 요즘에는 못생긴 사람이 없을 정도로 다들 너무 예쁘고 아름답습니다. 마음이 편하고 자신을 사랑하면 표정이 예전과 달라집니다. 자기 자신을 사랑하고 아껴주세요. 당신은 충분히 매력적인 사람입니다.

승무원 생활, 그리고 도하에서의 생활

매 비행에 새로운 승객과 동료와 일한다는 것이 설렘으로 다가올 때가 많습니다. 똑같은 일을 하지만 언제나 설렘으로 출근하고 퇴근 후에는 나만의 시간을 많이 가질 수 있다는 것도 큰 장점입니다. 오늘은 아시아 어딘가에서, 내일 모레는 유럽 어딘가에서 아침을 맞으며 삶 자체가 여행입니다.

하지만 몸이 아플 때는 정말 힘이 듭니다. 건강하지 못하면 절대 할 수 없는 일이 승무원이 아닐까 생각합니다. 무거운 짐을 들고 갤리 비행기 부엌 에서 무거운 것들을 올리고 내릴 때 허리가 아프고 관절이 아픈 적도 있었습니다. 준비생 때부터 무리한 다이어트는 나중을 생각해서라도 피하는 것이 좋을 것 같습니다.

많은 사람을 만나다 보면 마음에 상처를 받을 때가 있는데 성격이 단순하다 보니 금방 잊어버려서 일을 하는 데 도움이 될 때가 있습니다. 또한 비교하지 않는 태도도 중요합니다. 매달 새로운 비행스케줄이 나오면 동기들과 스케줄을 공유할 때 나보다 더 좋은 데스티네이션과 턴어라운드 ^{손님만 내려주고 바로 도하로 돌아오는} 비행 수에 따라 울고 웃습니다. 비교는 불행의 시작이기 때문에 나 자신만 바라보고 마음을 잘 다스리는 것 또한 승무원 생활에서 중요한 부분입니다.

카타르, 중동이라는 특수한 이슬람 문화권에서 산다는 것이 가끔은 답답하기도 하고 한국이 그립기도 하지만, 마음 맞는 동기들이 있고 승무원으로서 원하는 일을 한다는 것이 많은 위로가 됩니다. 쓰다 보니 두서없이 길어졌네요. 면접 본 지 1년이 지난 지금, 과거를 회상해보니 내가 이 일을 얼마나 간절히 원했었는지 알게 된 귀하고 감사한 시간이었습니다.

이런 후기를 쓰도록 권해주신 지병림 사무장님께 감사드리며 언제나 겸손한 마음으로 가장 높은 곳에서 가장 낮은 마음으로 전 세계 사람들에게 최고의 안전과 서비스를 책임지는 자랑스러운 대한민국의 따뜻한 승무원이 되겠습니다. 감사합니다.

생생하게 꿈꾸면
그 꿈은 현실이 된다

황지민
카타르항공 승무원

첫 도하 땅을 밟은 2013년 4월 13일. 꿈만 같았던 2개월간의 교육을 끝내고 어느덧 비행 9개월 차가 된 카타르항공 승무원 황지민입니다. 힘든 준비생 시절 소설 『플라이 하이』를 읽고 많은 감명을 받았기 때문에 진작부터 지병림 작가님을 만나 뵙고 싶었습니다. 카타르 성당에서 우연히 만나게 되어 영광스러운 기회를 주신 작가님이자 선배님께 감사의 마음을 전하고 싶습니다.

합격자들의 수기를 프린트해서 파일을 만들고 폰으로 캡처해 따로 보관한 사진들이 너무 많아 폴더를 만들기까지 읽고 또 읽고 힘이 되었던 글들에 보답하는 마음으로 힘들어하고 있을 누군가에게 작은 희망이 되기 위해 상상만 하던 글쓰기를 시작합니다. 준비과정이 길고 힘

들었던 만큼 하고 싶은 얘기도 많기에 너무 길다고 느껴
지면 필요한 부분만 읽으시기 바랍니다.

스펙

- 나이: 1986년생 29세^{27세에 합격}
- 키 & 몸무게: 164cm, 50kg^{마른 비만}
- 학교: 4년제 항공서비스학과
- 토익: 885
- 학원: 외항사반 수강
- 스터디: 有
- 해외 경험: 뉴질랜드 어학연수 8개월
- 자격증: CPR, TESOL, 바리스타, 아시아나 아바쿠스
- 서비스경험: 미스터피자, 이탈리안 레스토랑, 헬스 트
레이너
- 영어강사 2년 이상, 보조교사
- 봉사활동: 어린이재단 동전 분류, 복지회관 경로식당
- 식사 준비 및 도시락 배달
- 기아대책 나눔페스티벌 도우미
- 문화연구소 다문화가정 자녀 돌보기

면접경험

- 2008 에미레이트 1차 탈락
- 스카이* 대행 카타르 1차 탈락
- 아이* 대행 카타르 1차 탈락
- 아시아나 실무 탈락
- 대한항공 실무 탈락

치아 교정 기간

- 2011 01 대한항공 실무 탈락^{너무 떨려서 대답 못하고 죄송합니다, 하고 나옵니다}
- 2011 01 아시아나 실무 탈락^{흔한 대답조차 덜덜 떨면서 했습니다}
- 2011 08 카타르 부산 오픈데이 CV탈락
- 2011 08 에어부산 1차 합격 / 2차 불참^{땅을 치고 후회합니다}
- 2011 09 타이항공 1차 합격
- 2011 11 싱가폴 3차 탈락
- 2012 02 카타르 오픈데이 CV 탈락
- 2012 02 에어마카오 BCC* 대행 1차 탈락
- 2012 02 카타르 아이* 대행 1차 탈락
- 2012 04 캐세이퍼시픽 디스커션 탈락
- 2012 05 필리핀항공 1차 탈락^{처음으로 칭찬 받음, 다 좋은데 너무 약해 보인다는 피드백}
- 2012 06 에어마카오 3차 탈락

이스타, 에어부산, 제주항공 서류 탈락하고 슬럼프 와서
쉽니다.

- 2012 11 에어부산 실무합격 / 인적성 & 체력 탈락
- 2012 10 학원 대행 카타르항공 최종 합격!!

국내외 초장수생 어색한 미소, 마른 체형, 아토피의 벽
을 넘고 카타르항공의 Five Star 캐빈 크루가 되었다.

준비과정

나는 2008년도 뉴질랜드에서 돌아온 후, 서울에 있는 학원 외항사반에 등록했다. 한창 에미레이트와 카타르 항공 대행이 많던 시기였기 때문에 준비도 안 된 상태였지만 반 언니들과 같이 면접을 봤다. 나만큼 잘 떠는 사람도 없다. 염소 목소리 내면서 더듬더듬 몇 마디 못하고 나오기 일쑤였다. 하루는 오전에 스카이* 대행 카타르, 점심때 아시아나, 오후에 아이* 대행 카타르 세 번을 본 적도 있다. 왔다갔다 아슬아슬하게 시간 맞춰서 봤다. 처음 해보는 디스커션에서 덜덜 떨며 말 딱 한마디 하고 나왔다. 세 군데 다 탈락이었다.

학원에서 비디오 촬영한 내 모습을 보고 충격 받았다. 치아가 이상하고 미소도 정말 어색했다. 결국 교정해야겠다고 마음먹었다. 같이 스터디 했던 사람 중에 정말 유쾌한 언니가 있었다. 세상에 뭐 이런 사람이 다 있지? 싶을 정도로 상대방 기분을 좋게 해주는 사람이었다. 눈에 보이지 않는 배려도 돋보였고, 웃는 모습이 참 예뻤다. 그 언니를 닮고 싶었다. 유쾌하고 상대방을 편안하게 해주는 사람들이 금방 합격했다.

얼마 후 나는 카타르항공에 승무원으로 합격했다. 그 언니도 카타르항공에서 비즈니스 승무원으로 열심히 일하고 있다. 도하에서 4년 만에 재회했다. 언니가 F2 이코노미 승무원에서 F1 비즈니스 승무원으로 승진을 하고도 2년을 더 일한 긴 시간 동안 나는 묵묵히 준비만 해왔다. 언니를 만나니 너무 가슴이 벅차서 마치 꿈을 꾸는 것 같았다.

학원

학원 때문에 고민하는 분들이 많을 거라고 생각한다. 나는 2008년도에 학원을 다녔다. 대행의 기대를 하고 들어간 것이 아니라 면접 스킬을 기르기 위해 등록했기 때문에 필요했던 부분들을 많이 배웠다고 생각한다. 몇 년 지나 다시 외항사를 준비하려고 했을 때 어딘가 소속되어 타이트하게 준비하고 싶은 마음에 집과 가까운 부산에 위치한, 예전에 다녔던 학원에 등록했다. 다른 학원을 다녀보고 싶었지만, 주말 외항사반만 있는 학원이 여기밖에 없었다. 등록을 하고 혹시나 싶어서 몇 년 전 서울에서 수강했는데 할인이 되냐고 여쭤봤더니 가능하다고 해서 20% 할인받고 주말반을 수강했다.

주말마다 아침 일찍 시외버스를 타고 부산에 도착한 뒤 다시 지하철을 타고 스터디카페로 가서 국내 스터디를 두 시간 정도 하고, 학원에 가서 수업 듣고 저녁에 시외버스를 타고 집으로 돌아오기를 몇 개월 반복했다. 학원 수강이 종료되면서 스터디는 잠시 쉬게 되었지만, 학원은 토요일, 일요일로 3번 정도 꾸준히 재수강했다. 선생님이 이제 그만 좀 오라고 농담을 하실 정도였다.

나는 학원이 정말 재미있었다. 보통 대행을 기대하고 가면 대행을 통해 합격하지 못했을 때 실망이 크다. 나는 단순히 수업 때문에 등록을 한 거였기 때문에 좋은 선생님과 좋은 친구들을 만나서 학원생활이 즐겁고 만족스러웠다. 학원 등록할 때 너무 대행에 대해 큰 기대를 하고 들어가서는 안 된다. 학원생들이 다른 학원 대행으로 합격할 가능성도 많고 또 사람일이 어떻게 될지 모르기 때문에 그 부분만 보고 간 분들은 보통 욕을 하면서 나오는 게 안타까웠다. 대행 아니라도 학원 다니면서 모의면접하고 스킬 기르는 부분은 굉장히 도움이 된다고 생각한다. 무엇이든 본인의지에 달려 있다.

스터디

스터디 때문에 많이 울고 웃었다. 치아교정이 끝나고 새로운 마음으로 2011년 다시 시작한 스터디에서 땅 끝까지 떨어지는 경험을 했다. 스터디를 하는 이유는 부족한 부분은 보완해주고 잘하는 부분은 칭찬하고 격려해가며 서로 '윈윈'하기 위해서이다. 칭찬, 좋은 피드백 절대 해주지 않는 스터디멤버를 만났다. 당근은 안 주고 매일 채찍질만 했다. 다른 멤버가 좋다고 얘기하는 부분조차 대놓고 별로라고 했다. 비슷한 방법으로 여러 사람들에게 상처를 주었다는 사실을 뒤늦게 알았다. 승무원을 준비하는 세계가 워낙 좁다보니 소문도 금방 날 뿐더러 상대방에게 상처 준만큼 어떤 방법으로든 본인도 되돌려 받는다.

스터디 구하기 힘든 지방에 살고 있었기 때문에, 그리고 한번 만난 인연은 소중하다고 믿었기 때문에 자존심 상하고 자신감 없어지는 나를 보면서도 몇 개월을 더 했다. 스터디를 하고 나면 항상 기분이 좋지 않았다. 그러던 중 정말 이건 아니라는 생각을 하게 되었고, 다시 주말에 학원을 다니기 시작하면서 부산에서 새로운 스터디를 구했다. 이 친구들이 아니었다면 지금의 나도 없었을 것이다. 처음으로 칭찬 듣고, 미처 몰랐던 내 장점까지 하나하나 코칭을 받았다. 눈물 나도록 고마웠다.

명예의 전당의 글을 통해 목소리의 중요성을 알게 되었고 목소리 트레이닝 관련 도서를 구입하여 집에서 혼자 연습을 했다. 매일 한 챕터씩 책에서 시키는 대로 따라하고 녹음을 한 후 다시듣기를 재미삼아 반복했다. 이렇게 하고 난 후로 어떤 스터디멤버를 만나든, 학원에서 수업을 하든 항상 '목소리 좋다'는 피드백을 받았다. 아는 후배가 기상캐스터의 억양을 따라 목소리 연습에 성공해 대한항공에 합격했다는 얘기를 듣고 인터넷에서 녹음파일을 찾아 들으며 매일매일 따라했다.

학원 과정이 끝나고 같은 지역에서 스터디할 사람을 찾아 진심으로 피드백 해줬다. 서로 윈윈할 수 있는 따뜻한 스터디였다. 스터디 멤버 중 국내외를 같이 준비하는 친구들이 있었기 때문에 국내가 나면 국내 위주로, 외항사 면접을 앞두고는 외항사 스터디로 스케줄을 조정해 나갔다. 스터디는 정말 중요하다! 어떤 멤버를 만나느냐가 관건이다. 지금 스터디를 하고 있지만 상처가 되거나 발전이 없다고 생각된다면 시간 낭비하지 말고 얼른 나와야 한다. 따뜻하고 진심어린 말로 용기를 북돋아주는 사람도 많다.

외항사를 준비하는 직장인한테는 스카이프 스터디 추천하고 싶다. 자세나 표정을 읽을 수 없는 아쉬움이 있지만 디스커션은 서로 의견을 공유할 수 있고 파이널 인터뷰도 다양한 사람들에게 피드백을 받다보면 확실히 보완이 된다. 영어의 흐름을 놓치고 싶지 않다면 한번 해보라고 권하고 싶다.

영어공부

우선 영어공부는 영어의 끈을 놓지 않는 것이 중요하다. 나는 어학연수를 단기로 다녀왔기 때문에 8개월 동안 최선을 다했다. 처음에는 do와 be동사의 쓰임도 몰랐지만 마지막에는 Tesol과 바리스타 과정을 동시에 들을 수 있을 정도의 실력이 쌓였다. 연수를 생각하고 계신 분들에게 추천해드리고 싶은 과정은 general 코스 다음으로 아이엘츠IELTS이다.

고급어휘들과 아카데믹한 표현들을 4가지 영역을 통해 접할 수 있고, 하는 동안에는 어렵고 힘들지만 힘든 만큼 에세이 실력이 몰라보게 향상된다. 영어수준의 업그레이드를 위한 통과의례라고 해도 과언이 아니다. 모르는 단어가 하루에 수십 개도 더 나왔지만 영영풀이에 예문, 발음기호까지 일일이 노트에 정리했다.

그때 정리한 단어들을 지금까지 유용하게 잘 사용하고 있다. 그게 2008년도지만 나는 계속 영어를 접하려는 노력을 해왔다. 영어강사로 일하면서 도움이 된 부분도 많았고, 영어회화 스터디도 꾸준히 했다. 아침에는 무조건 EBS라디오! 버스에서 집중해서 듣고, 다른 일을 하면서도 그냥 습관처럼 틀어놓았다.

피부

나는 이토피 피부를 가지고 태어났다. 다행히 얼굴만큼은 깨끗했다. 뉴질랜드에서 돌아오기 일주일 전에 8개월 동안 살던 홈스테이를 나와 친한 언니의 집에서 지내게 되었는데 갑자기 머리가 가렵기 시작했다. 가려움이 이마까지 타고 내려왔다. 그 상태로 한국으로 돌아와 안 해본 게 없었다. 피부과를 가보아도 뚜렷한 방법도 없이 스테로이드제만 처방해주어 아무 효과도 없었다. 1년 365일 항상 몸이 가렵고 긁고 나면 피나고 따갑고 그러고 나면 또 색소가 침착되는 과정을 27년간 반복했다. 겪어보지 않은 사람은 이 고통을 모를 것이다. 몸이 가렵지 않은 친구들이 너무 부러웠다. 카타르는 피부를 많이 본다는데 나 카타르는 못 가나봐. 어떡하지? 별 생각이 다 들었다. 피부 때문에 평생 꿈을 못 이루면 어쩌나 고민했다. 하느님을 원망하며 운 적도 많았다. 앞이 안 보이는 사람도 있는데 이 까짓것 괜찮아, 희망을 잃지 않으려고 했다.

면접 일주일 앞두고 바짝 약을 먹었다. 좋아 보이는 데는 한계가 있지만 그래도 좀 나아졌다. 울긋불긋한 피부에 파운데이션 바르는데 마음이 편치 않고 자꾸 신경이 쓰였다. 피부 때문에 자신감이 더 없어졌다. 한약, 추나, 약초 달인 물로 샤워하기는 기본, 지금은 생각만 해도 니글거리는데 공복에 산초기름을 두 병이나 사서 다 먹었다. 다래 추출물도 세 통 정도 먹었다. 그러나 효과는 없었다.

다들 비싸기만 엄청나게 비쌌다. 어릴 때 아토피에 투자한 돈이 집 한 채 값은 될 것이다. 이마가 빨갛도록 밤마다 피나도록 긁다가 비싼 꿀샴푸 혹은 대학병원에서 처방받은 약샴푸를 사용했다. 미용실 가서 20만원 넘는 두피 클리닉도 받았지만 역시 소용없었다. 폭풍검색을 하다가 세보레*이라는 샴푸를 찾았다. 써봤더니 상태가 점점 호전되었다. 한통을 다 쓰고 세비프록*이라는 샴푸를 알게 되었는데 구입하고 보니 예전에 작은 피부과에서 처방받았던 샴푸였다.

두 가지를 쓰고 이마와 두피는 말끔하게 나았다. 지루성 두피염은 스트레스를 받으면 더 심해진다고 한다. 이것저것 해봐도 안 되는 분들은 한번 시도해 보기 바란다. 좋은 식품도 열심히 섭취했다. 그러나 아토피를 낫게 해줄 정도는 아니라는 걸 깨닫고 다 내려놓았다. 밑져야 본전이니 어디 한번 먹어보자 싶었다. 유산균이나 효모 비타민이 독소를 빼준다기에 꼬박꼬박 챙겨먹으며 하느님께 제발 낫게 해달라고 기도드렸다.

웬일인지 피부가 점점 좋아지기 시작했다. 하루 좋아지고 말겠지 했는데 몇 개월째 지속됐다. 그 이후 에어부산 수영 테스트도 당당하게 하고 통과했다. 긁은 상처 때문에 수영장도 못 갔었다. 카타르항공의 암리치 재고 파이널 볼 때도 처음으로 당당하게 팔을 내밀었다. 정말 감사할 일이 아닐 수 없었다. 진짜 상태가 심각했던 나도 합격했으니 피부트러블 때문에 마음고생 심한 분들은 희망을 갖고 꾸준히 치료하기 바란다. 피부과 약은 부작용이 무서워서 면접 전 아니면 아예 손도 안 댔다. 먹는 식품도 중요하지만 운동을 해서 땀을 빼는 것이 중요하다. 그리고 수분섭취!! 화장품과 폼클린징은 모두 천연제품으로 바꿨다.

운동

어렸을 때부터 항상 듣는 소리가 '살 좀 쪄라'였다. 이런 말을 이해 못하는 분들이 있어서 말 꺼내기가 조심스럽지만, 같은 상황으로 힘들어하는 분들을 위해 말씀드린다. 삐쩍 마른 체형도 본인에게는 비만만큼 스트레스

다. 나는 많이 먹으면 배는 자꾸 나오는데 팔과 다리, 딱 보이는 부분은 살이 찌지 않는 외배엽형이다. 이런 체형은 거의 내장지방이라 건강에도 안 좋다.

승무원들은 대부분 날씬하지만 건강하게 날씬한 체형이고 나는 약해서 일이나 제대로 할 수 있을까? 하는 생각이 들 정도로 뼈 자체가 가늘다. 주위에서는 다들 이런 체형으로 승무원 못 한다고, 아무도 안 뽑아준다고 만류했는데, 그런 말들이 너무 상처가 되었다. 그러다 몇 년 전 헬스 관련 지식이 풍부한 지인의 도움으로 방법을 찾았다.

아침, 점심, 저녁의 균형 잡힌 식사영양와 수면과 운동, 이 세 가지 궁합이 맞아야 살이 찐다는 것이다. 사이사이 단백질 보충제를 마시고 간식도 고구마와 바나나 두유를 먹는데 칼로리를 높여서 고구마는 꿀로 만든 맛탕으로, 우유도 꿀 탄 우유, 틈틈이 아몬드랑 크랜베리를 먹었다. 그리고 유산소 대신 근력운동만 했다. 그랬더니 6kg가 갑자기 불어서 태어나 처음으로 50kg를 넘어갔다. 또 사람들이 저를 보더니, 왜 이렇게 살이 쪘냐, 좀 빼야겠다고 했다. 얼굴과 등, 옆구리, 배 부분에만 급격히 보기 싫게 살이 쪄서 PT를 받으며 조금씩 감량에 들어갔다.

예전에는 불규칙했던 생활이 규칙적으로 바뀌니까 자연스럽게 살도 찌고 어릴 때부터 앓았던 위염도 싹 없어졌다. 운동을 습관처럼 하다 보니 웬만큼 응용도 할 수 있고 여성분들 티칭도 가능한 수준이 되었다. 근력운동은 주로 하체 위주로 했고, 스쿼트나 런지, 특히 워킹런지가 효과가 좋았다. 기껏 찌워놓은 살이 빠질까 염려

되어 유산소는 거의 안 했다.

아토피로 힘들어하니까 헬스 관련 지인이 유산소를 해서 땀을 한 번 빼보라고 권했다. 이십 분 뛰어봤자 지방이 분해되지 않으니 뛰어도 된다고 해서 힘들어 죽을 것 같지만 러닝머신을 매번 20분씩 뛰면서 땀을 많이 흘렸다. 땀구멍이 열리고 독소가 배출되면서 아토피 또한 많이 좋아졌다. 이렇게 운동하면 자연스럽게 수분섭취량이 많아진다. 하체가 마른 분들은 혈액순환이 잘 안 되기 때문에 자주 달려야 하체가 펌핑이 잘 된다고 한다. 개인마다 선호하는 운동법이 다르지만 이런 체형은 조금만 운동을 게을리 해도 근육이 빠지기 때문에 꾸준히 오랫동안 해야 한다.

진통제와 같았던 책읽기

다들 지치고 힘들겠지만 나는 눈물이 마를 날이 없었다. 그렇지만 좋은 책들을 통해 내 자신을 믿고 꿈을 향해 끊임없이 도전할 수 있었다. 아주 어렸을 때부터 나는 조금 부정적인 아이였다. 엄마의 도움으로 책을 하나씩 접하면서 읽은 내용이 나도 모르게 마인드로 자리 잡혔다. 힘들어 죽을 것 같은 순간에도 내재되어 있던 긍정에너지를 발휘할 수 있었다.

수없는 탈락에 불안해질 때면 나보다 더 힘든 상황을 극복하고 자신의 꿈을 이룬 분들의 이야기를 접하면서 감사하는 마음과 할 수 있다는 자신감, 그리고 내 자신을 사랑할 수 있는 자존감을 기르려는 노력을 많이 했다. 나도 자신을 사랑하지 않으면서 다른 사람에게 사랑받고자 하는 건 터무니없는 욕심이라는 생각이 든다. '스스로를 사랑할 줄 알아야 그 사랑을 남에게도 베풀 수 있다'는 말은 책에 언제나 등장하는 이야기다.

파이널 인터뷰

• 핑크색 블라우스
• 버건디색 스커트
• 조금 긴 보브
• 아이보리색 꽃모양 귀걸이(일부러 약간 큰 걸로 했다)
• 빨간 네일

처음 가본 파이널, 문 앞에 앉아서 앞서 들어간 지원자가 나오기를 기다리는데 어찌나 떨리던지. 내 차례가 되고 밝게 웃으면서 들어간다. 지원자들 사이에 인기 높은 매력적인 카샤와 메르세데스가 앉아 있다. 자리가 생각보다 가까웠다. 면접관도 사람이라 인간적인 걸 좋아한다고 예전에 명예의 전당에서 읽었던 글이 생각났다. 점심 먹었어요? 뭐 먹었어요? 어땠어요? 먼저 물어보았다. 면접관이 좋아하는 것 같았다. 서류랑 사진 확인하고 인터뷰에 들어갔다. 사실 발음이 정확하지 않아서 질문을 이해하는 데 시간이 좀 걸렸다.

뉴질랜드에서 어학 연수 받았던 경험과 레스토랑에서 서비스 관련 일을 했던 경험에 대해 집중적으로 질문을 했다. 나는 최대한 솔직하게 그 당시의 내 생각과 감정을 얘기했다. 메르세데스도 오클랜드에 가본 적이 있다면서 홈스테이 할 때 어땠는지 물어서 외국 사람들이 가진 장점과 상냥하게 언제 어디서나 인사하는 것이 인상적이었다고 답했다.

면접이 끝날 무렵 내 윗니의 금니를 하얀색으로 바꾸라고 했다. 증거를 사진 찍어서 이메일로 보내달라면서 도하는 치과치료비가 비싸다는 말도 덧붙였다. 꼭 그러겠다고 답하는데 그동안의 고생이 생각나서 좀 울컥했다. 최종면접까지 할 수 있는 기회를 줘서 고맙다고 말하니까 면접관도 서툰 한국말로 감사하다고 답했다. 내가 먼저 악수를 청하고 나왔다. 면접을 많이 봤는데, 현지면접관을 만나고 느낌이 좋았던 적은 거의 없었다. 항상 자신 없고 떨기만 했다. 심지어 오픈데이 때 CV 내는 잠깐에도 너무 떨려서 소심한 모습만 보여줬다. 처음 가본 스크리닝이지만 느낌이 좋았다. 맨 뒤에 앉았는데 카샤랑 눈 마주칠 때마다 생글생글 웃었다. 신기한 게 나를 마음에 들어 하는 것 같은, 왠지 다음 라운드에 갈 것 같다는 느낌이 왔다.

내 수험번호가 불렸고, 디스커션 때도 잘하지 못했지만 하나도 떨리지 않고 신나고 모든 게 즐거웠다. 그래서 꾸며지지 않은 평소 때 내 모습을 많이 보여준 것 같다. 말 그대로 Be myself!

면접을 볼 때 면접관 앞에서만 가식적인 모습이 아닌, 유쾌하고 따뜻한 평소 모습이 자연스럽게 나올 수 있도록 노력하는 게 중요하다. 사소한 것들, 예를 들면 식당을 가거나 버스를 탈 때도 안녕하세요? 고맙습니다, 하는 인사를 자주 한다. 자리를 양보한다거나 모르는 사람이 발을 밟더라도 웃으며 넘기고 나면 기분이 좋다. 상대방에게 잘하면 나에게 더 큰 긍정에너지가 생겨 몸과 마음이 건강해진다고 한다.

나는 한 때 면접공포증인 것 같아서 정신과 상담을 받아봐야 하나 싶을 정도로 많이 떠는 스타일이었다. 학원 다닐 때 선생님께 여쭤본 적이 있다.

"선생님, 실전에만 가면 너무 떨려서 미치겠어요. 진짜 어떻게 해야 되나요?"

선생님 하시는 말씀이 100% 준비가 안돼서 그렇다고, 그렇게 떨리면 100%가 아닌 120%를 준비하라고 하셨다. 이 말을 들은 순간부터 내공을 쌓기 위해 노력했다. 준비를 하다보면 사소한 것들에 신경을 많이 쓰게 된다. 나는 얼굴이 비대칭이라서 안 돼. 다리가 안 붙어서 안 돼. 이래서 저래서 안 돼. 정말 작은 부분들은 신경 쓰지 않으셨으면 좋겠다. 본인 의지로 바꿀 수 있는 것이면 노력하지만 어쩔 수 없는 것들은 그냥 두고 자신을 더 사랑하기 바란다. 외적인 부분보다 더 중요한, 면접관이 보는 것은 내면의 힘이라는 사실을 나는 너무 늦게 깨달았다.

내가 그런 부분들에 신경 쓸 때마다 어머니는 항상 사람은 내면이 아름다워야 한다고 말씀하셨다. 내면이 꽉 차면 얼굴까지 빛이 난다고. 머리로는 이해하지만 마음으로는 받아들여지지 않았다. 이 말이 무엇을 의미하는지 정확하게 깨달은 후 합격에 가까이 갈 수 있었다. 합격한 분들의 공통점도 이 점이었다.

나는 미소 때문에 항상 지적을 받았다. 나중에 알고 보니 미소가 어색했던 이유는 마음이 웃지 않아서였다. 전현차 게시판 어디선가 읽은 적이 있는데 이지애 아나운서가 그 말을 했다. 마음이 먼저 웃어야 한다는 것!! 거기 덧붙여 개구리뒷다리, 미소교정기, 카드 물기, 볼

펜 물기 등 닥치는 대로 다 했다.

몇 년 전 부산의 유명한 사진관에 증명사진을 찍으러 갔을 때 너무 못 웃는다고, 활짝 웃어서 치아가 다 보여야 되는데 나는 옆으로 입술만 자꾸 찢으려고 했다. 아저씨가 그렇게 웃으면 웃는 것도 아니고 안 웃는 것도 아니라고, 나이 들면 얼굴만 처져서 절대 안 된다고 하셨다. 사진 찍느라 엄청 고생하고 그날 충격 받은 뒤로 미소 연습을 열심히 했다.

입만 에~ 하고 웃는 게 아니라 볼 전체를 끌어당겨서 웃어야 한다. 이렇게 설명하는 게 맞는지 모르겠지만 꾸준히 하면 눈에 띄게 좋아진다. 준비하다 좌절하게 되는 순간, 이걸 계속 해야 하나 포기해야 하나 끝이 보이지 않는 준비기간의 불안은 충분히 이해한다. 여러 합격수기를 통해 내려놓아야 주신다는 말을 많이 들었다. 정말 힘들었지만 성당에 갈 때마다 저는 이 길을 너무나 원하지만 주님의 뜻이 그게 아니라면 뜻대로 하시라고 기도 드렸다.

예전에 대한항공 합격하신 분께서 전현차에 '천주교형제자매님들 읽어주세요^^' 라는 제목으로 쓰신 글이 있다. 나는 거의 10년간 냉담했었는데 그 글을 읽고 감동 받아서 다시 성당에 나가기 시작했다. 청년회 활동도 하고 몇 개월간 성서 공부까지 하면서 3박4일간의 창세기 연수를 다녀왔다. 그 분께서는 자신 혼자만을 위한 기도가 아닌 다른 사람을 위해 진심으로 기도해야 한다고 말씀하셨는데 정말 그런 기도가 나를 더 기쁘고 행복하게 만들었다.

그때 이번에는 어디든 취직을 하자 싶어 여기저기 서류

를 넣었지만 다 통과하지 못했다. 심지어 만만하게 봤던 중소기업들까지. 아마 전공과 그 회사의 일하는 분야가 달라서였던 것 같긴 한데, 자기소개서를 쓸 때 성의 없이 썼다. 나는 이 회사에 열정이 없는데, 내가 하고 싶은 것은 이게 아닌데, 그 감정이 글 속에서 표현되지 않았나 싶다. 이력서를 넣은 곳에서 한군데도 연락이 오지 않아 지쳐 있던 중 카타르항공 면접을 보게 되었다.

내가 만약에 어느 회사라도 들어갔더라면 면접을 볼 기회조차 없었을 것이다. 기회라는 게 언제 올지 모르니 언제든지 기회를 잡을 준비가 되어 있어야 한다. 그리고 내려놓음의 중요성도 알게 되었고 하느님은 가장 좋은 때에 주신다는 것 또한 가슴 깊이 깨달았다. 힘들었던 시련의 시간들이 결코 헛되지 않고 나를 단련하고 성장시키는 소중하고 값진 시간이었다는 것도 알게 되었다.

내가 진작 합격을 했었더라면 이렇게 겸손하고 감사한 마음을 가지지 못하고 아직도 냉담자로 생활하고 있었을 것이다. 이 모든 게 주님의 이끄심이라고 생각한다. 자기 자신을 믿고 포기하지 않으면 언젠가는 이루어지는 것 같다. 그 언젠가가 너무 막연하지만, 행여나 시간이 오래 걸리더라도 얼마나 값진 시간들이었는지 뒤돌아보면 알 것이다. 많이 힘들어 하지 말고 기회가 언제 올지 모르니 꾸준히 준비하기 바란다.

한국에서 멀리 떨어진 카타르에서 이슬람문화를 몸소 체험하며 살아가는 것. 인생에서 그 무엇과도 바꿀 수 없는 값진 경험이다. 카타르의 도하는 사막이라는 이미지가 강해서 많은 사람들이 길가에도 낙타가 다니느냐고 농담 섞인 질문을 자주 한다. 생각했던 것보다 훨씬 더 발전한 도하의 모습에 굉장히 놀랐다. 쇼핑몰에는 없는 게 없고 한국에서 보기 힘든 외국 브랜드가 입점한 경우도 있다.

회사에서는 승무원들에게 숙소를 제공해주는데 동기들과 윗집 아랫집에 살며 시간이 맞을 때는 각자의 나라에서 공수해온 재료로 맛있는 음식을 해먹으며 비행 에피소드를 공유하는 것이 큰 기쁨이다. 자연스럽게 요리실력이 향상되는 것은 보너스! 당장 시집가도 될 정도로 뛰어난 살림솜씨의 소유자들도 여럿 있다.

승무원은 정말 매력 넘치는 직업이라고 생각한다. 외국 항공사의 근무환경은 엄격한 위계질서를 따지기보다 편하게 지내되, 각기 다른 문화를 이해하고 서로 존중하며 팀워크를 발휘해야 한다. 비행마다 세계 여러 나라의 동료, 크루들을 만나 새로운 분위기에서 일하게 되는데 아무리 악명 높은 비행일지라도 같이 일하는 동료와 마음이 맞으면 즐겁고 나이스한 비행으로 탈바꿈한다.

가끔 나와 맞지 않아 상처를 받는 경우에도 일단 이 비행만 끝나면 끝이기 때문에 그 순간만 잘 이겨내면 된다. 반대로, 너무 좋은 크루들을 만나면 한 달이고 일 년이고 팀으로 일하고 싶은데 언제 다시 볼지 몰라 아쉽다. 이런 크루들과 다시 비행하게 되면 옛 친구를 만난 것처럼 반갑고 마음이 편안하다.

일을 하면서 가장 행복한 때는 승객이 내릴 때 한 분, 한 분 눈을 맞추며 인사하는 순간이다. 백이면 백 활짝 웃으며 고맙다고 말하는 손님들을 보면서 내가 진짜 승무원이구나, 전율을 느끼며 울컥 한 적이 많다. 좀 더 잘 해드리지 못해 항상 미안한 마음이다.

가끔 크루들이 너는 어떻게 그렇게 일을 즐기면서 하느냐고 묻는다. 일이 재미있다는 대답이 신기한지 자꾸 되묻는다. 비행을 할수록 승무원은 나의 천직이라 느껴지고 행복해서 가슴이 벅찰 때가 많지만 힘든 순간이 없다면 거짓말일 것이다. 그럴 때 나는 불평불만을 하기보다 더 나쁜 순간에 처하지 않았음에 감사하려고 노력한다. 간혹 승무원이라는 직업의 단면만 보고 합격한 분들이 이상과 현실 사이의 괴리감 때문에 힘들어하는 모습을 본다. 그에 반해 나는 다행히 항공과를 나왔기 때문에 환상이 크지 않아서 오히려 잘 적응할 수 있었다.

꿈을 이루고 난 지금의 삶도 행복하고 감사하지만, 내 인생에서 가장 빛났던 순간은 수십 번의 탈락과 실패에도 포기하지 않고 이름만으로도 가슴 뛰는 내 꿈을 이루려고 끊임없이 달려온 그 순간이다. 그 과정이 가끔 겪는 현재의 어려움도 남들보다 몇 배로 빨리 극복하고 긍정의 기운을 되찾을 수 있는 자양분이 돼준다.

도하살이 1년이 다 되어가면서 누구나 느끼는 감정이 스멀스멀 올라오려던 찰나에 이 글을 통해 당시의 내가 얼마나 간절하고 누구보다 열정적이었는지, 다시 시작한다 해도 그 정도의 열정을 발휘할 수 있을지, 되돌아볼 수 있는 값진 시간이었다. 이런 뜻 깊은 기회를 주신 지병림 작가님께 감사드린다. 언제나 유쾌하고 따뜻한 마음으로 고객을 대하고 동료들이 다시 일하고 싶은 '스윗한 크루'라고 느낄 수 있도록 앞으로도 진심을 다하여 비행할 것이다.

포기하지 않으면 꿈은 이루어진다

최아람

카타르항공 승무원

Congratulations!

2011년 12월 이메일을 통해 날아들었던 합격레터는 꿈같은 소식이었다. 첫 문장에 숨이 턱 하고 막혀왔다. 승무원이 되다니 믿기지가 않았다. 외항사는 처음으로 지원해 본데다 수많은 지원자들 사이에서 기대하지 못했던 일이었다.

처음 도전했던 '오픈데이'는 수천 명의 꽃 같은 지원자들과의 만남에서 시작됐다. 이력서를 내기도 전에 호텔회랑을 넘어 로비까지 가득 찬 미녀들 틈에서 기 죽지 말자고 수없이 되뇌었다. '이력서 제출CV drop'은 순서를 기다렸다가 면접관에게 이력서를 내기만 하면 되는 것이라 간단했다. 하지만 나는 면접관도 승객이라는 마음으로 예의바르게 대했다.

"How are you?"

인사를 건네는 첫마디가 얼마나 떨렸는지 모른다. 면접관은 내 이력서를 보더니 몇 살이냐고 물었다. 웃으며 답을 하자 면접관이 내 서류를 작은 더미에 던져 놓는 걸 보았다. 그게 무슨 의미인지 헤아릴 길이 없어 모든 걸 하늘에 맡기는 마음으로 호텔을 걸어 나왔다. 친구와 저녁을 먹는 동안 내 서류가 작은 더미로 가는 순간이 반복해서 떠올라 밥을 목으로 넘길 수가 없었다. 한편 좋은 소식을 기대해 봐도 될 것 같은 예감도 들었다. 내 느낌이 적중했던 것인지 그 날 밤 11시경 알 수 없는 번호로 전화가 걸려왔다.

"Hello, is this Aram speaking?"

이 질문으로 통화가 시작되자 나는 얼마나 기뻤는지 그 자리에서 펄쩍 뛰어오를 뻔 했다. 그 전화는 바로 다음 단계로 가는 초대장이나 마찬가지였기 때문이다. 호텔 경력을 부각해서 서비스 경력 위주로 이력서를 작성한 것이 면접관의 마음을 샀나, 생각하면서 그 날 밤도 잠을 설쳤다.

이틀 후 바로 다음 면접이 진행되었다. 넓은 회장에 지원자는 40명 남짓, 카타르에서 온 두 명의 면접관이 카타르항공에 대해 간단히 설명하기 시작했다. 중동지역에서 짧은 시간에 최대 성장을 한 항공사라는 설명을 듣고 지원자들의 간단한 질문도 이어졌다. 설명이 끝나고 바로 필기시험과 에세이를 봤다. 두 가지를 한꺼번에 보는데, 시험을 보는 와중에 차례로 불려나가 암리치를 체크하고, 몸에 흉터가 있는지에 대한 질문도 받았다.

나는 사소한 것도 숨기지 않겠다는 마음으로 어깨에 난 불주사 자국을 보여주었다. 면접관은 보지도 않고 넘어가는 눈치였다.

필기시험은 회사와 관련한 문제, 동의어 반의어 문제, 시차 문제 등이 나왔다. 에세이는 '당신의 인생에서 가장 힘들었던 순간은 언제였고, 그 순간을 어떻게 극복해했나' 쓰는 것이었다. 에세이는 A4용지 한 페이지를 채웠고, 순번대로 나가서 면접관이 채점하기를 기다렸다. 채점이 끝나고 지원자들은 다시 회의실로 들어갔다.

40명의 아리따운 지원자들이 두 눈을 빛내며 면접관만 바라보았다. 면접관이 통과자들의 번호를 부를 때마다 지원자들의 표정이 환하게 미소 짓기도 하고 실망한 표정을 짓기도 했다. 누구는 천국에 이르는 시간에 누구는 지옥으로 떨어지는 기분이었을 것이다. 나는 왼쪽 가슴에 붙어 있는 '24'라는 숫자를 애끓는 눈빛으로 내려다보면서 제발 내 번호가 호명되기를 간절히 기도했다.

"Number, Twenty four!"

40명 중 통과한 사람은 겨우 16명! 무사히 통과했다는 안도감을 채 느끼기도 전에, 통과한 인원들은 바로 다음 단계를 진행했다. 8명씩 두 그룹으로 나누어 토의를 진행했고 면접관은 그 두 그룹을 번갈아 돌아다니면서 지원자들이 어떤 자세로 토의를 하는지 지켜봤다.

내가 속했던 그룹은 한 친구가 말문을 열자, 다른 두 친구가 시간 분배 담당과 기록자를 맡아 자연스럽게 진행했다. '당신이 큰 그룹의 오너라면 어떤 제품을 런칭하고 싶고, 어느 지역에 런칭할 것이며, 광고는 어떻게 할 것인가'에 관한 토의였다. 다들 적극적이지만 예의바른 분위기 덕분에 8명이 골고루 발언 기회를 얻었고 매끄럽게 흘러갔다.

우리 조는 시간이 남아서 여유 시간 동안 같이 영어로 수다 아닌 수다를 떨었다. 이 모습을 본 면접관은 우리 모습이 참 다정해 보인다며 칭찬해주셨다. 토의가 일찍 끝났다고 조용히 있는 것보다 친해지려고 노력하는 모습을 보여주는 것이 승무원의 자질을 보여주는 좋은 방법이라고 생각한다.

그룹토의가 끝나고 또 다시 면접관들의 채점이 시작되었다. 잠시 후 면접관들이 소수의 파이널 인터뷰 대상자를 발표를 시작했다. 3번, 7번, 17번, 번호가 하나하나 불리고 지원자들이 환호 또는 실망을 하는 모습을 보면서 초조함이 극에 달할 무렵, "Twenty four!" 하고 내 번호가 호명되는 소리를 들었다. 마침내 꿈에도 그리던 파이널 인터뷰 대상자가 된 순간이었다.

이 단계까지 올 줄 생각을 못하고 있던 터였다. 기쁨은 몇 배가 되었다. 만에 하나, 떨어지면 부모님을 뵈러 고향 광주로 내려갈 생각이었는데, 예상치도 않게 파이널 인터뷰를 보게 되어 이틀 내로 전신사진을 준비해야 했다. 갑자기 바빠진 것도 마냥 기쁘고 설레기만 했다.

이틀 뒤에 치러진 영어 인터뷰는 전 단계와 달리 화장도 선명하고 진하게 하고, 카타르항공의 상징인 붉은 자주색 립스틱을 선택했다. 면접실에 들어서자 햇빛이 가득 들어오는 창문 앞에 두 면접관이 앉아 있고, 면접자는 나 혼자였다. 이것이 말로만 듣던 2:1 면접이구나 싶은 순간 면접관이 다정하게 자리를 안내해주었다.

서비스 계통에서 아르바이트 한 경험에 대해 질문을 했다. 특히 고객의 컴플레인에 어떻게 대처했는지를 관심있게 물었다. 나는 무리한 요구일지라도 내가 해줄 수 있는 한도 내에서 고객을 만족시키고자 했음을 설명했다. 그 다음에 중요시한 것은 함께 일하는 동료와의 갈등 부분이었다. 매번 지각하는 동료에게 모닝콜을 해줘서 나쁜 습관을 고치도록 도와주었다는 말에 정말이냐며 감동하는 것 같았다.

질문이 오고 가며, 파이널 인터뷰는 20여분 동안 대화하듯이 진행되었다. 정말 즐겁게 웃고 수다 떨 듯 진행된 자연스러웠던 분위기였다. 질문이 있으면 이메일로 보내달라는 말을 마지막으로 면접관들과 악수하고 방을 나왔다. 인터뷰 중이라는 걸 잠시 잊고 깔깔대며 웃을 만큼 면접관과 하나가 되어 대화를 이어가는 다정한 분위기에서 나는 99% 합격을 예감했다.

10일 뒤 꿈처럼 합격 메일을 받았다. 취업을 했다는 기쁨, 승무원이 될 수 있다는 기쁨에 눈물이 멈추지 않았다. 대학교 때부터 승무원만 보면 벅차오르던 가슴을 진정시킬 수 없어 괴로웠다. 꼭 되어야지 하고 수없이 다짐했던 세월을 생각하면 이번 합격은 내 삶에 여러 가지 의미가 있다.

승무원을 지원하는 많은 지망생들이 '운'이라는 막연한 요소 때문에 힘들어한다. 나도 승무원 시험에 운이 작용한다고 생각해서 절대 좌절하지 말자고 여러 번 다짐했다. 어쩌면 신의 축복으로 뛰어난 미모를 갖고 태어난 사람은 단번에 합격할지 모르지만, 한 번에 합격했다고 해서 순전히 운이 좋았기 때문은 아니다.

첫 지원이고 면접에 대한 스킬이 없어도 20년 넘게 살아온 환경 속에서 분명 그 사람만의 메리트가 있을 것이다. 평소 보이지 않던 잠재능력이 면접장에서 발휘되어 그것이 좋은 쪽으로 작용하여 합격했을 것이라고 생각한다. 내가 생각하는 '운'이란 바로 삶에서 다져온 본인만의 개성이자 실력이다.

하늘도 스스로 돕는 자를 돕는다는 말이 있는데, 취업운이란 바로 그런 성격의 운이 아닐까 싶다. 다른 친구들은 수십 개의 기업에 이력서를 내고 몇 개 합격하기도 하는데 승무원을 지원하는 여러분이 낼 기업은 두 손에 꼽을 정도이니 확률적으로 어려운 것은 사실이다. 여러 번 떨어지더라도 좌절하지 말고 칠전팔기의 정신으로 합격할 때까지 도전하기 바란다.

"난 승무원만 바라볼 거야. 다른 기업 취직은 생각도 안 해. 취직하더라도 승무원 시험 계속 볼 거야. 다시는 후회하지 않을 때까지 도전하고 또 도전할거야!"

지금은 이 말이 무모하게 들리지만, 승무원 취업에 도전하는 내내 자신감 있게 말하며 스스로를 격려했다. 타 항공사 최종면접에서 떨어졌을 때, 어머니께서 이런 말씀을 하셨다.

"네가 길을 정했으면, 그대로 가기만 하면 돼. 한 번 넘어졌다고 다른 길로 갈 순 없잖아. 이미 방향을 잡았고, 포기하지만 않는다면 언젠가는 꿈이 이루어질 거야."

좌절감을 느낄 때마다 어머니 말씀이 얼마나 큰 힘이 되었는지 모른다. 정말 이 길에 뜻이 있다면 결코 포기하지 말기를 바란다. 포기하지 않는 한 그 꿈은 결국 이루어지기 마련이다.

외항사 승무원 3년차가 된 지금, 나는 하늘 길을 즐기고 있다. 현실은 꿈과 많이 달랐지만 여전히 행복하고 즐겁다. 다국적 동료들과 함께 호흡하며 하루하루 새로운 세계를 만끽하고 있다. 그 길이 내가 원하고 바라마지 않는 길이라 더더욱 기쁘다. 해외취업의 꿈을 향해 열공하시는 지원자들 앞에서, 3년 전의 희열 가득한 초심을 다잡을 수 있도록 지면을 허락해주신 지병림 사무장님께 감사드린다. 앞으로도 프로답게 최선을 다하고, 소중한 인생 멋지게 즐기며 살리라 다짐한다.

강신정
에티하드 항공 / 전직 아시아나 경력직 승무원

처음 승무원을 꿈꾸었던 나이는 26살이었다. 대학에서 무용을 전공한 나는 늦게 영어공부를 시작해서 부담이 많았다. 인터뷰는 약간 자신이 있었지만 독해 및 문법, 에세이 등 다른 부분들이 항상 발목을 잡았다. 운이 좋았던지 학원에서 보는 기본 영어인터뷰는 무난하게 패스하고, 에미레이트 3차, 카타르 최종, 동방항공 본사 면접 등 현지 면접관들과 인터뷰 볼 수 있는 기회는 2년 동안 많이 가질 수 있었다.

처음에는 아무 준비 없이 학원 면접에 갔다. 여름이었는데 공주같이 긴 플래어 원피스와 왕꽃 샌들을 신고 머리도 질끈 묶고 고민하다가 들어가게 된 면접이었다. 다른 면접자들은 숙련된 인사와 미소, 깔끔한 옷차림,

말투 등 나와는 너무나 비교가 되었다.

그때 내게 주어진 영어질문은 '어떻게 고스톱게임을 치는지 설명하라'였다. 고스톱은 어려서 가족들과 했던 게임이라 신이 나서 고도리, 청단, 홍단, 피박, 광박에 관하여 열심히 설명했다. 면접관들이 다들 웃으시고 다음에 기회가 되면 같이 치자면서 화기애애한 분위기로 면접이 마무리되었다. 나의 첫 면접은 이렇게 끝났으며 학원생도 아닌 신분으로 면접에 합격했다. 이때부터 자신감도 생겨 산업인력공단 국비지원을 받으며 학원 수업을 받을 수 있었다. 곧 꿈이 이루어질 것 같은 생각으로 늘 즐거웠다.

함께 공부하던 국비반 친구들은 한 반에 30명 정도였는데 10명 이상 합격했다. 나는 3차 현지 면접에서 불합격했다. 에미레이트항공 3차 면접은 아티클을 주고 읽은 후 면접관에게 바로 요약하기, 사진을 보여주면 사물 그림 묘사하기 등으로 진행되었다. 이 부분이 끝나면 다른 방으로 가서 영어 독해, 문법, 에세이쓰기 시험을 봤다. 내가 가장 어려워하는 시험이었다.

시험지를 집중해서 들여다봐서인지 머리도 아프고 긴장도 많이 됐다. 하지만 영어가 전부가 아니라고 생각했고, 정말 나랑 맞는 항공사라면 나의 가치를 알아볼 거라고 믿었다. 합격은 못했지만 솔직히 나의 약점을 알고 보완할 수 있는 기회를 얻었기에 그리 슬프지는 않았다. "Experience is the best teacher, Practice makes perfect!" 라는 명언을 머릿속에 되새기며 긍정적인 마인드로 점점 나아지는 예비승무원이 되어가고 있었다.

시험이 있는 모든 항공사에 응시했다. 그러던 어느 날 나에게도 카타르항공 최종면접의 기회가 왔다. 하루에 120명 정도 봤는데 그 중 1:1 최종 면접에는 12명 정도만 올라갔다. 내가 포함되었다는 사실이 행복했다. 처음 그루밍 테스트 때 손등에 흉터가 있어 파운데이션으로 가리고 갔다. 눈치 빠른 면접관이 왜 흉터를 가렸냐며 막 야단을 쳤다. 당황한 나머지 며칠 전에 넘어진 거라며 부랴부랴 변명을 했다. 작은 흉터 하나로 어렵게 얻은 기회가 사라질까봐 억울한 나머지 울면서 1차 발표 결과를 기다렸다.

그런데 이게 웬일인가. 1차도 합격하고, 2차 필기 3차 토의도 합격, 4차 1:1 면접에 갈 수 있는 기회를 얻게 된 것이다. 너무나 기뻐서 믿을 수가 없었다. 그루밍 테스트 할 때 매니저로 보이던 필리핀 남자 면접관이 나를 마음에 들어한 것 같았다. 최종 면접 때 외국 여자분과 나에게 호의적이던 남자 면접관과 2:1 면접을 보게 되었는데, 그 문제의 면접관이 계속 손등만 보는 것 같아 많이 긴장했다. 면접관님들은 떨지 말라며 다독여 주었지만 나는 떨지 않는다고 말하면서도 어색한 웃음과 떨리는 음성을 감추지 못했다. 이렇게 하다가는 최종 기회를 놓칠 것 같아서 좀 오버하기로 하고 내가 먼저 말을 꺼냈다.

나 나는 유머가 많은 사람이에요. 내가 재밌는 얘기 하나 해줄까요?

면접관 그래요? 한번 해봐요.

영어로 외국 사람을 웃기려면 뭔가 한번에 통하는 게 있어야 할 것 같아, 예전에 신문에서 읽었던 야한 농담을 이야기해주었다. 그러자 두 면접관이 박장대소를 했다. 면접관들과 몇 달 후 도하에서 보자며 즐겁게 면접을 마쳤다. 나는 당연히 합격할 거라고 굳게 믿었다. 다니던 회사도 그만두고 도하 갈 생각으로 짐까지 꾸려서 가족들도 내가 곧 떠나는 줄 알았다.

나에게 날아온 통지는 불합격 레터였다. 설상가상으로 앞으로 6개월 동안 카타르항공 면접을 못 본다는 패널티까지 받았다. 왜 나에게 이런 시련이 계속되는지, 하루아침에 오랜 꿈이 유리처럼 부서졌다. 나이는 벌써 이십대 후반에 다다랐는데 아무런 미래도 보이지 않아 괴로웠다.

그럼에도 불구하고 하고 싶은 일은 오직 승무원뿐이었다. 이후 1년 반이라는 시간이 지나고 처음으로 울었다. 진짜 이 길이 나의 길인가, 과연 이 직업이 나에게 맞는 것일까, 왜 나는 골인을 못할까, 자책하면서 내가 거기서 왜 그런 농담을 했을까 후회도 했다. 내가 하고 싶은 일은 오직 승무원이었기에 다시 일어섰다.

그래도 나에게 최종의 기회를 주었다는 것 자체가 가능성이 있다는 뜻이라고 긍정모드로 전환, 앞으로는 오버하지 말자고 다짐하며 영어유머도 다시 생각했다. 외항사에서 중요하게 생각하는 것이 유머감각이었다. 그래서 준비한 영어유머는 고슴도치가 어떻게 사랑을 하게? 답은 Carefully!!! 이런 종류의 스윗하고 소소한 일상의 미소가 번지게 하는 건강한 유머를 모두 수집했다.

면접을 많이 보면서 배운 점은 본인 자신을 잘 알아야 하며 항상 답은 경험에 있다는 것이다. 긍정의 힘으로 끝까지 포기하지 않았다. 몇 개월이 지나고 탄탄해진 면접 경험으로 드디어 기다리고 기다리던 에티하드항공 면접을 보게 되었다. 2005년 당시 에티하드는 처음으로 한국인 승무원을 선발해서 관련 정보나 면접 진행 방식에 대해서 알려진 바가 전혀 없었다.

1차 면접 :

회사소개 프레젠테이션, 암리치, 영어 필기시험, 영어 에세이, small talk

이름과 번호가 책상 위에 올려져 있었으며 거기에 앉아서 프레젠테이션을 들었다. 그 후 두 팀으로 나눠 한 팀은 영어 필기시험, 다른 한 팀은 이력서에 있는 경력사항으로 5명이 한 팀이 되어 면접을 봤다. 면접관은 3분 정도 경력 위주로 어떤 일을 했는지에 대해 물어봤다. 에티하드는 피부와 치아를 많이 봤다. 햇빛이 들어오는 곳에서 면접을 봤으며 앉아서 좌우 돌려보라고 부탁했다. 웃었을 때의 치아와 팔에 상처가 있는지도 체크했다. 면접 볼 때 중앙에 앉아 있던 면접관님은 앞니가 없었는데, 그 모습이 웃겨서 그분의 입과 앞니를 보며 즐겁게 면접을 봤다. 면접관은 내 이력사항에서 가장 관심 있는 직업에 대해서 물었다.

면접관 예전에 노스웨스트 라운지에서 일했네요? 거기서 무슨 일 했어요?

나 비즈니스 손님이나 라운지 손님이 오면 어떻게 라운지를 이용하는지 간단하게 설명해주고 안내해주는 역할입니다. 노스웨스트는 많은 외항사와 연계가 되어 있어서 다양한 손님들이 오십니다. 중동 승객분들이 우리 라운지를 많이 이용하셔서 그분들이 기도하는 것도 많이 봤고, 다른 손님들한테 양해도 구한 적이 있어서 중동문화에 대해서 잘 알고 있습니다.

면접관 그래요? 거기는 비즈니스 손님만 이용 가능한 건가요?

나 아니요. 2만원 내면 일반손님도 이용 가능합니다.

면접관 비싸네요.

나 2만원이 비싼가요? 음료와 인터넷, 간단한 콜드음식도 있고 편안하게 쉴 수도 있는데 그 정도면 비싼 편은 아니라고 생각합니다.

면접관 다음에 한번 이용해 볼게요.

나 네, 기회 되면 꼭 이용해 보세요.

예전에 일했던 부분에 대해 간단한 인터뷰가 진행되었다. 총 5분 동안 간단하게 한두 개 질문 받고 옆방으로 가서 필기시험을 보았다. 필기시험은 문법, 수학계산, 독해, 에세이 등이었다. 수학계산은 GMT 시간 계산 능력이었다. 현재 한국시간과 다른 나라의 시간 차이를 계산하는 방식이었다.

에세이 시험에는 '여기는 방콕이고 돈이 100달러밖에 없는데 3박4일 동안 무얼 할까요?' 라는 주제를 받았다. 나는 100달러 갖고 클럽이나 바에 가서 외국친구들을 사귀어서 방콕에 대한 유용한 정보를 얻겠다고 적었다. 태국은 많은 외국배낭족들이 여행 오는 곳이며, 나도 새로운 나라의 사람들과 만나고 얘기하기를 좋아해서 금방 친구가 될 수 있다. 또한 현재도 여행지에서 만난 친구들과 연락하고 지내고 있다고 썼다. 두 팀이 끝나고 20분 후에 1차 합격자가 발표되었다. 점심시간이 주어진 뒤 바로 2차 면접이 진행되었다.

2차 면접은 토의 면접 :
10명 정도가 한 팀이 되어 룸메이트 정하기

각 조가 10명 정도로 3팀으로 구성되어 룸메이트를 정해야 했다. 각 나라와 이름 나이 등에 따라 조끼리 어떻게 룸메이트를 정할지 의논하여 결과를 페이퍼에 작성하는 면접이었다. 한 팀에 면접관이 같이 앉아서 누가 어떤 말을 하는지 노트에 기재했다. 우리는 서로 합심해서 어떻게 하면 가장 좋은 방법으로 룸메이트를 정할까를 논의했다.

생소한 나라와 이름이라 서로 발음하기가 어려웠으나 닉네임으로 좀 편하게 말하고 아시안 사람과 유럽 사람, 나이 차이가 나는 사람으로 룸메이트 정하는 게 어떻겠냐며 서로의 의견을 물어봤다. 서로 문화가 다르니 같이 살면서 새로운 문화도 접하고, 나이 차이도 있으면 언니 동생 가족처럼 지낼 수 있으니 좋을 것 같다는 식으로 우리 조는 마무리했다.

각 조에서 말을 많이 안 했거나 자기 의견이 없었던 조원 한 명에게 조원들이 결정한 결과에 만족스러운지와 지금까지의 의견들을 요약해보라고 시켰다. 아무래도 영어능력과 다른 사람들과 잘 어울릴 수 있는지를 보는 면접인 것 같았다. 상대방이 말할 때 끝까지 잘 들어주어야 한다. 자기만 영어 잘한다고 계속 말하면 배려심이 없는 사람이 된다. 동시에 말을 하게 될 때 양보의 미덕을 보여준다면 플러스 요인이 될 거라고 생각한다.

각 조의 발표가 끝나고 또 다른 방으로 옮겨서 한참을 기다렸다. 토론 시간에 말을 많이 안했던 몇 분을 불러서 면접관들과 인터뷰를 봤다. 그때 부른 사람이 합격이냐 아니냐, 작은 방에 모여 우리끼리 불안해하며 결과를 기다렸다. 다행히 몇 분만 개인 인터뷰를 본 후 다시 메인홀로 모두 불렀다.

나중에 보니 그 중에 몇 분만 떨어지고 나머지는 모두 합격 총 27명 합격이었다. 우리 모두 소리 지르고 울고 불고 난리였다. 단체 사진 찍고 바로 합격서류 받았다. 믿을 수 없는 내 생애 최고의 날이 되었다. 아침 8시부터 진행되어 저녁 8시까지 12시간 동안 면접을 보고 나니 몸의 힘이 쫘악 풀렸다. 더 기분 좋은 건 하루 만에 최종합격 통지서를 받았다는 점이다.

다른 항공사는 최종면접 보고도 한참 후 발표하지만 에티하드는 하루 만에 모든 게 끝났다. 며칠 후 본사에서 전화가 오고 메디컬 체크가 시작되었다. 내가 드디어 스물여덟 나이에 승무원이 되어 아랍국영항공사 에티하드 1기로 제 2의 인생을 시작하게 되다니, 정말이지 꿈만 같았다. 끝까지 포기하지 않고 긍정적으로 노력한 덕에 꿈을 이루게 되었다. 나와 잘 맞는 운명의 항공사

가 따로 있다는 생각도 했다.

2005년 12월, 에티하드항공에서 승무원의 삶을 시작하였고, 2008년 7월에 아시아나항공에서 승무원으로서의 두 번째 삶을 시작했다. 아부다비 생활은 돈으로 살 수 없을 만큼 색다르고 즐거운 날들이었다. 처음 유니폼을 받았을 때의 짜릿함과 '돌돌이'를 끌며 공항을 지나갈 때의 느낌은 말로 표현하기 힘들다.

여행을 사랑했기에 비행 나가서도 체류가 길면 다른 나라 여행도 하고, 오프만 있으면 혼자 이 나라 저 나라 많이 다녔다. 3년 남짓 에티하드항공에서 일했지만 티켓 발권하는 직원들이 나를 알아볼 정도로 열심히 여행하고 매 순간을 즐기며 살았다. 하지만 멋진 한국 남자와 결혼도 해야 하고 평생 여기서 살 수는 없을 것 같아 한국에서의 새로운 정착을 위해 아시아나로 이직했다.

아시아나항공은 경력직이라 한국어 면접 한번이면 끝이었다. 그때 내 나이 31살, 국내항공사는 기수문화로 경력이 있어도 막내로 들어가야 했다. 면접관들이 계속 나이에 대해서 괜찮겠냐고 물어봤다. 지금까지 일했던 분야가 여자들만 있는 곳이고, 무용과를 나온지라 선후배 사이를 잘 안다고 설명했다. 원래 한두 살 차이가 민감하지 5살 이상 차이 나면 그러려니 한다고 넉살좋게 면접관들을 설득했다.

왜 좋은 항공사 그만두고 한국에 오려고 하냐고 물어서 결혼해서 알콩달콩 살고 싶다고 답했던 기억이 난다. 솔직하고 편안하게 면접을 마쳤고, '아름다운 사람들' 아시아나 항공에 입사하게 되었다. 나에게 외국항공사와

국내항공사에서 일할 수 있는 기회를 주었던 두 항공사에서 일한 기간은 내 인생 최고의 시간이었다.

현재 나는 전직승무원의 영예를 뒤로 하고, 경희대 대학원 호텔경영학과에서 학업에 충실하고 있다. 멋진 남자를 만나 사랑받는 아내이자 며느리로서 달콤한 결혼 생활을 누리고 있다. 이 모든 것이 나 자신을 사랑하며 꿈을 좇아 살아온 열정 때문이라고 생각한다. 응시자 여러분들도 항상 긍정적인 생각과 '나는 할 수 있다'는 끈질긴 믿음으로 노력한다면 자신의 믿음대로 현실을 이룰 수 있을 것이다. 자신이 무엇을 원하는지 알고 있다면 여러분은 행복한 사람들이다. 그리고 앞으로 더욱 행복해질 수 있는 가능성이 있다.

작가이자 민간외교관으로 활동하며 많은 예비승무원들의 멘토가 된 친구가 있어 무척 자랑스럽다. 나에게도 이렇게 좋은 기회를 준 멋진 친구, 지병림 작가에게 고마움을 전한다. '서른 살 승무원'과 '매혹의 카타르'를 통해서 많은 독자들의 사랑을 받는 친구의 모습이 멋지고 부러워 나 역시 승무원이 꿈인 분들께 희망을 전해드리고 싶었다. 부디 많은 분들이 이 책을 읽고 아무리 어렵더라도 꿈을 포기하지 않았으면 한다.

epilogue

카타르에 처음 짐을 내리던 날, 100kg로 압축된 서른 살 인생을 쥐고 나는 모래 바람을 맞으며 서 있었다. 30년 인생이 100kg로 축약된다는 사실이 새삼스럽고도 놀라웠다. 즐겨읽던 소설책만 20kg가 넘었는데, 모래와 태양밖에 보이지 않는 이 곳에서 소설책 읽을 시간이 허락될지 의문이었다.

떠나기 며칠 전 '소설가협회' 선생님께서 전기밥솥을 사주셨다. "따뜻한 밥 꼭 챙겨 드시오." 동봉한 쪽지를 읽으며, 떠나는 가슴이 방금 지은 밥처럼 따끈해졌다. 나고 자란 땅을 벗어난 생애 첫 독립이 100kg에서 출발했다. 떠날 날을 기약할 수 없었으나 왠지 늘어나는 짐을 줄이고 또 줄여야만 할 것 같았다.

허나 오래지 않아 나는 아무것도 소유하지 않아도 삶이 살아진다는 것을 알았다. 삶은 언제 어디로 떠날지 모르는 끝없는 여행이다. 최대 100kg! 어딘가를 잠시 다녀올 땐 최대 30kg! 내 가슴에 담아야 할 열정도 찰랑찰랑 적정선을 넘지 않도록 다스려야 한다. 부질없는 미련이나 상처도 제한용량 너머로 놓아줘야 한다. 젓가락이 없으면 포크로 찍어 먹고, 머리핀이 없으면 연필로 틀어 올리되, 초라한 건 딱 질색이다.

"비우고 나니, 행복하더라"는 말이 있다. 빈자리에 겨울 끝의 봄바람 같은 삶이 들어선다. 하나를 비우면 다른 쪽에서 채워진다. 그것이 순리가 되어 서로 블록처럼 사이좋게 맞물려 살아간다. 비워낸 연후에 자유로워지는 삶, 온 세상을 누비며 비로소 진정한 나를 만날 수 있었던 삶은 '외항사 승무원'이 준 커다란 선물이다.

첫 비행 때, 100kg가 넘는 카트를 끌고 캐빈에 서자 팔다리가 사시나무 떨듯 했다. 일제히 나를 바라보던 수백 명의 승객 앞에서 어디에 눈을 둬야 할지 몰라 한 순간 멍했다. 창밖으로 줄기차게 뻗은 구름의 행렬을 내

식구들에게도 심심한 감사의 말씀을 드린다. 많은 분들의 격려가 담긴 이 책이 세계를 누비는 꿈을 소망하는 청년 멘티들에게 태양처럼 뜨거운 용기가 되기를 바란다.

2016년 봄,
카타르에서
지병림

다보면서도 항공승무원이 되었다는 사실이 믿기지 않아 여러 번 눈을 꼭 감았다 떠보았다. 하루가 멀다 하고 붓는 다리를 매일 밤 주무르며 고된 현실이 꿈이기를 바란 적도 있었다. 퉁퉁 부은 발, 소화 장애, 이명, 입사 초기에 온몸의 장기들이 돌아가면서 한 번씩 진통을 앓았다. 새로운 환경과 기압 차에 적응하느라 몸이 아우성을 쳤다.

그러나 딱 한 고비만 넘기면 된다. 고비만 넘기면 비행이 없는 날 더 아프다는 착각이 들 정도로 몸의 적응력은 위대하다. 한 고비만 용케 넘으면 앞으로 닥칠 슬럼프 따윈 아무것도 아니다. 힘들수록 초심을 지키고, 같은 길을 가는 당신 어깨 너머 동료들의 미소에서 부디 힘을 얻길 바란다. 누가 뭐래도 당신은 꼭 해낼 수 있다.

하루도 어김없이 카톡과 댓글로 힘을 주시는 K-MOVE 멘티님들, 기출문제를 비롯한 주옥같은 자료를 기꺼이 공유해주신 면접 관계자 여러분, 추천사로 우리 청년들의 해외진출을 격려해주신 '새누리당' 김상민 의원님과 정기종 카타르 전대사님께 깊은 감사를 드린다. 꼼꼼한 손길로 소중한 합격 후기를 제공해주신 멘티 및 카타르항공 후배여러분과 출간의 기회를 주신 출판사

참고문헌 및 유익한 외항사 해외취업 사이트

- 두바이CEO의 창조경영, 서정민, 청림출판

-『자원전쟁』, 알렉산더 융

- 시사상식사전, pmg 지식엔진연구소, 박문각

- 카타르알기, 외교통상부

-≪매사냥: 아랍의 유산 Falconry: Our Arab Heritage ≫(1977)

- 매일경제. 1995. 06. 29일자

- 한국민족문화대백과

- 에티하드항공 [Etihad Airways] (기업사전, 2011.8.5, 굿모닝미디어)

- 인터뷰영어 노하우, 남상현, Mitsuyo Arimoto, 인터원

- 면접관을 사로잡는 인터뷰 영어, 정해탁, 다락원

- English Expression Dictionary, 신재영, 넥서스

- Word Smart Ⅰ+Ⅱ, 애덤로빈슨, 프린스턴 리뷰팀, 넥서스

- English in Global Economy, 박근우, 박명섭, 테리머피 공저, 부키

- Power Learning, Robert S. Feldman, Mcgrawhill

- The secret, the power, Rhonda Byrne, Simon&Schuster

- 스튜어디스 영어인터뷰가이드, 아바출판사

- 전현차(전직현직차기승무원모임)

- 해외취업은 K-MOVE, 월드잡 www.worldjob.or.kr

- 모바일앱, '링큐'-링스타 '지병림'

아랍항공사 승무원되기

초 판 1쇄 발행 2014년 11월 12일
개정판 1쇄 발행 2016년 02월 01일

글쓴이 지병림

펴낸이 김왕기
주 간 맹한승
편집부 원선화, 김한솔
마케팅 임성구
디자인 푸른영토 디자인실

펴낸곳 **푸른영토**
주소 경기도 고양시 일산동구 장항동 865 코오롱레이크폴리스1차 A동 908호
전화 (대표)031-925-2327, 070-7477-0386~9 · 팩스 | 031-925-2328
등록번호 제2005-24호(2005년 4월 15일)
전자우편 designkwk@me.com

제 작 (주)T플래닝

ISBN 978-89-97348-33-6 93320
ⓒ지병림, 2014